2024 年黑龙江省社会科学学术著作出版资助项目（2024003-A）

基于领域知识图谱的智能情报研究

刘兴丽　　王海玲　柳始群　著

哈尔滨工程大学出版社
Harbin Engineering University Press

内 容 简 介

本书研究探索了信息管理、计算机科学与人工智能交叉问题,从理论与实践两个方面介绍了人工智能技能、领域知识图谱融入智能情报研究的情况,并分别介绍了智能情报的数据资源、模型训练、智能情报分析及智能情报引擎服务的技术方法和工程实现。

本书既适合信息管理、情报学和计算机科学、人工智能相关研究人员阅读,又适合从事技术和应用开发的人员学习,还可以作为高等院校信息管理、计算机科学或人工智能专业师生的参考书目。

图书在版编目(CIP)数据

基于领域知识图谱的智能情报研究 / 刘兴丽,王海玲,柳始群著. -- 哈尔滨 : 哈尔滨工程大学出版社,2024. 8. -- ISBN 978-7-5661-4521-5

Ⅰ. G252. 8

中国国家版本馆 CIP 数据核字第 2024AT3986 号

基于领域知识图谱的智能情报研究
JIYU LINGYU ZHISHI TUPU DE ZHINENG QINGBAO YANJIU

选题策划	雷 霞
责任编辑	张 彦
封面设计	李海波

出版发行	哈尔滨工程大学出版社
社　　址	哈尔滨市南岗区南通大街 145 号
邮政编码	150001
发行电话	0451-82519328
传　　真	0451-82519699
经　　销	新华书店
印　　刷	哈尔滨市海德利商务印刷有限公司
开　　本	787 mm×1 092 mm　1/16
印　　张	13.75
字　　数	241 千字
版　　次	2024 年 8 月第 1 版
印　　次	2024 年 8 月第 1 次印刷
书　　号	ISBN 978-7-5661-4521-5
定　　价	48.00 元

http://www.hrbeupress.com
E-mail:heupress@ hrbeu. edu. cn

前　　言

　　情报分析是情报学和情报工作的核心任务,是信息加工处理和情报提炼的活动。情报研究通过对大量原生信息进行处理、分析、综合或评价,提炼出对管理、决策等活动有支持作用的情报,为管理、决策等活动服务。随着社会的发展,原生信息数据的海量化、类型的多样化、组织形式的碎片化为情报研究带来了新的挑战。

　　大数据、人工智能等新兴的数智技术则为情报研究赋予了新的驱动力,为情报研究的新理论、新方法与新技术变革带来了机遇。尤其是知识图谱,作为一种图模型的数据组织技术,推动了新一代人工智能——认知智能的发展。利用领域知识图谱技术,能够高效完成包括知识单元的语义序化、关联及精准提炼情报等工作,为智能情报提供了一种有效的智能化方法与技术支持。

　　本书共包括九章,主要内容如下:

　　第一章为绪论,主要介绍智能情报分析的研究背景及意义、发展历程、领域知识图谱的智能情报研究、研究内容、技术路线及核心应用价值。

　　第二章围绕智能情报,首先介绍情报的概念与理论、需求发展,情报的自动化与智能化发展。接下来介绍智能情报相关概念及理论、智能情报的数据来源方法及时代载体的新特征。最后介绍领域知识图谱及生命周期理论,总结智能情报组织的理论。

　　第三章围绕智能情报服务体系,首先介绍智能情报的变革及新需求,接下来介绍基于领域知识图谱的智能情报模式及要求,此外还介绍了智能情报服务体系逻辑框架。

　　第四章围绕语料生成,首先介绍大数据语料标注稀疏问题,然后介绍标注语料自动生成原理及过程。此外重点介绍两种标注语料自动生成方法,分别是基于改进简单数据增强的语料自动生成方法与基于循环迭代的语料自动生成方法。

　　第五章围绕情报分析,分别对基于领域知识图谱的知识抽取智能情报模型和知识关联可视化分析展开研究,包括领域知识图谱的本体构建、智能情报模型框架、知识抽取的预训练模型、实体抽取、关系知识抽取、知识融合、知识对齐、广度优先、深度优先与地理空间信息的情报关联可视化分析等。

第六章围绕智能情报的事件抽取,首先介绍事件抽取智能情报模式的设计框架,然后重点介绍领域事件的本体构建、要求抽取及事件库构建、融合及存储技术,最后以美国海外军事基地为例介绍了事件智能情报的实践过程。

第七章围绕领域知识图谱的问答智能情报分析,首先介绍了军事领域的知识图谱问答技术与应用,然后分别从研究目标、研究过程等角度,对问答智能情报分析服务进行介绍。最后以美国海外军事基地的问答智能情报为例验证其实用性。

第八章围绕智能情报服务原型系统,首先介绍智能情报服务系统的设计框架,包括设计模式及数据模型层、View 人机交互视图层及支持 Controller 业务逻辑控制层,然后介绍智能情报系统的人机交互服务模式,最后以美国海外军事基地的智能情报服务为例介绍情报报备过程。

第九章简要总结本书的研究成果,重点分析研究的局限性,并阐述未来的探索思路。

本书共九章,黑龙江科技大学刘兴丽负责第一章的第一、三、四节,第二章的第五节、第三至八章技术部分的撰写(约 130 千字);黑龙江科技大学王海玲负责第一章第二节,第二章第三、四节,第三章第三、四节,第四章第四节,第五章第四节,第六章第二节和第九章的撰写,以及部分参考文献的整理工作(约 80 千字);黑龙江科技大学柳始群负责第七、八章实验数据整理与实验撰写,以及部分参考文献的整理工作(约 30 千字)。

著者在撰写本书的过程中,查阅了大量的文献资料,在此对相关文献的作者表示感谢,另外,由于时间和水平有限,书中难免存在不足,恳请广大读者和专家批评指正。

著　者

2024 年 6 月

目　　录

第一章 绪 论

本章首先采用文献法,从选题背景与研究意义分析出发,确定了基于领域知识图谱技术探索智能情报研究主题的必要性与重要性。然后结合统计分析方法、文献法,以及与本研究选题相关的领域知识图谱、智能情报等方面的国内外研究现状,形成本研究文献综述,从而确定研究主题和研究目标。最后,根据研究目标确定本书研究内容与技术路线,并阐述本研究的创新点。

第一节 选题背景与研究意义

一、选题背景

党的十九届五中全会审议通过了《中共中央关于制定国民经济和社会发展第十四个五年规划和二〇三五年远景目标的建议》。当前,数字化和智能化正引领我国各行各业的创新发展。正所谓,创新发展,情报先行。情报研究作为情报学和情报工作的核心内容和根本任务,既是出发点也是落脚点。情报研究是一项内容广泛的信息加工处理和情报提炼活动,它以大量相关的原生信息为处理对象,通过对原生信息的分析、综合评价,提炼出对管理、决策等活动有支持作用的情报,为管理、决策等活动服务。在此背景下,情报研究也将"主动求变",运用大数据和人工智能技术,探索情报研究的理论、方法与技术的创新变革之道。

情报学始于文献学。因此,新时代的情报研究与文献研究的特征演变密切相关。文献,指载有历史信息的文字资料,至今已成为"记录知识的一切载体"的代称。新时代下,传统文献学也面临着前所未有的大转型。一方面,文献新形态如电子文本、文本集、数据库、知识库等,在体量、结构、组织、管理等方面呈现出与传统文献形态不同的特征。另一方面,文献的载体形态也经历了从纸质载体、数字载体到网络载体的变革。目前,随着互联网技术的飞速发展,网络文献信息成为文献信息来源的重要形式之一。显然,随着传统文献信息逐步衍生出的电子文献以及网络文献信息的变革,情报研究的任务也必然从文献信息物理层次的文献单元传递迈向对各类新文献载体的认知层次的知识单元自动解析。然而,文献信息数据的海量化,类型的多样化、碎片化等特点无疑对新时代情报研究提出了新的挑战。此时,大数据、人工智能等新兴的数智技术则为情报研究赋予了新的驱动力,为情报研究的理论、方法与技术的变革带来了机遇。

深度学习是目前人工智能最受关注的领域,也是人工智能兴起的原因。与此同时,深度学习技术所具有的"不可解释"等特性也使得一些观点认为深度学习已经面临瓶颈。知识工程是人工智能的一个重要分支,而知识图谱(Knowledge Graph,KG)则是知识工程在大数据环境中的工程应用,它是一种由概念、关系和实例组成的知识表示模型。知识图谱、大数据以及深度学习一起,有效弥补了深度学习的不可解释性,成为推动互联网和人工智能的核心驱动力之一,也是新一代人工智能——认知智能的重要设施。按照知识图谱所包含知识的深度与广度,可将知识图谱分为通用知识图谱与领域知识图谱,前者包含各个领域的知识,而后者是针对某一个垂直领域构成的知识网络。通过领域知识图谱对数据进行提炼、萃取、关联、整合,形成行业知识或领域知识,让机器形成对于行业工作的认知能力,从而实现一个行业的知识引擎及知识工作自动化,这成为行业智能化日渐清晰的一条路径。可见,针对具有新时代特征的文献信息,利用领域知识图谱技术,能够高效完成包括知识单元的语义序化、关联及精准"激活"在内的情报提炼的全过程,为智能情报提供有效的智能化方法与技术支持。

有鉴于此,本书依托新时代下的领域知识图谱的主流技术,结合深度学习技术,力求揭示数智赋能下的情报提炼活动的新规律,探索基于数据与知识驱动下的智能情报研究的理论体系框架及其相关技术方法与工具等方面的内容。

二、研究目的及研究意义

(一)研究目的

基于上述研究背景,本书试图对基于领域知识图谱的智能情报研究的理论、方法与技术展开全方位的解读,围绕理论和实践两个方面探讨基于领域知识图谱的智能情报研究的相关问题,从而从智能情报的数据资源、模型训练、分析方法以及引擎服务工具等四个方面为情报机构人员提供新的理论视角、方法指导及实践工具,推动情报研究在基于大数据、人工智能的数智技术基础上的智能化水平提升。具体而言,本书的研究目的主要有四点:一是厘清以新一代人工智能的知识图谱技术作为智能情报研究主线的研究思路,提供理论性的指导框架;二是提供高效的标注语料自动生成方法、支持智能情报模型训练的数据资源建设服务;三是提供领域知识图谱的智能情报模型、知识库构建及其动态更新方法,以及支持智能情报的关联分析、事件态势感知及智能问答等多种智能情报分析服务;四是基于智能情报研究的理论框架、方法与技术,提供综合智能情报引擎、支持人机协同的辅助决策服务。

(二)研究意义

1. 理论意义

本研究以领域知识图谱的人工智能前沿技术作为主线,从智能情报分析与综合服务的视角,深入揭示了“数据—知识—情报”的情报提炼活动规律,形成一种智能情报研究逻辑框架,同时也是在智能情报研究相关技术方法上的创新探索。这些都体现了本研究的主要学术价值。具体而言,本研究理论意义主要为以下两点。

(1)构建了领域知识图谱的智能情报研究体系逻辑框架

在情报研究中融入智能要素,形成数智赋能的情报提炼研究与实践,是当下情报学与情报工作的新方向,也有利于情报研究的守正创新。本研究梳理了当下热门的领域知识图谱的相关理论、技术及应用等内容,同时对国内外智能情报研究相关的理论、方法的研究现状进行了系统研究,并将领域知识图谱中强人工智能的有效手段与情报提炼过程形成有机映射。在基于领域知识图谱的智能情报研究相关基础理论的基础上,以信息链中的“数据—知识—情报”进程作为纽带,明确了智能情报研究的概念、过程、目标等理论基础并赋予其新的内涵,提出智能情报的数据资源、模型训练与知识库构建更新、多维智能情报分析方法以及综合智能情报引擎服务的智能情报研究理论逻辑框架,丰富完善了数智技术驱动情报提炼的智能情报研究理论体系。

(2)深入拓展了国家安全与发展情报研究的理论基础和应用场景

当下,国家安全观为情报研究指明了新方向。随着大数据、人工智能技术逐步进入情报领域,新时代、新技术范围内的情报学、情报工作等相关的情报研究理论、技术与方法成为研究热点问题。特别是"总体国家安全观"思想为情报研究提供了新的研究切入视角,将国家安全情报学(工作)与发展情报学(工作)有机融合成为情报研究的新需求,为国家安全发展情报研究丰富了理论基础,拓展了其应用场景。

2.实践意义

本研究着重解决了数智赋能背景下的智能情报知识的组织、识别、关联及精准获取等问题,借助知识图谱、深度学习等人工智能方法,以开源情报为研究起点,基于语料自动生成方法,构建智能情报识别模型,并从智能情报分析与综合辅助决策服务的视角,探索了智能情报实践研究路径,这是本研究的重要实践意义所在。具体而言,本研究的实践意义主要体现在以下两方面。

(1)提供了智能化的提炼情报活动的优质技术支持

本研究提供的智能技术支持的情报系统工程服务模式,能使情报系统发挥更大效能,引领新时代下智能情报服务技术转型。本书把开源情报的多源异构数据处理作为情报研究提炼的起点,以语料自动生成作为智能情报模型训练的基础,以基于领域知识图谱自动抽取的智能情报模型为核心,展开态势感知、问答与关联的智能情报分析,并基于以上情报提炼分析过程综合形成智能情报引擎技术平台,优化了情报提炼活动的准确性和效率,并以智能情报引擎的工程化思想验证了人机协同的、实时的、高效率的智能情报变革方法的可行性与有效性,为"广、快、精、准"的人机协同智能情报辅助决策提供服务。

(2)为国家情报工作的智能情报服务提供可操作性的实践方法及工具服务

本研究以在国家安全情报工作中对不确定环境的探索和发现为出发点,基于"数据+知识"深度融合的"模型集成"方法,以军事领域开源情报信息来源作为研究基础,对国家开源情报信息链进行重构,依托智能情报的语料自动构建技术、领域知识图谱的知识抽取智能情报模式、智能情报分析及智能情报服务,支持智能情报辅助决策服务迈向复杂环境下的可解释的、因果关系的、人机互动的以认知智能支持决策智能的实践探索,支持全场景化的智能情报研究,加速了情报智能服务的理论、方法与工具一体化进程。最终,为国家情报工作精准、高效的人机协同智能情报辅助决策,提供切实可行且高效准确的实践方法及工具。

第二节 国内外研究现状

大数据时代,情报发展进入了一个新的时期。数据信息类型的多样化和数量的规模化都给情报发展带来了新的契机和挑战。随着人工智能的发展,情报行业已经开始迈入智能情报时代。情报工作的目的就是解决决策过程中出现的信息不完备问题。数据信息量的不断扩大,各个领域信息知识获取方式的发展,都推动着智能情报的进步。智能情报相较于普通的情报工作需要进一步帮助决策者发现未知的潜在情报信息,并对多种活动和信息加以分析。与传统情报工作所提供的零散的分析功能不同的是,如今的智能情报需要提供的是一体化的辅助决策方案。

为了更好地探讨本书研究课题的研究现状和发展趋势,采用统计方法对研究现状进行了相关统计分析。

首先,在中国知网数据库中文总库中输入主题词"智能情报",检索得到275 篇有关"智能情报"研究的相关文献。通过 CiteSpace 对其进行关键字分析发现,"人工智能""大数据""深度学习""数据挖掘"等关键词都是高频词,如图 1-1 所示。由此可见,在智能情报研究领域中大量地融合了人工智能和深度学习等计算机智能技术,同时,可以看出关键词"知识图谱"在这些文献中也多次出现。如图 1-2 所示的关键词及突现词统计列表也直观地表明:知识图谱在2019 年作为关键词开始出现在智能情报相关文献中。这也说明了知识图谱技术对智能情报研究工作有一定的贡献与影响,未来基于知识图谱技术的智能情报研究工作也将会得到进一步探索。

同样,在 Web of Science 数据库中以"Intelligent Information"为关键词检索相关智能情报的外文文献,摘取核心期刊中前 1 000 篇文献,通过 CiteSpace 进行关键词分析并选取前 10 个关键词,结果如图 1-3 所示。可以看到"system""model""artificial intelligence""neural network""machine learning"及"big data"等关键词都是高频出现的。结合中文、英文相关智能情报文献可知,在人工智能、大数据、深度学习等快速发展的新时代,情报研究工作也在与之结合,并不断地实现自动化、智能化。

图1-1　智能情报研究文献中关键词统计

关键词、突现词引用统计表

关键词	起始年份	热度	首现年份	终止年份	2012-2022年
智能	2012	1.34	2012	2017	
数据挖掘	2012	1.21	2013	2017	
智能手机	2012	1.18	2014	2016	
情报信息	2012	1.07	2014	2016	
情报	2012	2.05	2016	2017	
大数据	2012	1.34	2016	2017	
数据分析	2012	1.05	2017	2018	
图书情报	2012	0.8	2017	2020	
情报工作	2012	0.77	2018	2020	
知识图谱	2012	0.83	2019	2022	
军事情报	2012	1.13	2020	2022	
数据驱动	2012	1.13	2020	2022	

图1-2　智能情报研究文献关键词及突现词统计

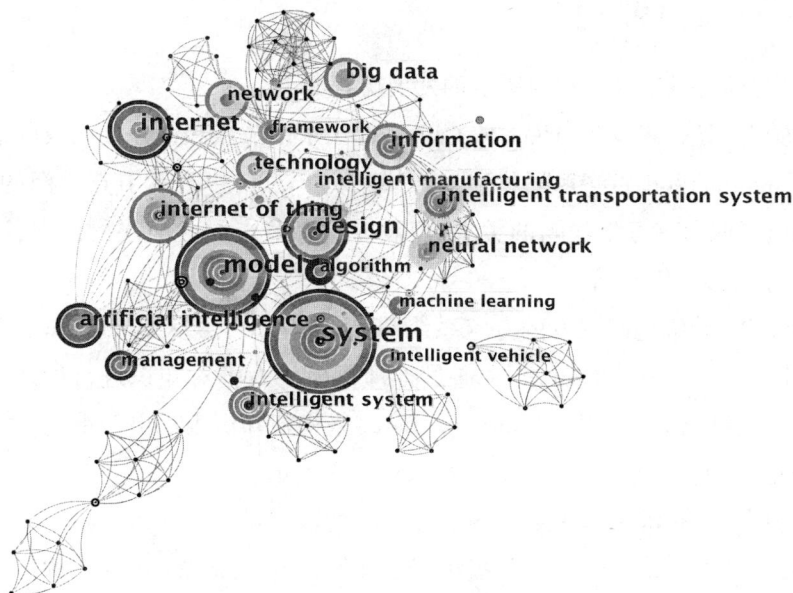

图 1-3　智能情报外文文献中关键词统计

结合以上统计信息,我们对领域知识图谱、智能情报研究的研究现状进行了量化并探讨和分析其发展趋势。结合此发展趋势,本书接下来围绕领域知识图谱与智能情报展开定性的研究现状分析。

一、领域知识图谱研究现状

知识图谱于 2012 年由谷歌提出,并成功应用于搜索引擎。知识图谱属于人工智能重要研究领域——知识工程的研究范畴,与大数据和深度学习一起,成为推动互联网和人工智能发展的核心驱动之一。大数据时代,知识工程是从大数据中自动或半自动获取知识,建立基于知识的系统,以提供互联网智能知识服务。此时,利用知识工程为大数据添加语义或知识,使数据产生智慧,从而完成从数据到信息再到知识,最终到智能应用的转变过程。知识图谱分为通用知识图谱与领域知识图谱。通用知识图谱是面向通用领域的结构化的百科知识库;而领域知识图谱又称为行业知识图谱或垂直知识图谱,通常面向某一特定领域,可看作是一个基于语义技术的行业知识库。知识图谱技术是指知识图谱建立和应用的技术。

（一）理论研究

通过查阅文献，可知知识图谱的发展历程如下。

1960 年，认知科学家 Allan M. Collins 提出了由节点和边连接而成的语义网络（Semantic network）。其中，描述对象、概念为节点，边表示节点之间的关系。此时的语义即万事万物之间的关系，但没有定义节点的含义层的语义，所以其与后来的"语义网"不同。

1965 年，费根鲍姆开发的专家系统，开启了基于专家大脑的知识加工而来的、由计算机符号表示的知识，并通过推理机模仿人脑对知识进行处理。其对由专家知识组成的知识库（Knowledge Base）来构建知识表示更为重视。

1980 年，哲学概念本体被引入知识的概念表示。

1989 年，Tim Berners-Lee 发明了万维网技术。

1998 年，Tim Berners-Lee 又提出了语义网（Semantic Web）即一种传统人工智能与 Web 网络融合的结果，由元数据框架（Meta Content Framework，1995 年，Guha Apple）到 RDF（资源描述框架）、RDFS，再到加入语义的 RDF1.1。RDF 的基础是三元组（triple），由主语、谓语和宾语组成。RDF 和 OWL 都是面向 Web 的知识表示的语言。

2006 年，Tim Berners-Lee 提出链接数据（Linked Data），鼓励大家遵循一定的原则将数据公开发布到互联网上，起初定义为如何利用语义网技术在网络上发布数据，强调的是在不同的数据间创建链接。链接数据促进了大型数据项目的迅速发展，包括国外的如 DBpedia、Wikidata、Freebase，中文社区如清华大学的 XLore，复旦大学的 CN-pedia 等。

2012 年，谷歌公司在对收购的 Freebase 加入了模式层的扩充和改进基础上，提出了知识图谱，其目标是通过返回更为精准的、结构化的信息和洞察用户查询的语义信息，提升搜索引擎返回答案的质量和用户查询的效率，以更好地满足用户的查询需求。

知识图谱可以理解为大规模的语义网，而链接数据更强调不同 RDF 数据集（知识图谱）之间的相互连接。知识图谱可以被称为存储知识的一种数据结构，其本身不具有语义。可以通过 RDFS 或者 OWL 的规则应用于知识图谱进行推理，从而赋予知识图谱形式化语义。知识图谱与本体都通过定义元数据来支持语义服务。本体是知识图谱上层的模式层的抽象表示；而知识图谱是本体的实例化,是基于本体的知识库。

(二)技术与方法研究

知识图谱被划分成通用知识图谱和领域知识图谱。通用知识图谱强调的是范围,因而对于实体的数目更加关注。而对于领域知识图谱来说,它更强调其所储存的领域知识的精确度。当前,国内外对于知识图谱的构建探索技术已经趋于成熟。许多研究机构也相继创建了一些大型的通用知识图谱,例如 YAGO、Wikidata、DBpedia 等。然而,目前通用知识图谱依然面临知识不完全的严峻挑战,特别是对于专业领域,它所提供的服务仍远远无法满足人类需求。为此,学术界和产业界将目光更多地投向了对领域知识图谱的研究。

1. 知识图谱的实体、关系等技术研究现状

自然语言处理中命名实体识别(Named Entity Recognition,NER)和关系抽取(Relation Extraction,RE)是知识抽取的两项重要内容。在过去的 30 年间,专家学者对信息抽取方法的不断探索和研究,极大地促进了该领域的发展。

(1)命名实体识别

命名实体识别是指从非结构化文本中对实体进行抽取识别,一般是一些特定的名词短语等,也称为实体抽取。这些命名实体通常无法被通用词典完全统计。而且随着各领域的发展,实体的数量种类也在增长、变化,因此需要根据规律和方法去抽取实体。实体作为知识图谱中的基本单元,其识别的准确性直接影响知识图谱的构建质量。

在命名实体识别工作中,基于统计机器学习的常见模型有隐马尔可夫模型(Hidden Markov Model,HMM)、最大熵模型、支持向量机(Support Vector Machines,SVM)和条件随机场(Conditional Random Fields,CRF)等。然而,在进行特征提取时,这些模型训练需要手工完成。同时,模型训练需要大量的手工标注样本,效果不明显。

基于神经网络的方法通常被认为是一种序列标记任务,即实体识别任务。其通过建立序列标记模型,将文本用于实体识别。2011 年,Collobert 等使用卷积神经网络(Convolutional Neural Networks,CNN)进行特征提取,并通过融合其他特征效果取得了良好的识别效果。2015 年,Huang 等提出了 BiLSTM-CRF 模型来提高模型的性能。Santos 等提出使用字符 CNN 来增强 CNN-CRF 模型。2016 年,Lampleet 等使用两个双向长短期记忆网络(Bidirectional Long-Short

Term Memory,BiLSTM)分别学习单词级和字符级特征。2017 年,Strubell 等提出使用 IDCNN-CRF 进行命名实体识别,提取序列信息,提高训练速度。2018 年,Fenget 等提出了一种基于 BiLSTM 神经网络结构的命名实体识别方法。Maimatiayifu 等提出了 BiLSTM-CNN-CRF 模型。李立双等将 CNN-BiLSTM-CRF 模型应用于生物医学语料库,根据维吾尔语的特点,得到当时最高的 F1 值。

在中文中,一词多义的现象非常常见,因为以往的词向量训练模型会将相同的词表示为同一个词向量。针对一词多义,研究人员模仿人脑,提出了可以收集语法句法信息的预训练语言模型。Devlin 等提出了 BERT(Bidirectional Encoder Representation from Transformers)模型,该模型采用双向 Transformer 网络结构来预训练语言模型。双向 Transformer 完全基于注意力机制对文本进行建模。该模型考虑了词与句子中其他词的位置关系,认为词与词之间的关系可以反映每个词的重要性。该模型还创新性地提出了"Masked 语言模型"和"下一个句子预测"两个任务,分别捕捉词级别和句子级别的表示,并进行联合训练。至此,BERT 模型被用于众多实体抽取的模型中。

(2)关系抽取

关系抽取是指对实体与实体之间的关系抽取的过程,是知识抽取的重要子任务。关系抽取的发展历史与命名实体识别类似,最早使用基于模板的方法,即专业人员预先设定好模板和规则,使用模板对非结构化文本进行实体关系抽取。但这种方法的缺陷较大,实体关系的规则较命名实体识别更为复杂,泛用性更差,同时识别出的结果覆盖范围小。目前,关系抽取的方法可以分为基于统计特征的机器学习方法、基于深度学习的方法和基于远程监督的关系抽取方法。

基于机器学习的方法为有监督的方法。有监督的方法将关系抽取任务定义为判断一个实体对是否属于一个预先设定的关系类型,也就是一个分类任务。这类方法一般会使用两个分类器来解决关系抽取任务,首先是使用一个关系存在性判断的二分类器,然后是使用一个关系分类的多分类器。基于机器学习的方法一般使用的模型有最大熵模型、朴素贝叶斯模型和支持向量机等。

随着深度学习的发展,Socher 等提出使用循环神经网络(Recurrent Neural Network,RNN)获得句子向量的关系分类表示,进而进行关系分类。Zeng 等使用卷积神经网络模型将词嵌入和位置信息进行结合,开展实体关系抽取工作。

但上述皆为监督的关系抽取模型,这些模型依赖昂贵的人工标注数据,拟合效果受到标注数量的限制。为减少模型对人工标注的依赖,Mintz 等提出了远程监督关系抽取方法。该方法利用现有的远端知识库进行自然语言语料知识对齐,自动完成标注,减少甚至替代了人工标注的工作。但远程监督有一个强假设条件,即如果两个实体存在一种关系,那么所有包含这个实体对的句子都应该存在该关系。这样的设定较为绝对,事实上很多情况下标注句子并不满足该假设,在标注过程中会引入噪声。因此,Riedel 等在此基础上进行改进,提出容错性更强的假设——EALO(Expressed-at-least-one),即如果知识库中存在某个实体对的某种关系,那么至少有一个包含此对实体的句子能表达此种关系。为了减少噪声的影响,Riedel 还引入了多示例学习的思想,将具有某种特征的数据样本集合打标签,这样的样本集合称为包。只要有一个包中的数据的实体关系与标签一致,即认为标签成立,这大大减小了噪声的影响。基于这种思想,Zheng 等提出了基于远程监督的 PCNN 模型(Piecewise Convolutional Neural Networks work),以包为单元只选择其中最可能的示例作为参数更新依据,能有效遏制噪声对模型参数的影响。

(3)实体对齐研究现状

实体对齐技术是知识图谱构建和融合过程中的重要技术。在知识图谱构建过程中,实体对齐技术旨在对齐从不同语料中抽取的表示同一事物的实体。在广泛的研究过程中,实体对齐技术主要包括传统方法和基于表示学习的算法。传统实体对齐的方法主要包括基于概率模型方法、机器学习方法以及相似度理论方法等。传统的实体对齐的方法通常依赖于专家制订特征来确定实体之间的比较,需要大量的人工操作,且对齐的效率不高。近年来,实体对齐的技术主要聚焦于表示学习的算法。

在基于翻译模型的实体对齐算法模型中,TransE 是较早被提出且高效简单的经典模型。它的基本思想是将三元组嵌入到低维的向量空间,通过头实体向量到尾实体向量的平移操作来解释关系向量。TransE 模型在解决实体一对一关系中表现效果显著。基于图神经网络的算法是实体对齐研究的关键技术。它认为知识图谱中,两个等价实体的邻接关系通常是相似的,即等价实体具有相似的领域结构信息,因此可以选择神经网络算法来生成实体的邻域感知嵌入,用于寻找实体对齐。GCN-Align 模型是较早提出使用图神经网络算法用于实体对齐的模型,它提出了一种基于图卷积网络(Graph Convolution Networks,

GCNs)的跨语言知识图谱对齐方法。给定一组预对齐的实体,通过训练 GCNs,将每种语言的实体嵌入一个统一的向量空间,根据嵌入空间中实体之间的距离实现实体对齐。嵌入可以从实体的结构信息和属性信息中学习,并将关系结构嵌入和属性结构嵌入的结果相结合,从而得到精确的对齐。

随着预训练模型 BERT 的提出,用于实体对齐的 BERT-INT 也被提出。BERT-INT 以 BERT 模型为基础,对实体的名称或者描述进行向量建模初次对齐,选出候选实体;然后在初次对齐的基础上建立关系、属性的整合模型进一步对齐。其结果在 DBP15K 公用数据集上的对齐评估值 HR1 达到了 96.8%、HR10 达到了 99%、MRR 达到了 97.7%,是目前较高的对齐率。

2. 知识图谱的事件自动抽取技术

对事件抽取技术的研究,主要分为下述三个阶段。

(1)基于模板匹配的事件抽取

在早期,信息抽取基本是通过模板匹配的方式进行的。这种方案的问题在于需要专家来编写模板。模板的泛化能力差,很难应用到另一领域或者格式不同的其他数据源上。Ellen 等通过观察数据集规则,在新闻报告中发现:事件元素第一次出现的地方往往有关于事件的最重要信息,事件元素的周围往往会有事件元素在事件中的角色的描述。基于这两点,Ellen 等提出了事件模式抽取系统 AutoSlog。但这种方式需要比较多的人工成本,于是人们尝试能否从语料中预测出某些模板,或是实现模板的自动获取。例如,Ellen 等开发的升级版事件模式抽取系统 AutoSlog-TS,就是通过预分类语料,使用自然语言处理工具(词性、句法分析等)以及一定的规则和统计学方法,解决标注标准不一致的问题,同时减少了人工成本。Kim 等开发的 PALKA 系统,假设了特定领域中高频出现的模式是有限的,通过训练文本以 FP 结构的形式构建模板,在泛化过程中采用了归纳学习机制,实现了模板的自动获取。

(2)基于特征的机器学习方法

与基于模板的方法相比,基于特征的机器学习方法的泛化能力要更强。基于特征的机器学习方法中的特征虽然需要人工定义,但是只需要标准的数据集,不再需要专家去定义模板,减少了人工成本。特征有自然语言处理结果,例如词性、深度文法依赖,或者前后的词等;机器学习方法有最大熵模型、隐马尔可夫模型、支持向量机等。Chieu 等首次将最大熵模型应用于事件抽取,使用了 unigram、bigram、命名实体等各种特征。Ahn 等将事件抽取分成多个小任务,包括触发词识别、事件元素识别、事件属性抽取、事件共指等。然后通过定义特征,包括语义特征(全词、全词小写形式、原词、词性深度文法依赖)、wordNet(一个单词词典)、左右附近的词、实体特征等,并使用最近邻和最大熵方法抽取事件。事件触发词抽取结果显示,ACE2005英文数据集中事件触发词的各类型之间数量差别很大。None类占绝大多数,事件触发词在95%的情况下都是一个词,于是将触发词识别做成两阶段的词分类任务。第一阶段判断词是否是一个触发词;第二阶段将词分类成各个事件类型,降低事件类别标签不均的影响。Ji等通过跨文档信息总结的方式来抽取事件。比如,在全文档中该词为事件触发词的概率很低,则即使在该文档中通过周围的信息来判断这个词可能是触发词,也要降低其置信度。而Hong等则从实体的角度出发,经过统计发现实体与事件触发词之间具有关系,例如某种实体作为某类事件触发词的某种元素角色的概率较高,而后通过支持向量机等方法进行事件抽取。Li等则发现抽取事件时不仅要观察局部特征,还要观察全局特征,同时联合抽取事件触发词和事件元素,以消除分阶段抽取带来的误差影响。

(3)基于神经网络的事件抽取

最近几年,显卡作为神经网络计算工具,带动了神经网络技术的发展。神经网络不再需要专家来编写模板,也不再需要利用自然语言处理工具来获得特征。只需要合理的神经网络结构以及足量的标准数据集,预测的效果就可以超过消耗大量人工编写的模板方法和基于特征的机器学习方法。但是抽取一个事件,需要抽取事件触发词、事件元素及其类别和相互之间的关系。这也就导致一个事件数据集需要标注的内容很多,然而当前已有的公开标准数据集很少,而且数据集的标签比例偏差很大。同时,早期的事件抽取方法都是英文的事件抽取,只考虑了事件触发词是一个词的情况,这类方法直接应用到中文事件抽取时需要考虑分词带来的影响。而后来出现了BERT动态词向量,但中文的BERT只有字向量,导致这些方法完全无法使用BERT抽取中文事件,因此目前使用BERT字向量进行中文事件抽取的文献数量很少。Nguyen等使用CNN来进行事件检测,其神经网络的输入由静态字向量、位置向量和实体类型的BIO信息向量三部分组成,输入经过几个不同尺寸的卷积核,形成全连接层,得到最终输出。而Chiu等提出了DMCNN模型,使用CNN分两个阶段完成了事件抽取。其神经网络结构也分成两部分。输入部分类似Nguyen等的静态字向量、位置向量和实体类型的BIO信息向量,之后经过几个不同尺寸的卷积核,依据触发词和事件元素的位置将输出分割成三部分,经过池化连接到一起。而后触发词和事件元素的左右范围内的字向量连接。最后将输出连接到一起通过全连接层输出。DMCNN 模型在触发词抽取时,需要将第一部分 CNN 的输出的分割点减少。其缺点是仅适用于触发词和事件元素是一个词的情况,尤其不适用于主要以字为单位的中文事件抽取。而在自然语言处理中,RNN 要比 CNN 更常见。之后的算法中,RNN 类的事件抽取算法数量更多。Nguyen 等提出了 JRNN 算法,使用 word2vec 静态字向量、实体类型向量、深度文法依赖作为输入,经过双向 RNN,然后再经过复杂的环节联合抽取事件触发词和事件元素。JRNN 假定了一个句子中同时出现的不同事件触发词和事件元素之间可能会存在某种相互关系,维持了几个已经抽取出的事件触发词和事件元素状态的矩阵,利用这些矩阵和双向 RNN 的输出进行事件抽取。

接下来,出现了一些与众不同的中文事件检测方法。Lin 等提出了 NPN 事件检测方法,没有采取常用的序列标注的形式。通过观察事件触发词,发现这些词具有某些特定的格式,然而中文事件触发词的长度十分有限。于是,NPN 提出一个词分类模型,在候选位置遍历所有长度小于 3 的字符串,通过 CNN 方法来进行词的分类;同时,算法输入由字向量和词向量经过多种方式组合而成,并进行对比实验。NPN 这种分类候选词的方式在神经网络算法中比较罕见。Ding 等提出的 TLNN 事件检测方法,则是输入上使用了静态字向量以及基于 HowNet 得到的与该句相关的向量,该向量基于 HowNet 知识库,能够区分多义词;在神经网络上,使用触发词感知的网格 LSTM,同时提取字、词、句子的信息;而后使用 CRF 预测序列标注的结果。以上两个模型,一个通过遍历长度小于 3 的候选词并进行分类,一个利用了知识库 HowNet 的信息区分多义词,这些方法源于之前的基于模板的方法和基于特征的机器学习方法。但是到了 BERT 的时代,特殊的输入使得这些模型难以接入先进的动态字向量。在 RNN 和 CNN 都用于自然语言处理之后,人们把目光放在了寻求性能更加强大的动态字向量上。2018 年,谷歌提出了 BERT 字向量,打破了多项纪录,同时也改变了自然语言处理的输入。TLNN,使用了外界的知识库来为多义词提供不同字向量表示,而 BERT 这类的动态字向量能通过模型轻松分辨不同语言环境下同一个词的不同含义。但 BERT 字向量训练成本很高,所以谷歌等开发者将自己训练的各式动态字向量上传,人们只需要下载,就可以减少重复训练字向量的成本,同时也就默认使用了模型上传者的分词方式。目前,中文 BERT 是以字为单位的字

向量,所以之前同时使用词向量和字向量的 NPN 模型无法使用 BERT 字向量;
TLNN 在输入上需要的特殊字向量也无法直接转换为 BERT。在 BERT 提出之
后,事件抽取大都开始使用 BERT 作为输入。Zhang 等使用 BERT 提出了一种
事件元素抽取的方法。先预知事件触发词的位置,使用 BERT 作为模型输入,
将事件触发词和句子中其余词对应的向量放入双仿射深度依赖树模型的 role
分类器中,判断哪个词是事件元素的结尾以及事件元素的角色元素;再通过一
个 MLP 分类器来识别事件元素的起始位置。但是,文中是英文的事件数据集,
其中大多数事件触发词为单独的一个词,且 BERT 词向量为英文,直接使用事
件触发词的 BERT 向量代表触发词本身即可,将这个模型应用到中文时,需要
考虑中文与英文之间事件触发词和 BERT 字向量上的差异。Yang 等提出了分
成两个阶段的英文事件抽取模型 PLMEE。事件触发词抽取部分,使用 BERT 向
量作为输入,然后使用线性全连接层进行分类;事件元素抽取部分则几乎和触
发词抽取一样,只是最后的多分类对于每个元素角色分成开始和结尾两种类
型,来应对同一个事件元素可能有多种元素角色的出现的情况。最后,作者为
事件元素模型的多分类输出设计了获取事件元素位置的算法。

在众多事件抽取模型中,应用最广泛的是 LSTM(Long-Short Term Memory,
长短期记忆网络)和 BiLSTM 两种 RNN 模型。LSTM 是 RNN 的一种变体,最早
由 Hochreiter 和 Schmidhuber 提出,有效解决了 RNN 难以解决的人为延长时间
任务的问题,并解决了 RNN 容易出现梯度消失的问题。

由于单向的 LSTM 模型无法同时处理上下文信息,而 Graves 等提出了
BiLSTM,其基本思想就是对每个词序列分别采取前向和后向 LSTM,然后将同一
个时刻的输出进行合并。因此对于每一个时刻而言,都对应着前向与后向的
信息。

(三)应用研究

目前,社交、电商、金融、医疗、工业等领域已成为知识图谱面向垂直领域落
地应用的典型场景。

鉴于本书选题与国家安全需求息息相关,因此对军事领域的知识图谱研究
现状进行分析,是尤为重要的。然而,军事领域可用的公开数据较少,导致军事
领域知识图谱的研究较为缺乏,研究进度缓慢。

接下来探讨军事领域知识图谱在国内的代表性研究。车金立、赵瑜等针对

军事知识图谱构建问题提出了解决方案。薛坤对面向军事领域的知识图谱进行了细化研究,完成了军事知识抽取,包含实体识别和关系抽取两个子任务,采用 BiLSTM-CRF 算法完成军事实体识别任务,再利用 PCNN 算法对实体间的关系进行抽取获得三元组信息,根据抽取到的知识构建军事知识图谱。马江微对军事装备领域知识图谱构建进行了研究,在军事装备领域的实体关系联合抽取方面,提出了一种融合 BERT 与关系位置特征的抽取方法,在军事装备领域的属性抽取方面,基于远程监督思想构建了军事装备领域属性抽取数据集,并提出一种基 RoBERTa-BiLSTM-CRF 结构并结合了实体边界预测层的属性抽取方法。以上的研究中并未涉及对实体关系抽取后的实体对齐研究。Liao 等使用基于 BiLSTM 模型对美军装备的知识图谱构建方法进行了研究,设计并实现了美军装备知识图谱系统。Liu 等针对军事装备数据库结构松散、难以有效利用、存储效率低、管理混乱等问题,使用依存句法树和 CRF 的实体关系抽取方法,对非结构化文本数据进行信息抽取,构建军事装备知识图谱,取得了不错的效果。Song 等为解决军事工业学术研究内容检索过程中数据分布稀疏、数据相关性弱、数据难以有效利用等问题,提出了一种基于军事学科书目数据的军事知识图构建方法。该方法根据论文的书目信息特点设计知识图谱的结构,利用信息丰富的论文标题和关键词研究实体识别、实体分类、知识图谱存储和可视化等。姚奕等依托现有兵器库的结构化数据构建装备概念图谱,采用迭代学习的方法,以开放的多源数据为基础进行了装备实体的补全,确保了概念图谱的广度和精度。邢萌等初步探讨了军事领域知识图谱当前面临的机遇和挑战,提出了军事领域知识图谱构建及应用技术架构,并对基于本体体系的知识表示,基于机器学习的知识抽取、跨领域知识融合、知识计算、知识应用等知识全生命周期各环节的关键问题及核心技术进行了论述。

据上述可知,军事领域知识图谱大多聚焦在武器装备知识图谱的构建上,且部分军事知识图谱的研究未细分本体粒度,所构建的是相当于百科全书式的军事知识图谱。这些军事知识图谱与通用知识图谱中的军事模块相似,无法满足精确的知识服务。总而言之,目前对军事领域内细分的军事情报知识图谱的研究寥寥无几。因此,本书通过对各大军事新闻平台的军事情报信息进行研究,并依据军事专家的建议,对军事领域知识图谱的数据粒度进行细化,通过深度学习技术抽取开源军事情报信息,构建军事情报知识图谱。

事件知识图谱(Event Knowledge Graph,EKG)在军事领域也越来越受到研究者关注。事件本身是一种特殊类型的知识,可以看作由文本中观测到经验事实和事实关系构成的复杂组合。事件知识图谱是以时间为中心构建的一种复杂的知识图谱。以事件作为核心概念的领域事件知识图谱(DEKG)研究正在兴起。与实体不同,事件能够直接刻画实体及其行为,具有更丰富的语义,知识图谱的知识多以一阶实体存在,存在的形式多为(实体,关系,实体)和(实体,属性,值)等。事件则是以二阶实体存在,其参数通常为一阶实体,并且事件本身也可以拥有属性。

事件抽取中采用的主要方法,可分为基于规则、基于特征学习和基于神经网络的三种。相关研究中提出了针对描述作战事件的作战文书进行事件抽取。因为作战文书的文本内容具有特定的结构,所以设计了一种时空约束下的主客体行为模型。该模型包含时间、地点、主体、客体、属性、属性值、行为动作共7个要素,能够精简地概括作战事件的大部分信息。其以时空约束下的主客体行为模型作为基础,采用依存句法分析后进行模式匹配的方法,抽取出文书内容的时间、地点、主客体及属性这些要素,形成三元组,用以构建知识图谱。

二、智能情报研究现状

(一)理论研究

情报是为了特定目的而获取的具有相当针对性和及时性的知识。情报为决策制定提供信息,从而减少决策过程中的不确定性,避免因信息不充分或信息错误而降低决策的准确度,为决策者做出"更好"的决定提供支持。情报与智能有着天然的内在联系,可谓是一枚硬币的两面,知识将其连接为不可分割的整体。情报又来源于数据,即情报分析是对数据的分析。随着当前数据资源的激增,需要利用人工智能的思维与技术方法对数据进行管理和挖掘,智能情报分析应运而生。

美国学者 L. C. Smith 在 1976 年发表的 *Artificial intelligence in information retrieval systems* 最早讨论了情报学与人工智能间的关系, *The Study of Information: Interdisciplinary Messages* 是西方最早专门研究二者之间关系的著作之一。其后,人工智能以其对知识工程的注重,特别是对专家系统的研究,引起了美国情报学界的极大兴趣,情报学的研究与发展中大量使用人工智能的概念、工具和技术。美国图书馆与信息技术协会还专门创立了人工智能与专家系统兴趣小组。1988年,美国情报学年会以"Artificial Intelligence:ExpERT System and Other Application"为主题,目的就在于揭示人工智能与情报学存在的可能关系。据 Hsieh 等的统计分析,在 1976—1987 年这 10 余年里,学界已将人工智能作为情报学的一个新领域进行大量的研究,并且将人工智能作为外来的技术知识,论述其在情报工作中的具体应用。事实上,国内学者也预言到人工智能的发展有望引发情报工作的革命,并试图将二者结合起来。早在 1983 年,钱学森就在《科技情报工作的科学技术》中提出智能情报的理念,认为信息的使用有简报式、情报专家式和智慧情报式三个层次,指明情报研究需要与智能技术相结合,并提出了人工智能情报系统的设想。陈光祚在 1986 年指出:人工智能与专家系统的研究成果,逐步地开始应用到情报服务中来,从而使情报科学站在了一个新的计算机世界的门槛前。1990 年俄罗斯学者 S·弗拉基米尔指出:情报学(计算机)和人工智能之间存在天然近亲关系,情报学(科技情报)与人工智能彼此之间存在较多共同要素。1999 年邹永利提出,未来人工智能和专家系统的研究,可能使认知与实验这两种情报学方法在互补基础上形成情报学新范式。

(二)智能情报技术研究

智能情报以大数据为依托,融合人工智能和大数据技术,基于动态知识图谱和具体的业务场景模型,进而实现复杂业务问题的自动识别、判断,并做出前瞻或实时决策。智能情报相较于传统的情报业而言,对于情报的形式和质量都提出了更高要求,主要包括对数据的深层发现、挖掘和对分析过程的智能支持等。智能情报分析需要体现出计算性、融合性、工程化以及快速响应等特点,本节将智能情报研究总结为情报获取和处理、情报分析和情报辅助决策等如下几个方面。

1.情报获取和处理

智能情报分析需要关注最新信息,广泛地从多源路径采集各类数据。情报信息获取是智能情报的基础和关键,相比于传统的情报获取,智能情报信息的获取要扩大情报来源,通过各类感知设备,多种渠道获取更多的大规模数据并进行有效的处理。从计算机科学的视角来看,主要的技术包括数据获取与处理、数据存储等。

在智能情报分析当中,网络信息的采集只是一个方面,很多情报任务需要从某些专业数据库中加载数据,以及从自有的信息资源中识别出关联信息。当前的智能情报发展,需要对多源、异构、跨域的大数据进行融合,实现对各类数据的即时交叉比对,生成准确及时的各类信息,从而为问题诊断、态势评估与形势分析等提供全面的数据支撑与情报参考。也有研究提出,非结构化多模态数据组织与理解具有推动实现处理和理解不同模态信息之间共同表达语义的能力,并对多源数据进行了统计和整理,实现了多源数据的处理和融合。在相关研究中,实现了基于物联网端的多源异构的数据融合,其主要采用了资源消耗较少的 BP 神经网络进行异构数据融合。

智能情报分析系统需要将门类庞杂、种类繁多的海量数据进行整合,建立统一的大数据语义知识网搜索平台,全面而深入挖掘信息之间的关联关系,将分散的、孤立的信息集中到一起,对不同来源的数据进行交叉验证、互补融合。图数据库能够很好地实现当下智能情报对于数据存储提出的要求,为智能情报分析提供文本数据存储的方式。

2. 情报分析

在获取到相应的情报数据后,把不同的数据组合起来,进行关联映射与分析,既可以形成一些群组,也可以发现一些有用的关系与模式,确定关键人物、事件、联系和模式,计算数据之间的共性与关联关系,运用关联规则、聚类分析、社会网络分析、向量空间模型等一系列分析方法,对于整个行业或问题所涉及的整体全貌进行呈现。

3. 情报辅助决策

运用自然语言问答、大数据可视化、知识图谱化等手段,提供大量方便的人机交互接口,实现人与机器的完美融合以及人与人之间的协同工作。人机交互技术在智能情报的发展过程中发挥着重要作用,通过人机接口提供语音输入,基于面向领域问题的人机对话的智能情报分析为决策者精准的决策辅助。目前,推荐系统、问答系统、决策系统都是基于智能情报分析所诞生的人机交互系统,能够以简单易懂的方式给予决策者最大的帮助。

(三)应用研究

随着云计算、大数据等技术的快速发展,对论文研究主题为"人工智能在情报学研究"的文献查询显示,研究热度呈上升趋势。其中典型的研究成果如 Dhar 指出,此轮人工智能热潮与以往的根本性不同在于机器学习已经具备感知和处理能力。从前,机器无法阅读、听到或看到信息,只能获取和处理经组织后的信息。现有技术进展使得机器能直接从外界获取输入信息,而无须人类参与,继而创建机器内部表示用于进一步处理。北京大学的王延飞在《重视智能技术凝练情报智慧——情报、智能、智慧关系辨析》中指出,正是由于情报、智能与智慧有着内在的紧密联系,而这种联系又对情报管理工作产生着影响,使得情报机构在提升情报产品智慧品质和情报业务管理水平的发展进程中不可避免地要关注和使用智能技术手段。以智能信息技术的研究发展来应对大数据信息环境所带来的挑战,提升情报产品和情报服务的智慧水平,是情报机构在转型改革中的重要方向。北京大学的化柏林在《智能情报分析系统的架构设计与关键技术研究》中提出,如何把智能渗透到情报领域,实现智能情报分析系统是新时代值得深入探讨的问题。文中在对智能与情报关系的梳理以及对现有情报分析系统述评的基础上,提出一个智能情报分析系统的框架。在 Gartner公司发布的《2017 年分析方法与商业智能成熟度曲线图》中,孟海华分析指出,分析方法和商业智能领域将从可视化数据发现时代转变为增强分析时代,即运用机器学习、自然语言接口等技术,缩短数据准备时间,自动发现数据模式,将分析结果分享给更多用户。针对大数据的下一代人工智能系统将是可解释的、强健的通用人工智能,它不只是暴力地完成浅显计算,而是能执行深度神经推理;也能基于结构化逻辑规则发挥数据驱动模型的作用,它能从已有经验中进行学习。而后,机器学习、大数据、图像处理单元(GPU)等技术的迅猛发展与融合,引发了新一轮的人工智能研发与应用热潮。中国科学院成都文献情报中心的田倩飞在《人工智能 2.0 时代的知识分析变革研究》中,在梳理学者研究原型与美国智能情报项目的基础上,从信息知识采集、信息知识搜索、信息处理与知识挖掘、知识预见预警以及知识决策服务等诸多环节阐述了人工智能关键技术在知识分析中的应用与影响,提出人工智能 2.0 时代知识分析的总体趋势将朝向全面、精准、自动、高效、智能和深度等方向发展。南京大学信息管理学院的冯秋燕在《对人工智能在情报工作中的应用研究》中构建了新型情报工作体系,从人工智能与情报工作的核心层次上,阐述了人工智能与情报工作的融合发展,对未来新型智能技术落地于情报工作有一定的参考价值。综上,人工智能关键技术及其对知识分析、信息服务、决策支撑等的变革影响已引起国内外学者的研究和重视。本书将结合学者研究成果、企业研发动态及外国相关政府部门的项目部署,具体探讨人工智能对知识分析各环节的变革影响。

三、研究综合评述

本书按照智能情报研究目标,结合数智技术发展背景的现状分析,聚焦新一代人工智能技术——领域知识图谱,党的第十九届五中全会审议通过的《中共中央关于制定国民经济和社会发展第十四个五年规划和二〇三五年远景目标的建议》,对我国构建新的发展格局提出创新发展的要求,正所谓"创新发展、情报先行"。2014 年 4 月 15 日,习近平总书记在主持召开中央国家安全委员会第一次会议时提出,坚持总体国家安全观,走出一条中国特色国家安全道路。同时,复杂、严峻的国际环境,对国家安全情报获取的完整性、覆盖率与效率等提出了新要求,从而也对现代情报学的理论、方法与技术提出了新要求。然而,从大数据时代开始,情报发展进入了一个新的时期,数据信息类型的多样化和数量的大规模化,都给情报发展带来了新的契机和挑战。情报工作本身的目的就是解决决策过程中出现的信息不完备问题。数据信息量的不断扩大,各个领域信息知识获取方式的发展,都推动着智能情报的进步。相较于普通的情报工作,智能情报需要进一步实现帮助决策者发现未知的潜在情报信息,并对多种活动和信息加以分析。与传统情报工作所提供的零散的分析功能不同的是,智能化情报工作首先需要从碎片化的开源文献情报信息源中进行知识序化、关联,并在此基础上自动提取知识、激活知识、形成情报,为智能化情报工作需求提供一体化的辅助决策方案。按照背景矛盾分析、提出问题、分析问题与解决问题的思路,确立了本研究的脉络,如图 1-4 所示。

可见,在互联网、大数据、人工智能等新时代背景下,针对总体国家安全观下的情报主体精细化、智能化等方面的需求与客体信息过载之间还存在一定矛盾。但同时,在情报工作中充分利用计算技术、智慧技术相融合的方法与手段,是保障情报价值提炼的一个新途径。因此,本研究从数智技术满足情报智能化的需求出发,提出基于智能情报分析及综合服务的智能情报研究的理论、技术方法及工具等。

一方面,本书提出的智能情报"研究"的视角中,此"研究"的定位对情报价值的智能化成熟度推进具有重要意义。所谓情报研究是情报工作者解决决策过程中信息不完备这一情报基本问题的重要手段。情报研究是对情报进行研究,对象是"情报",任务的实质是"研究"。情报研究包括若干个情报分析与综合的情报活动过程。

新时代下矛盾：总体国家安全观、互联网、大数据、人工智能等时代背景下，
情报主体精细化、智能化的需求与客体信息过载之间矛盾升级

提出问题

一种使机器具备拟人智慧的能力：从开源情报信息中理解与运用知识，
从而支持高效、实时的智能情报识别、智能情报分析与智能服务活动的智能情报方法

分析问题

运用智能化技术构建一种情报方法——智能情报方法

研究对象：
开源情报
文献信息

知识图谱：从语义层序化、关联知识单元的一种知识表示方法

研究目标：
智能情报
理论变革

解决问题

基于领域知识图谱的智能情报活动体系逻辑框架

智能情报识别 ——→ 智能情报分析 ——→ 智能情报服务

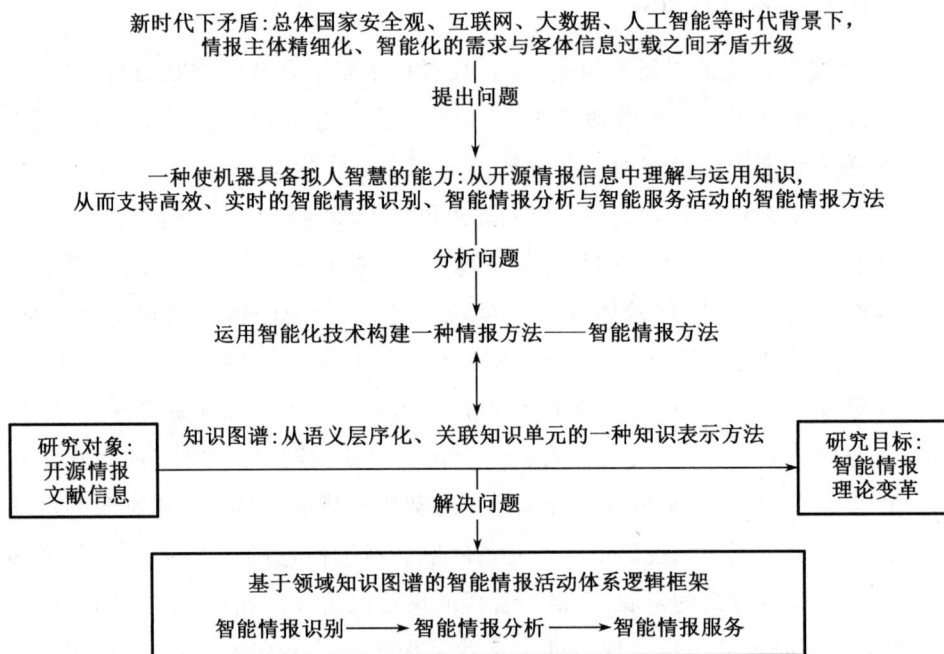

图1-4　智能情报研究的研究脉络

另一方面，在大数据和人工智能的新技术推动下，重构后的信息链呈现出资源数据化、方法智能化、服务精细化与工程化的特征。信息链改变了以往的"数据—信息—知识—情报"这种线性单链条转化模式，在以数据为重心的情报提炼过程中，出现了更为灵活的多元的情报价值生成路径。因此，智能情报研究可以理解为依托智能技术相关的方法，以情报信息来源作为研究起点，在结合深度学习这类数据驱动的情报提炼方法的同时，再应用更有效的、可以体现智慧的技术与方法，来保障情报提炼的价值增值。

众所周知，近几年来在工业界及学术界，领域知识图谱作为继感知的人工智能之后的第三代人工智能技术，也堪称新一代人工智能的"石油"。因此，本研究选择了领域知识图谱技术，尝试在信息链的价值演进过程中，结合深度学习这种数据驱动的智能化手段，探索实现信息链的情报价值高效提炼。同时使其蕴含更多智慧（人类的领域知识），从而保障形成一种情报演进的、可靠的、计算能力提升的生态智慧。

有鉴于此,本研究选择领域知识图谱作为提升情报智能性与智慧性的技术方法,是一种可靠的智能情报研究思路。同时,从情报分析方法到支持综合服务深入研究,是一种可靠的提升情报智能化水平的重要保障。因此,本研究选择的视角为:通过领域知识图谱相关技术,在探索智能情报分析方法基础上,提升人机协同辅助决策支持的智能情报服务。在坚守"耳目、尖兵、参谋"的情报初心的同时,缓解了情报工作面临的互联网信息过载下的信息研判难题,顺应时代发展对情报响应的新需求,全面提升情报辅助决策的效率与质量,实现广、快、精、准的一站式智能情报方法理论与实践体系,最终加速智能情报全线的变革进程。

第三节　研究内容和技术路线

本研究以开源情报信息作为数据来源,从信息链重构的视角出发,面向国家安全情报工作需求,论证了基于领域知识图谱技术的智能情报演进体系逻辑框架,并探索了认知智能辅助决策的智能情报理论框架与实践验证等方面的研究,支持复杂环境下的智能情报实现的"可解释的、因果关系的、人机互动的"决策智能。

本书的总体研究技术路线与研究方法如图 1-5 所示。

一、研究内容

本研究针对基于领域知识图谱的智能情报,在充分剖析国内外相关研究现状的基础上,梳理数智时代赋能情报生产方式的变革,以军事领域为例,从国家安全的描述性、动态性的情报需求出发,提出信息链重构视角下的领域知识图谱策略的智能情报演进体系逻辑框架。依据此逻辑框架,以"全息化"的开源情报信息数据源作为情报自动获取的起点,基于领域知识图谱生命周期的"模型集成计算"方法,实现情报加工、处理和服务的"建模"系统,论证了智能情报为核心的决策的可行性,并验证与分析了基于领域知识图谱的智能情报全流程的有效性,探索了认知智能方法支持智能情报理论与实践的研究。

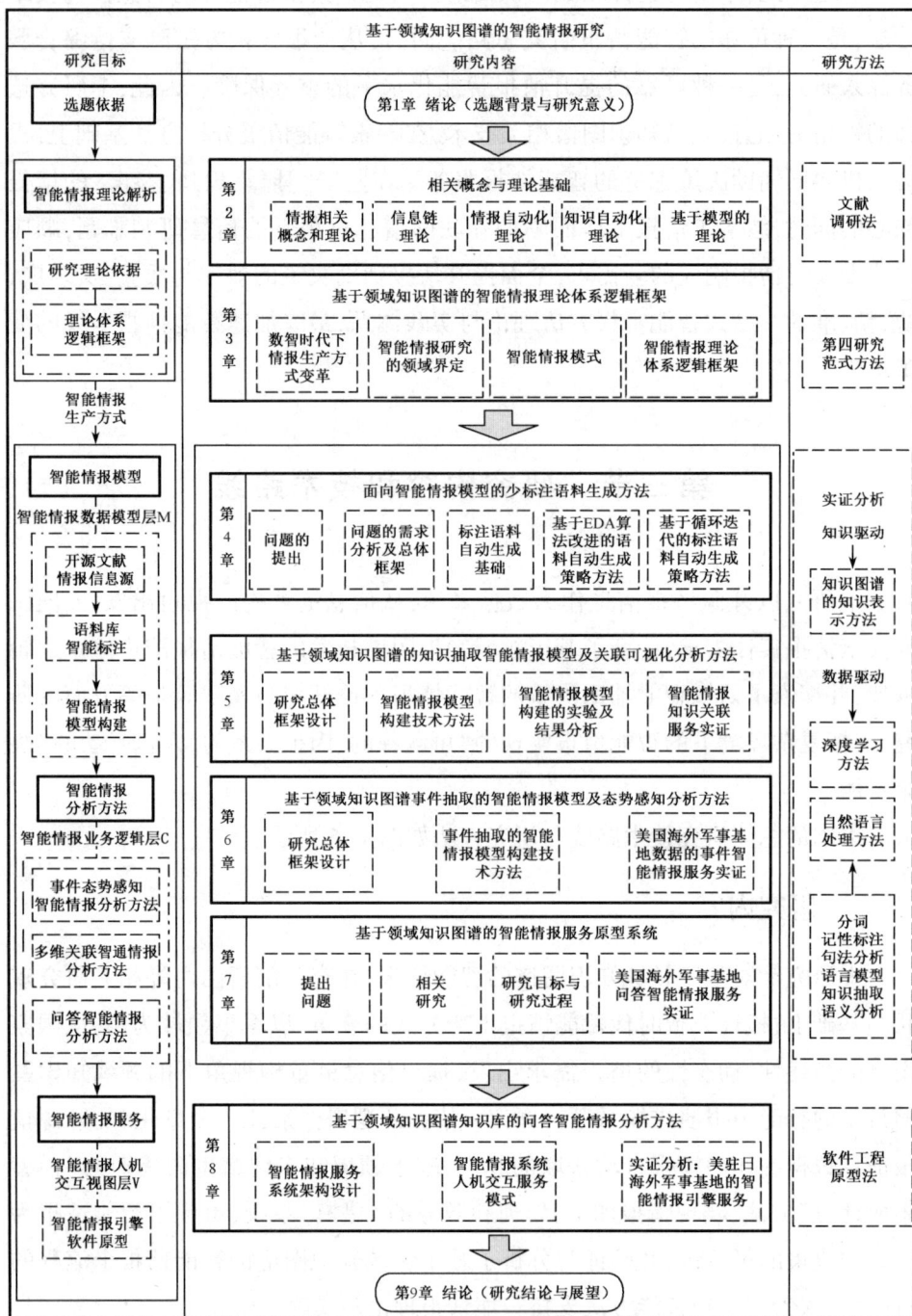

图 1-5 研究技术路线与研究方法

本书共分为九章,具体研究内容如下:

第一章,绪论。该章介绍本书的选题背景及研究意义。梳理国内外基于领域知识图谱的智能情报研究内容,评述总结领域研究现状,提出本书研究内容与技术路线,提出研究的创新点。

第二章,相关概念及理论基础。该章阐释了本研究涉及的相关概念界定和理论基础,并梳理出本研究的重要理论依据。首先,介绍了情报概念与发展,包括情报的兴起、情报的自动化、智能化发展。其次,介绍了智能情报相关概念及理论,重点界定了本研究智能情报的数据来源方法及时代载体的新特征——开源情报及包括网络在内的文献情报信息源,并界定了本书基于知识自动化理论的智能情报概念。论述了重要的技术支撑领域知识图谱及其生命周期理论。再次,以信息链作为研究的主线,论述相关概念及信息链重构理论。最后,基于以上概念及理论综述,提出本书智能情报研究的智能情报组织理论,并作为本书智能情报研究的重要框架支撑。

第三章,构建了基于领域知识图谱的智能情报体系理论逻辑框架。在数智赋能情报生产方式变革时代背景下,依据新一代人工智能领域知识图谱,形成了支持智能情报的认知路径,提出了 S_CMAS 智能情报理论体系逻辑框架,即少标注智能情报语料自动策略方法(Small_Corpus)、智能情报模型(Model)、智能情报分析方法(Analysis)与智能情报服务(Service),为智能情报技术方法的智能情报服务奠定了坚实理论基础。

第四章,提出了面向智能情报模型构建的少标注语料的多维数据增强策略方法,解决了大数据语料标注稀疏问题的数据自动扩展问题。鉴于从文献情报信息中获取数据种类复杂、价值密度较低,且标注语料数据稀疏的问题,提出了循环迭代与 EDA(Easy Data Augment)改进的数据增强策略方法,提高了智能情报模型训练标注语料的质量,为智能情报模型训练提供有效的数据保障。

第五章、第六章及第七章,阐述三种智能情报分析方法,提出 SIM_PCAR(Smart Intelligence Model, Perception of Event, Cognitive of Entity Elements, Multidimensional Intelligence Analysis, Report of Smart Intelligent)的智能情报服务模式。该模式基于领域知识图谱的知识与事件自动构建技术,实现了智能情报模型构建(Smart Intelligence Model)、事件态势感知(Perception of Event)、要素认知(Cognitive of Entity Elements)、多维智能情报分析(Multidimensional Intelligence Analysis)、智能情报报告(Report of Smart

Intelligent)等,为智能情报引擎服务提供了技术方法支持。该模式支持在突发事件情况下,通过实时态势感知、精准多维度关联分析、人机精准交互问答等方式,解决突发事件产生的不确定性的"发生了什么""目标特征是什么""目标态势动向是什么"以及"为什么"等问题的可解释性,为后续章节中的智能情报服务引擎的搭建提供支持。

第八章,以工程化的思想探索搭建了 SIEngine(Smart Intelligence Engine)智能情报引擎架构,并构建出了系统原型服务平台。在上述研究内容基础上运用 MVC 软件架构模式,构建了智能情报引擎的架构,包括 Model 数据模型层(基于领域知识图谱的知识库)、View 人机交互视图层(实时智能情报获取人机交互界面)以及支持 Controller 业务逻辑控制层,并基于此架构,运用软件工程开发方法完成了国家安全军事领域的智能情报引擎原型平台。该平台直观地支持了智能情报提炼全过程的验证,为基于领域知识图谱的智能情报研究进行工程转化提供可操作性的实践指导。

第九章,结论与展望。本章是对全书观点的总结概括,阐述了本书研究成果、局限性与未来展望。

二、研究技术路线与研究方法

本研究涉及文献学、情报学、计算机科学与技术、知识工程等多个学科交叉领域,具体研究过程采用理论研究与实践研究相结合的思路展开。在理论研究方面,围绕研究主题梳理国内外相关研究的概念、理论基础及发展现状,并归纳总结形成基于领域知识图谱理论的智能情报研究基础。在实践研究方面,一方面利用深度学习、自然语言处理(语言模型)、知识图谱的知识组织等技术,开展支持智能情报分析研究方法的模型训练、对比实验及实例分析等方面的实证研究;另一方面利用软件工程的原型法将智能情报分析方法进行 API 封装,并通过实例呈现智能情报服务分析。

对应研究章节内容的研究方法,主要分为以下几项:

一是应用文献研究方法展开介绍第二章"相关概念与理论基础"及第三章"智能情报研究理论体系逻辑框架"内容;

二是应用第四研究范式研究方法、计算机科学及人工智能的自然语言处理(中文分析、词性标注、命名实体识别、句法分析等)、深度学习、实证分析及知识图谱的方法展开介绍第四章"少标注的智能情报语料自动生成"和第五、六、

七章基于领域知识图谱的智能情报模型构建及智能情报分析方法的研究等内容;

三是应用软件工程的方法逐步展开介绍第八章"智能情报引擎服务原型系统"的技术路线,从智能情报的理论框架、技术实现方法及工程化服务的视角,验证了基于领域知识图谱的智能情报综合服务的可行性与有效性。

第四节 研究创新点

本书在选题视角、研究方法及研究观点三个方面分别取得了创新性的前瞻性研究成果。

一、选题视角的创新

本书选题属于信息资源管理与计算机科学及技术学科交叉的科学问题研究领域。首先,领域知识图谱技术归属于计算机与科学技术的"机器学习与知识工程"的人工智能研究方向;智能情报研究归属于信息资源管理学科,是文献学及情报学学科研究方向的研究范畴。本书选题来自当下文献情报信息过载与进行精准、高效、智慧情报活动的需求之间的矛盾,以文献开源情报信息数据作为研究起点,从基于领域知识图谱的认知智能技术赋予情报智能化的视角,创新性地探索了智能情报理论体系逻辑框架、智能情报分析技术与方法、智能情报服务的"智能情报一体化"等研究内容。

二、研究方法的创新

本研究从文献法、统计分析法、调查法、访问法等典型文科研究方法出发,准确把握研究问题需求;通过自然语言处理、机器学习与知识工程的人工智能的技术方法,创新性地提出了由情报语料自动增强技术、智能情报模型构建技术、智能情报多维分析技术等多种技术赋能的智能情报研究技术解决方案与具体方法;在应用软件工程原型开发的方法方面,在国家情报工作场景下,前瞻性、系统性地搭建了人机高效协同的智能情报服务工具平台,验证了"认知智能"赋能的智能情报研究。因此,本书涉及文献学、统计学、语言学、情报学、计算机科学与技术、人工智能及软件工程等综合创新性的研究方法。

三、研究观点的创新

相比相同领域、方法及相关主题的研究成果,本书从数智技术赋能情报的智能情报研究视角出发,以领域知识图谱这种拟人思维的知识组织方式,探索了数据化与知识化双重驱动的智能情报研究路径,提出智能情报组织的智能情报研究创新观点。

一是首次提出运用 S_CMAS(Small_Corpus,Model,Analysis,Service)智能情报生命周期展开智能情报理论研究的观点,从开源情报数据来源开始,提出包括少标注智能情报语料自动策略方法、智能情报识别模型、智能情报分析方法及智能情报服务的智能情报理论体系逻辑框架。该理论体系逻辑框架区别于以往研究的突出之处在于:一方面,解决了领域标注语料数据稀疏的痛点问题,从技术上突破了数据增强的算法,从而解决了智能情报语料保质足量供给的问题;另一方面,以文献情报信息源作为开源情报数据来源,探索提出了运用智能情报模型语料自动生成、智能情报模型构建、多维智能情报分析方法共同支撑国家情报工作的一站式智能情报服务的观点。

二是首次提出运用 SIM_PCAR 智能情报服务模式,自动生成等技术方法。基于该模式所实现的 SIEngine 智能情报引擎服务平台,有效支持国家情报工作的创新改革,为国家情报工作提供了一种人机高效协同的、辅助决策支持的新一代智能情报服务模式。

第二章　相关概念与理论基础

本章主要从情报、智能情报、领域知识图谱、信息链方面梳理相关概念与理论基础,提出在本研究主题所包含的智能情报概念、智能情报组织下的智能情报生命周期理论等,构成本书基于领域知识图谱开展智能情报研究的理论研究基础。

第一节　情报相关概念和理论

一、情报兴起与概念发展

(一)情报兴起

1978 年开始,中国科学情报研究人员对情报开展了逐步深入的探索与研究,并认为情报已经成为一门独立的学科。随着人类社会向信息化社会的演进,情报学的社会重要性日益增加,其作用和研究成果被认为是信息化社会强大的支柱之一。情报科学家把情报学的社会重要性总结为:可使人们有效地传播已积累的知识;使人们不断地吸收并应用新知识,防止情报知识自身的老化;通过情报的贮存与检索,唤起人们对知识的记忆;通过对情报知识的有效利用,强有力地推动人类社会、经济、文化和科学技术的进步。

信息技术的高速发展和信息化时代的到来,使得情报工作对促进人类社会和经济的持续进步发挥着越来越大的作用,情报学的发展前景也将会变得越来越广阔。

(二)情报应用领域的发展

基于综合性情报概念的情报工作已经辐射和延伸到社会的各行各业,涉及军事、国防、社会发展、科技发展、国家安全等各个领域。在科技情报、军事安全、公共管理以及商业竞争等领域都有了广泛应用。

在军事安全领域中，情报常在军事侦察工作、反恐情报挖掘等方面发挥重要的作用。在侦查工作中，可以将互联网、社交媒体、研究报告等信息与公安内网信息进行关联、聚类与协同分析。反恐情报挖掘方面，由于恐怖主义的张扬性，很大程度上可以在公开途径获取恐怖组织内部情报，将军事领域基于互联网获得的海量开源情报应用于反恐工作中具有重要的现实价值和良好的适用性。如政府能够利用海量多源异构的开源信息，通过科学技术对开源信息进行分析，选择更优的工作策略，从而实现更好的效果。

在科技情报领域中，可以通过情报分析了解具体科研领域的相关研究热点、权威的学术机构及其相关合作领域，明确此领域与相关领域的研究现状。同时，可以处理解析科技情报工作态势，跟踪科技研究最新进展。在知识、成果、人才和设备设施的流动、交流与共享等方面，情报分析同样起到重要作用。

在商业竞争领域中，情报分析让零散的多源异构数据、海量信息和相关知识等发展成为具有价值的情报，为企业提供危机预警及在商业竞争过程中的战略和战术层面的支持。

在公共管理领域中，情报主要在网络舆情监测和公共卫生事件中发挥重要作用。例如，在疫情事前阶段进行危机预警，事中阶段融合其他类型情报为疫情处理提供情报层面的保障并辅助决策，事后阶段对疫情全面评估和总结。

（三）情报概念发展

情报就是为了特定目的而获取的具有针对性和及时性的知识。可见，从情报概念的基本理解上，情报与知识存在着天然的联系。自1956年科技情报在我国产生以来，情报实践的多样性及英文译名的复杂性导致情报概念认同不统一，定义众多。尽管近几年《中华人民共和国国家情报法》颁布并实施，但对"情报"概念的认识依然众说纷纭。包昌火先生的文章及对他的访谈内容主要提及了对情报在军事领域的理解，即情报是对信息的解读、判断和分析，是人脑思维的产物，具有对抗性、战略性、智能性、增值性和行动性等特点。经典的辞书中给出了代表性的观点，如早期《辞源》中的定义是"军中集种种报告，并预见之机兆，因以推定敌情如何，而报于上官者"。《辞海》中的定义是"战时关于敌情之报告，曰情报"，该种定义与社会大众的理解相匹配，并一直影响到目前军事、公安等领域对情报的定义。1956 年,中国科学院科学情报研究所的创始人袁翰青和杨沛霆两位学者从对文献、知识的理解中解释情报。袁翰青认为,"情报是将文献中的知识单元标引、有序化,便于科研人员全、准、快地看到、检索到和利用到",而文献工作是"组织知识的工作,更明确地说文献工作是将分散记录起来的知识,特别是文献中新发现的知识单元,经过学术分析与抽出之后,用一定的方法组织起来,为使用者提供最大的便利,能随时被检索到并参考利用"。杨沛霆认为,情报是意志、决策、部署、规划、行动所需要的知识和智慧。情报在企业、商贸竞争领域被定义为"竞争情报是一个组织(企业、团体乃至国家)(特定对象)为了在市场(特定场景)上赢得竞争优势(特定目的)所要求的经过加工的信息(特定关键信息)"。

相关学者从没停下对情报学研究的脚步。2014 年武夷山提出,情报的"引领"作用是指情报人员运用知识、智慧或智能,通过分析、综合、研判为科研人员或决策人员预先提出可能的新研究动态、方向。2019 年出版的《图书馆·情报与文献学名词》中对情报做出了广义和狭义的解释,认为情报广义的含义同"信息"一致,狭义的含义则是"关于某种情况的报告,通常具有机密性质或对抗和竞争性质"。钱学森先生对我国科技情报事业研究也产生了深远的影响,他提出了"情报"与"知识"二者之间有不可分割的联系的情报思想。钱先生认为"情报就是为了解决一个特定的问题所需要的知识",但不是所有的知识都是情报,只有"激活了的知识"才是情报,即"情报之所以能产生,离不开资料,但是资料不是情报。情报还要经过一个激活、活化的过程,也就是僵死的资料不是情报,情报是激活了的、活化了的知识,或者精神财富,或者说利用资料提取出来的活东西",能提出一个有价值的问题,并运用知识加以分析、判断,就是"激活、活化"。

鉴于本研究选择的研究内容为军事相关问题,本书对其进行文献研究发现,军事情报已经成为一个完整的研究系统。最早是西方资产阶级军事理论的奠基者克劳塞维茨,在其著作《战争论》中界定了军事情报是指我们对敌人和敌国所了解的全部材料,是我们一切想法和行动的基础。《中国人民解放军军语》指出,"情报是已获得的敌方军事、政治、经济、科学技术、地理等方面的情况,是指挥员作战决策的重要依据。情报必须经过分析判断才能使用"。军事情报的定义有很多,如《中国大百科全书·军事卷》定义军事情报是为了保障军事斗争需要而搜集的敌对国家、集团和战区有关情况以及对其研究判断的成果,是制定方针战略、国防政策和各级指挥员指挥作战的重要依据。在《军事辞海·军事总和卷》的定义中,"情报是为保障军事斗争需要而搜集、研究、加工、整理的敌方情况和其他有关的情况以及判断结论,是制定军事战略、国防政策以及指挥员下定决心、智慧作战以及其他军事斗争的重要依据"。

根据文献查阅显示,不同著作对军事情报的定义都突出了情报是"战略决策依据"这一重要特点。本书认为军事情报即通过不同渠道搜集到的各种与军事有关的敌军战术、装备、地理位置等信息,经过指挥员的分析判断,为我军战略部署提供有力支持。

二、情报自动化概念与发展

(一)情报自动化由来及概论

情报自动化是情报活动逐渐步入以自然因素作为活动中介从而替代社会成员作为情报活动的中介。技术的发展使情报能够借助自然的力量实现活动的自动化。自动化技术下情报认知对抗的本质未变,但所能参与的情报活动范围、活动广度与深度等都发生了深刻的变化。技术的发展降低了信息传播的传输噪声,弥补了传输缺陷,提高了信息采集的侦查范围和侦查效率,降低了侦查成本和侦查风险,提高了信息处理的容量和速度,降低了处理成本和处理难度。美国在情报技术发展中投资比例非常高,甚至有报告认为,"搜集工作被传感技术的发展推动着,而不是被情报用户的需求推动着"。尽管如此,美国仍然不断增加对技术发展的投入。20 世纪 80 年代,技术情报继续向高技术发展,促成其活动的爆炸性扩张,特别是军事情报部分,这也说明了情报自动化是历史的必然趋势。

(二)情报自动化发展

自情报自动化被提出以来,国内学者将情报自动化技术引入各领域进行研究与应用。肖鹏等根据某电网企业的现状,开展了威胁情报自动化应用技术研究,形成了新漏洞快速检测、IDS/防火墙策略自动更新以及恶意软件检测规则快速应用等基于威胁情报的纵深动态防御体系。胡望洋等通过前置处理、特征汲取、数据分群、标记处理与情报挖掘等方式,运用自组织映射算法进行数据关联分析,使用主题侦测和特定事件侦测两种技术进行情报挖掘,最后借助标准数据集 Reuters-21578 进行事件侦测实验,建立了基于文本挖掘技术的自动化开源情报分析方法。

海湾战争中,以美英为首的多国部队充分利用了情报系统,实时掌握战场态势,全面而快速地处理各种战场情报,辅助决策,保证了战前准备和作战任务的顺利实施。随着网络化、信息化战争的到来,战场情报处理系统融入 C4ISR系统(炮兵战场情报自动化系统),该系统自动化程度更高,大大提高了对情报的处理速度,即便是传统人力侦察获得的情报也利用了现代数字化技术进行处理,并迅速回传给情报处理中心。战场情报处理系统将情报收集后集中处理,对战场打击效果进行评估,然后分发、共享,使战场"单向透明",这是美军掌握绝对作战优势的重要基础。

三、情报智能化概念与发展

情报工作的核心流程就是围绕情报链向自动化、智能化的方向演进。基于模型情报的理念及方法的提出,情报工作进入了智能化的阶段。因此,明确基于模型的情报概念及其发展对于智能情报的深入研究尤其重要。

模型是出于特定目的,从特定视角对研究对象的抽象描述,将特殊的问题一般化,将复杂问题简单化,为解决同一类的问题形成通用的方法,从而实现认知降维。模型方法,则是通过构建模型去描述或刻画研究对象,不断优化和改善模型,使它逐步靠近所要研究的复杂事物的方法。基于模型的情报(Model-Based Intelligence,MBI),即是在面向各个领域情景的数据特征下,融合人工智能和其他智能技术,从模型层面进行深入研究,把人的认知经验与智能技术相结合赋予各类模型中。

当下情报的发展直接体现在相关情报模型的提出、创新与优化中。情报是知识本质的提出,情报工作的关键就在于借助科学技术及认知计算生成的模型从杂乱无序、海量及多源异构的数据信息中提取出有价值的知识,这些知识也可以称为情报。网络信息中的数据大多以自然语言的形式存在。以自然语言处理与知识图谱为核心的认知智能技术发展,优化了情报分析模型,也为情报工作带来了新的变革和突破。对于其他由文本、图片、视频等多模态数据构成的网络信息,图像处理、模式识别等技术的发展成熟,也为基于模型的情报分析带来基于融合多模态数据的认知理解模型,从而形成情报态势感知与智慧辅助决策模型。

第二节　智能情报相关概念及理论

一、智能情报相关概念

为了明确智能与情报的内在关系,以及智能情报的概念,在情报学研究领域内,对代表性专家观点梳理如下。

化柏林等提出智能包括人类智能和人工智能,在现代情报分析中融入人类智能和人工智能来加强情报分析的智能性,是智能情报的重点和难点。

徐敏等提出第四范式——"数据密集型科学范式"时代的来临深刻地影响和改变了人类社会原有的信息组织和利用模式,在其影响之下,情报研究正朝着自动化、知识化、计算化和可视化的智能方向发展。计算机技术的发展对情报研究产生了巨大的影响,机器学习、知识库、模式挖掘和数据可视化是情报技术发展的新趋势,这也使得情报工作将更加注重以智能科学技术为工具的情报研究。

王延飞等提出情报、智能与智慧间的关系在情报产品的生产、投送和评价中得到充分体现。情报产品的生产是运用智能、产生智慧的过程。由于情报、智能与智慧有着内在的紧密联系,而这种联系又对情报管理工作产生着影响,这使得情报机构在提升情报产品智慧品质和情报业务管理水平的发展进程中不可避免地要关注和使用智能技术手段。基于对智能信息技术与情报任务关系的认识,外国政府部门致力于运用智能信息技术来应对大数据信息环境所带来的挑战,以便在未来能够继续保持一个较高的情报工作水平。借鉴国外同行的经验,国内相关研究可以考虑依托智能信息技术的研究和开发,提升情报研究业务的智慧水平,探索出一条适合中国国情的情报事业改革之路。无论是从经济与社会发展还是从安全与情报保障来看,情报业务和情报事业的创新发展都离不开对于智能信息技术的关注和应用。2015 年 7 月 4 日,国务院发布了《关于积极推进"互联网+"行动的指导意见》,这是我国政府在国家层面首次推出加快人工智能发展的指导文件,国务院的指导意见为我国情报研究机构依托智能技术进行事业改革做出了有力的任务背景注解。

二、智能情报的数据来源方式——开源情报

数据资源是开展情报研究和工作的数据基础,通过各种信息源直接搜集到的原始素材称为数据,数据是情报生产价值链中的首个环节。本节在新情报观的指导下,界定了智能情报研究的数据来源方式和载体等问题。

智能情报研究的数据来源方式为公开的情报资源。公开和秘密,是情报研究中不可回避的两个问题。传统的情报观念认为秘密是情报的重要属性。然而,从 20 世纪 30 年代开始,一种新的情报观开始显现。新情报观的集大成者是谢尔曼·肯特。肯特认为,情报这个词听起来有些神秘,但实际上每个人都会碰到:当一个家庭主妇购物时,她需要对某种商品有一定的认知和了解,这就是情报。因此,情报是一件简单的事情,作为一种活动,它是某种知识的追求;作为一种现象,它是由此而产生的知识。肯特所强调的情报来源公开性的新情报观,也称为开源情报,其全称为公开资源情报(Open Source Intelligence,OSINT),是美国中央情报局主导的情报搜集手段之一,旨在从公开渠道信息(PAI)中寻找和获取有价值的情报。很久之前大众就承认,开源渠道获得的多源异构信息在补充秘密情报方面有非常重要的价值,在大数据人工智能时代,开源情报的重要性在情报学领域中更是日益突出,带来了革命性的兴起。美国战略情报官在《开源情报对于美国海军的价值》中强调,获取、甄别并利用开源情报,将对美军未来作战能力产生重大的影响。

三、智能情报的数据来源载体——文献情报信息源

情报信息源是以各种形式广泛存在的、多种多样的情报来源的信息资源,既是情报工作赖以进行的基础和保障,又是情报学研究得以进行的客体。情报信息源概念直译为英文"information sources",联合国教育、科学及文化组织(United Nations Education,Scientific and Cultural Organization,UNESCO)出版的《文献术语》将其定义为:个人为满足其信息需要而获得信息的来源。而苏联出版的《俄英情报学词典》对信息源的解释是"产生消息或为了传递而持有信息的任何系统"。结合上述两种定义可知,情报信息源既是产生原始情报信息的源泉,又是获取情报信息的渠道与载体。情报信息源既多且广,按照情报信息源是否为文献的形式,可分为文献情报信息源和非文献情报信息源,其中文献情报信息源为学术情报信息源的主体。

网络信息作为以网络为载体的信息来源的一种,也属于文献信息的一种,即网络文献信息。网络文献信息随着现代技术发展而产生,也必将随现代化技术的推进而持续演变。未来网络文献的形式、内涵和特点势必呈现动态变化的趋势,网络文献研究中存在的问题将成为文献信息学的研究内容,而现代信息技术和文献学研究深入融合,也将持续推动文献信息学的创新发展研究。同时,当前以网络情报(Network Intelligence,NETINT)为主的开源情报将逐渐成为现代的主流形式。

本研究以军事领域为例,对情报链中智能化衍生情报的过程展开研究,并以公开情报信息资源作为情报分析的信息来源,具体是以公开文献情报信息源作为数据驱动的来源。

综上所述,本研究在公开情报信息的新情报观视角下,选择来自网络信息、文献情报信息源的数据作为信息来源,展开情报链的智能化情报分析,将搜集的海量的、碎片化的、复杂的网络开源文献信息融合为系统化和创新化的知识,并从知识中提出对决策有效的情报问题。此问题也是网络文献信息挖掘的难点。

四、智能情报提出的知识自动化理论依据

(一)知识自动化由来及概论

谢尔曼·肯特在1949年出版的《服务于美国世界政策的战略情报》中定义了情报是一种知识,从而指出了情报的知识本质。

英国情报学家布鲁克斯在1980年提出了著名的布鲁克斯基本方程式,明确指出情报学的任务是探索和组织客观知识,情报学要对客观知识进行分析和组织,以便绘制出知识的"认识地图"并最终按"认识地图"来组织知识。情报学从文献层次向知识层次的深化、演进与发展是情报学研究的新趋势。知识有显性知识和隐性知识之分。显性知识存在于信息载体上,通常经过符号化、编码化或结构化等文献处理,内容是固定的、外在的。隐性知识存在于人的大脑中、行为上及概念里,是个人的,没有经过文献化、内部化的,以经验为基础的。隐性知识比显性知识更能激活灵感、启发创新,是一种更有价值的知识。但以往这类知识只能靠个人交流获取,无法收集和加工利用。

知识自动化颠覆了知识传播、获取、分析、影响和生产的方式,是信息自动

化的扩展与延伸,是物理世界的自动化控制向人类智能化管理转变的基础。人们需要更加方便快速地获得想要的知识,而物联网、大数据、云计算和各种智能技术使得知识自动化应运而生。知识自动化是科技时代发展所带来的奇迹和挑战,由此才能更加接近真正意义上的人工智能。

知识自动化的历史可以追溯到古希腊亚里多士德的描述性知识和原始的形式逻辑以及工业革命之初英国布尔对其革命性的拓展。20 世纪人工智能的正式提出,以及随后而来的知识表示、专家系统、知识工程、智能系统等,构成了知识自动化完整的发展历史。

麦肯锡全球研究所在 2013 年所发布的报告中指出,"知识工作"泛指那些需要专门知识、复杂分析、细致判断及创造性解决问题技巧才能完成的任务。报告还提出对未来的发展产生颠覆性力量的 12 种技术,其中知识自动化被放在了第二位。2013 年中国学者提出了知识自动化技术。2015 年 9 月,由中国工程院、国家自然科学基金委员会联合组织,哈尔滨工业大学、中南大学、中科院沈阳自动化所等 9 家单位对我国流程工业"大数据与制造流程知识自动化发展战略"项目进行了深入探讨,明确了大数据和知识自动化对我国发展流程工业智能优化制造的重要意义和我国智能制造工业的发展方向。2016 年 6 月,国家自然科学基金委员会发布的《国家自然科学基金"十三五"发展规划》提出,在优先发展领域中包括了"流程工业知识自动化系统理论与技术"。2017 年 5月,东北大学柴天佑教授开展学术报告《大数据与知识自动化驱动的制造流程智能化》。2020 年 11 月,国家自然科学基金委员会第 267 期双清论坛在北京举办,会议对机器学习自动化与元学习等前沿研究问题进行深入探讨。在生产领域特别是复杂系统领域,知识自动化已经逐渐开始应用。

知识自动化是智能化、人机化和自动化的有机结合。知识自动化简单来讲就是"知识工作的自动化",它通过计算机、网络和平台来自动执行之前只有人可以完成的知识型工作任务,将人从一些重复烦琐的脑力劳动中解放出来,大幅提高机器的生产力。知识自动化是综合运用机器学习、深度学习、增强学习,以及软件技术、计算技术和自动化技术来实现知识表示、获取、分析、联结和使用的技术,是对知识工程和专家系统的进化与迭代,是从物理世界的自动化向人类智慧自动化发展的过程。王飞跃教授认为,知识自动化可以狭义地理解成为基于知识的服务,与基于位置的服务类似;知识自动化关键在于如何把信息、情报等与任务、决策无缝、准确、及时、在线等要素结合起来,在时间和空间上实现"所要即所需,所得即所用";其广义理解很难描述,可以粗略地认为是一种以自动化的方式变革性地改变知识产生、获取、分析、影响、实施的有效途径。

知识自动化通过对多尺度时空信息的组织和特征化,揭示数据的低层次内在特征,而后进行知识对象属性的提取,获取有知识价值的对象及其属性,构建知识空间,最终实现知识的表示和知识功能。

(二)知识自动化发展

近年来,由于人工智能技术的不断创新,机器学习、深度学习及增强学习等理论研究不断成熟,为知识自动化发展技术打下了更坚实的基础,认知计算、大数据分析和理解及云计算等为自动化提供了新的技术支持与广阔的发展前景。机器自动化过程会通过模式识别、图像识别及深度学习等算法对各种实时数据进行自我分析,自我判断,产生自我的行为决策。

以 Alpha Go 为代表的认知计算系统,通过对大数据进行实时运算和分析,能够从自身与数据、与人的交互中学习,从而生成洞察、理解、推理、分析的能力和解决问题的能力,拥有"智库"和决策功能,进而不断自我提高。

知识自动化将自动问答系统从基于文本关键词的层面提升到基于知识的层面,实现个性化、智能化的知识机器人研发。如微软小冰,它通过理解对话的语境和语义来实现人机问答的自然交互,通过对自然语言长时间的学习和理解,又增加了情感计算、自主学习以及意图对话引擎,可以更加精准地识别用户意图。

彭伟等对基于 BPMN2.0 的智慧决策知识自动化关键技术进行研究,运用知识自动化技术辅助指挥员完成决策,提出了在决策点中嵌入决策服务,由决策服务来调用领域知识,解决知识与指挥决策流程的结合问题,并建立知识管理系统来完成知识发现、知识处理、知识向服务转化的工作。

程乐峰等通过知识自动化技术研究一个能够感知外界环境、自我学习记忆,并具有自主行为能力决策的、以实现其设计目标的调度机器人群体Robo EC。它的知识自动化过程是一个从单智能体到多智能体的知识分散提取、知识平行学习、问题分散并行求解的"群体智慧"诞生的过程,是对现有的单一"广域调度机器人"的拓展和提升。

综合以上学者的观点,宏观上来说,知识自动化在图书馆学、情报学、知识管理和知识服务领域的应用包括自动标注技术、自动推荐系统、自动问答系统、基于大数据挖掘的知识发现、文本情感分析和机器翻译系统等。

有鉴于此,本研究通过知识自动化技术实现对开源军事情报进行知识命名实体识别、知识自动标注、知识抽取、知识更新等过程,利用知识图谱的自动化构建及自动更新,为进一步相关研究提供数据及知识支持。

第三节　领域知识图谱相关概念与理论

一、知识图谱的概念提出

自 2012 年谷歌正式提出知识图谱并成功运用到搜索中以来,知识图谱通过使用统一形式描述语义化、网络化、结构化的知识描述框架,通过"符号具化"表征物理世界和认知世界的对象,并作为不同个体对认知世界中信息和知识进行描述和交互的桥梁,展现出了其在描述复杂、多样和海量异构数据方面的巨大优势,成为人工智能最重要的基础设施之一。

知识图谱以结构化的形式描述客观世界中的实体、属性及实体间关系,其作为关系的最有效的表示方式,提供了从"关系"的角度去分析问题的能力,是一种可直观高效地进行知识检索与推理的方式。本质上,知识图谱是一种揭示实体之间关系的语义网络,可以对现实世界的事物及其相互关系进行形式化的描述。三元组是知识图谱的一种通用表示方式,它作为信息的一种表达形式,其本身不是信息的替代品,是在信息的基础上对实体层面进行更加丰富的描述,同时信息的动态特性也赋予了知识图谱动态支持数据模式的能力。知识图谱为我们提供了一种更好地组织、管理和理解海量信息的能力。

目前,知识图谱已经在金融、医疗、电商、教育、科技等知识密集型领域发挥重要的作用。它可以作为情报工作建模的基础知识模型,支撑从情报分析到情报服务流程。通过本体构建,根据所设计的基于情报分析的模型,从结构化与非结构化信息中提取出海量信息中隐藏的实体、属性、关系等信息,识别事件类别、事件触发词及事件相关要素,进而构建基于领域的知识图谱,为进一步的情报服务工作提供底层知识基础。

二、领域知识图谱的概念

知识图谱从适用范围上分为通用知识图谱和领域知识图谱。通用知识图谱的覆盖范围较大，但针对不同领域的数据及本体信息都有着很大的区别，因此针对特定领域进行领域知识图谱研究是非常有必要的。通用知识图谱与领域知识图谱的主要区别就是实体的范围。领域知识图谱在构建过程中，只构建特定领域内的实体，实体之间的关系描述与抽取则需要熟练的专业知识作为支撑。同时，领域知识图谱通常为解决特定领域内专业人员的检索需求而构建，具有很强的针对性。

在实际的语言环境中，三元组的知识图谱难以驾驭丰富的思想内容。语义理解的知识来源除了实体以外，更重要的是与实体相关的行为、状态、转换等具体动作信息。因此，事件知识图谱应运而生。事件作为一种高层次的语义单位，能够准确地表述人、物和事在特定时间和地点相互作用的客观事实。事件相较于实体，可以更加清晰、准确地表示发生的各种事实信息。基于此，事件图谱的构建与应用有助于帮助人类更好地理解语义并获取知识。事件知识图谱多采用"自顶向下"的构建方法，先定义数据模式，再添加实例内容向下细化。其构建技术包括事件知识表示、事件知识抽取、事件关系抽取等。事件知识图谱从自然语言文本中抽取事件和实体、属性、关系等，并进行知识融合，然后通过本体构建体系框架，以结构化的三元组形式存储。知识图谱的主要研究对象是名词性实体及其属性和关系，因而缺乏了对事理逻辑这类重要知识的描述。哈尔滨工业大学的刘挺团队提出了"事理图谱"这一概念，它的提出为针对谓词性事件及其逻辑关系的研究提供了帮助。事理图谱能够很好地展示事件演化的过程及其发展规律，进而实现对人的行为活动的刻画。事理图谱本身是一个有向有环的图结构，图的节点用来表示事件，有向边表示事件之间的演化关系。事理图谱从本质上来说是一个描述事件之间的演化规律和模式的事理逻辑知识库。

三、领域知识图谱生命周期理论

知识图谱对知识服务有重要的支撑作用，能够将传统基于浅层语义分析的信息服务范式提升到基于深层语义的知识服务。知识图谱的生命周期包括知识体系的构建、知识获取、知识融合、知识存储、知识推理及知识应用。其中，知识获取是构建和应用知识图谱的关键和核心，知识获取是从杂乱无章、海量的结构化、半结构化和非结构化文本数据中通过基于模型的知识抽取方式获取知识。学术界的研究主要集中在对非结构化文本信息进行知识抽取的工作。相关非结构化数据的知识抽取模型又包括实体抽取模型、关系抽取模型、事件抽取模型。

（一）实体抽取模型

实体是知识图谱的基本单元，也是文本中承载信息的重要语言单位，实体抽取和分析是支持知识图谱构建和应用的重要技术。实体抽取又称命名实体识别，其目的是通过自然语言处理技术中的实体抽取模型，从文本中抽取实体信息元素，包括国家、区域、机构等领域本体构建所需的实体。它是解决很多自然语言处理问题的基础，也是知识图谱中最基本的任务。通过实体抽取模型得到研究领域所需实体信息，以图节点的形式构成知识图谱的实体节点。

（二）关系抽取模型

关系抽取是自动识别实体之间的语义关系，通过自然语言处理相关技术构成关系抽取模型，得到领域相关实体间关系信息及实体的属性信息。将实体关系信息以图边形式存储，将实体属性以节点属性形式构成知识图谱。

（三）事件抽取模型

事件是指发生的事情，通常具有时间、地点、参与者等属性。事件的发生可能是因为一个动作的产生或者系统状态的改变。事件抽取是指通过自然语言处理技术从自然语言文本中抽取出用户感兴趣的事件信息，如事件触发词、事件属性（事件发生时间、地点、参与者、角色、状态等）以及事件类别等，并以结构化的形式呈现出来。将事件作为图节点，事件类型作为图节点的属性，事件要素以图边的形式构成知识图谱。

第四节　信息链相关概念与理论

一、信息链由来及概念

作为情报学的基础模型之一的信息链，是由 DIKW 模型演进而来的。DIKW 源于 1948 年诺贝尔文学奖得主托马斯·艾略特诗中提及的"我们丢失在知识中的智慧何在？我们丢失在信息中的知识何在？"。1982 年，克利夫兰在《未来学家》杂志中发表文章《信息即资源》，创制 DIKW 原型，经泽勒尼等扩展,2007 年由劳力强调集成为 DIKW 层级模型,又称知识金字塔,构成关于数据、信息、知识和智慧的定性层级结构。它的概念体系有合理的逻辑:数据是一种基础信息,信息经过处理提炼可构成知识,知识的应用彰显智慧。依据该概念逻辑,科学合理地进行量化,就形成了 DIKW 概念链。可见,DIKW 的信息链反映了图书情报学的核心是对数据和信息进行组合和处理,进而得到知识和智慧。钱学森曾提出情报是被激活了、活化了的知识或从信息中分析出的具有价值的信息。由于每个人的知识基础和思维能力不同,在面对同样客观信息时会获得不同的主观信息,因此可以把情报定义为主观信息。通过把 DIKW 模型与对数透视原理相结合并将香农信息论与布鲁克斯情报学思想相贯通,就有了将 DIKW 概念链用作情报学的基础概念。嵌入情报学的概念链如图 2-1 所示,该序列兼容了钱学森先生提出的"情报是活化的知识"及化柏林教授提出的"数据(检索)—信息(分析)—情报"的定性模型。

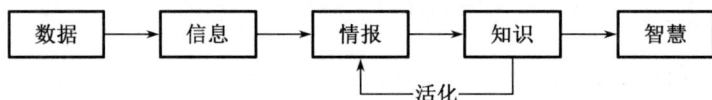

图 2-1　嵌入情报学的概念链

　　"信息链"由"事实(Facts)→数据(Data)→信息(Information)→知识(Knowledge)→情报(智能)(Intelligence)"五个链环构成,是一个连续体的概念。"信息链"中,"信息"的上游是面向物理属性的,下游是面向认知属性的。通常认为,数据、信息、知识、智能是构成信息科学的研究基础。随着情报和智慧概念的分离,信息链由事实、数据、信息、知识、情报 5 个要素构成。数据是事实的数字化、编码化、结构化,信息是有意义的数据,数据在信息媒介上的映射,反映事物运动的状态及状态的变化。知识是对信息进行加工、分析、提取、评价的结果,反映事物运动状态的规律及状态变化的规律。情报是激活了、活化了的知识,反映人们如何运用知识去解决实际问题。所以,数据、信息、知识与情报存在层次关系。

　　从信息链出发,情报学的研究路径大致在"信息—情报""知识—情报""情报—智慧"三条路径上前进。其中,情报学由文献学发展而来,文献又是知识的载体,因此情报学自诞生起便与知识有了联系。以布鲁克斯为代表的情报认知理论流派产生的"知识基础论"不断发展和完善,为情报学的知识研究维度提供了基础性的支持。

二、信息链重构理论

相对过去信息链的模型结构,大数据、云计算、人工智能的出现与快速发展在方方面面都使其发生了翻天覆地的变化。在新时代,脑力劳动及体力劳动很大程度上为机器所取代,高效便捷的人工智能发展使得知识自动化、情报自动化逐渐成为现实。计算机运算能力的指数级提升和存储技术的快速进步为人们解决问题提供了更加强大的工具——云计算技术和大数据技术等新型信息技术。在这样的背景下,DIKW 的关系也发生了变化,从原本的单链转化模式逐渐实现跨越式转化关系,逐步实现可以从任意点深度分析挖掘情报,不再拘泥于"事实—数据—信息—知识—情报",而是使得信息链中各概念之间可以跨越式转化,从而形成了以数据为中心,更加灵活和多元的网状结构。

陆伟等通过分析每一轮技术革命对情报学发展的影响,证明了情报学与技术发展的紧密联系,进而提出在数智赋能时代下,情报学信息链发展重构的理论。重构的信息链从整体上形成了更为多元的情报价值生成路径,理论上形成了以数据为核心的学科范式,引导了情报工作流程再造,以及情报研究过程中广泛收集的信息资源数据化、组织与评价方法智能化、服务内容的精细化与模式的工程化。数智赋能的情报学将吸纳智能感知、协同分析、视觉搜索、自然语言处理、边缘计算等新技术和新方法,赋能情报学理论与方法的变革。从信息链角度,大数据、人工智能技术强大的数据处理能力改变了"事实—数据—信息—知识—情报(智慧)"信息链逐级提炼升华的情报产生模式,形成可以从信息链上的任意节点深度分析挖掘情报的新模式。

卢艺丰等结合"互联网+"时代 DIKW 关系的变化,探讨了信息链模型的重构,提出有针对性的交互式信息链。重构信息链中,出现了"数据—情报、数据—知识、信息—情报"等的直接跨越式转化。信息链中的数据也不再仅仅是对事实的描述,而是在大数据时代最基本的资源之一。交互式信息链知识属性使情报和其他概念之间的关系产生了变化,单一从知识中提取情报越来越难以满足人们对情报时效性的需求,这使得在一定条件下人们会直接从信息和数据中提取情报来解决问题,这在事实上也已经拓展了情报的来源。交互式信息链可以更好地表达现有各概念之间的相互关系,更加贴合实际情况,它增加概念之间的联系,可以承载更丰富的信息,增强了交互式信息链的理论适用性。其结合"互联网+"时代国家重点关注的领域新技术的发展潮流,体现了近几年社会进步和科技发展所带来的变化,与时俱进地丰富和发展了信息链理论,从而具备更佳的理论预见性和指导实践作用。

可见,当情报处于载体之中,尚未被人识别、利用时,只是具有潜在的价值。情报的识别是指:在情报传递过程中,情报接收者从情报载体中辨认出有价值的新的信息,获取情报的过程。根据情报自动化理论,对于情报而言,技术的意义是使情报能够借助自然的力量实现活动的自动化。所谓自动化,就是情报活动逐步以自然因素作为活动中介,从而替代社会成员作为情报活动的中介。而知识图谱技术是人工智能技术的重要组成部分,它提供了一种更好地组织、管理和理解互联网海量信息的能力,将互联网的信息表达成更接近于人类认知世界的形式。

综合以上对信息链中情报的回顾,从情报价值的演进视角看,情报是活化的知识,或是有价值的信息。知识的应用彰显智慧。虽然智慧不是知识,但能运化知识;虽然知识不是智慧,但能彰显智慧。因此,情报在"数据—信息—知识—智慧"这个生产过程中的价值演进决定着整个情报产品的价值,也体现在每一个要素的情报演变、进化环节,各个环节的智能加工方法是提供增值产品和服务的核心所在。同时,虽然从数据到智慧所蕴含的意义及价值从低到高,但是其价值的可编程计算性是从高到低的。显然,在信息链重构的可计算的同时,增强其智慧性的特征,对信息链中的情报价值演进具有重要意义。

第五节　本研究理论依据

本节结合研究目标及任务,综合前文情报、智能情报、领域知识图谱及信息链相关的概念与理论基础,梳理了数据来源、数字化、知识化、情报化到智慧化的情报信息链进化阶段的概念及代表性的理论,锁定开源情报,综合数据、信息、知识、情报等相关要素,借助大数据、人工智能、智慧决策、智能情报等技术手段,完成高水平的情报服务工作。明确本书对"数据—信息—知识—情报—智慧"的有机组合、融会贯通的研究基础,从而探索本书提出的智能情报的研究目标。

一、智能情报研究需求下的信息链重组范式解析

情报研究范式从基于归纳总结的"理论科学范式"、基于大数据分析的"数

据密集范式"、基于智能技术应用的"智能化范式",到基于"数据+智能+专家"深度融合的科技情报研究新范式的深层次转变,逐步提升了科技信息需求解析能力、信息采集与处理能力以及分析研判的能力。以深度学习为技术路线、以数据驱动为主要特征的知识图谱、情报挖掘、计算机视觉、语音识别等的快速发展,夯实了情报研究智能化的技术基础。在知识自动化及情报自动化不断发展的今天,在此技术的支撑下,本研究将提出与先前学者不尽相同的信息链重构方法。如图2-2所示,本研究信息链要素有数据、知识、情报,包含了"数据—知识、数据—情报、知识—情报"的相互转化关系。在人工智能迅速发展的时代,知识不仅可以通过"数据—信息—知识"的单链式结构一步步产生,还可以通过知识自动化技术直接从数据中获取,包括命名实体识别、知识三元组抽取、关系三元组抽取、知识融合、领域知识图谱自动构建等方式。同样地,情报自动化也使得数据可以通过情报感知等方式直接获取情报。

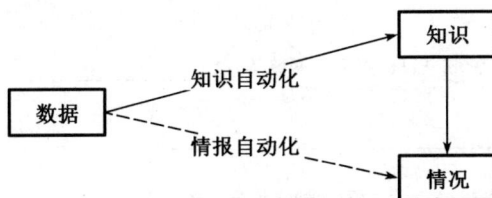

图2-2　重构情报信息链

有鉴于此,本研究提出的重构信息链打破了传统单向链条获取情报的方式,使得情报获取更加灵活。通过知识自动化与情报自动化,不仅可以获取显性知识中存在的情报信息,同时还可以结合人工智能等技术来挖掘数据中存在的有用的隐性知识。因此,本研究主要采用基于预训练模型的领域知识图谱的实体抽取、关系抽取、事件抽取等与自然语言处理相关的模型技术方法,展开对开源情报信息资源(包括网络、书籍等)进行情报智能化提炼的研究,支持智能情报研究的首要研究任务,为智能情报分析技术方法及智能情报服务奠定研究基础,利用人工智能技术将数据的利用最大化,探索新一代人工智能"领域知识图谱"下的智能情报研究主题。

二、智能情报研究的智能情报组织理论

基于上述情报理论中的情报组织的基本要素,结合本节所阐述的智能与情

报关系、学者智能情报概念理解、新时代下智能情报的数据来源方式及载体形式的认知,从认知智能的视角,依据重新解析智能情报组织中的要素,提出了智能情报组织理论及智能情报概念,为智能情报理论与实践研究奠定基础。

赵冰峰学者在其专著中提到,对于一切情报现象问题的研究,首先需要提出组织、关系、中介、过程等情报活动要素,以构成情报理论的基本概念。情报的组织是情报活动的参与者,是情报实践运动的主要物质载体,是情报内容的需求者、消费者与生产者。情报组织依据关系分为情报主体和情报客体,依照各自的立场和价值体系维护着自己在矛盾冲突关系中的独特地位。情报关系是组织之间的社会矛盾冲突,是引起情报发生的根本原因,情报关系通过活动过程中的冲突与合作等表现出来。情报中介是情报组织开展相关活动的形式,是情报活动的外在表现。因此,对于智能情报现象与问题的研究,本节提出了基于认知智能技术领域知识图谱的智能情报组织要素及其逻辑关系,如图 2-3 所示。

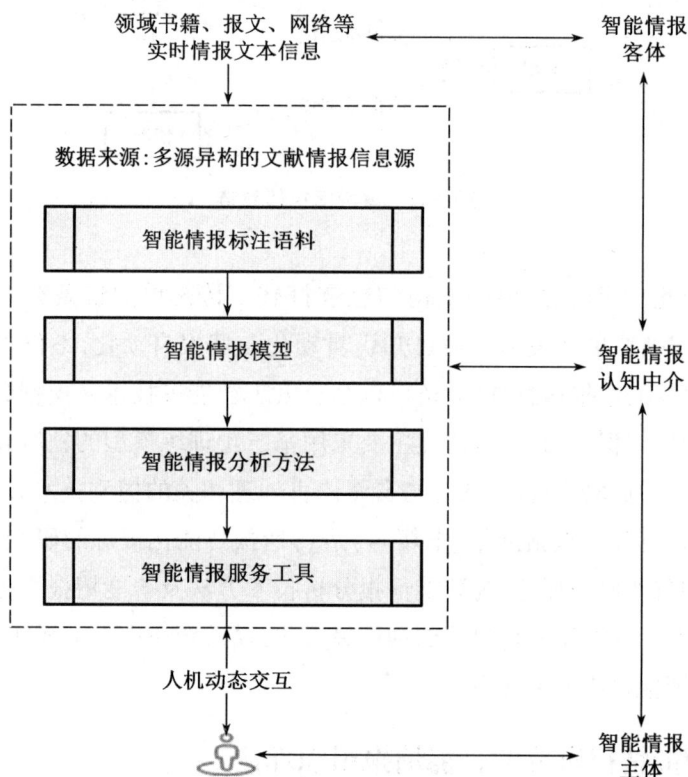

图 2-3 智能情报研究下的智能情报组织要素及其逻辑关系

(一) 智能情报的组织与关系

智能情报组织单位为服务于国家情报工作的相关情报机构,所探讨的情报组织关系是在情报需求精细化、智能化与情报来源的数据多源性、类型复杂性等矛盾之间引起的智能情报生产方式变化下的一种智能情报生产组织关系。因此,本书提出的智能情报的系列提炼生产过程,涉及的是在智能情报组织机构中达成的一种新型的情报生产关系。

(二) 智能情报的主体与客体

智能情报组织中的主体为情报机构中的决策者、智能情报需求者及消费者;而本书提出的智能情报客体是开源情报文献信息资源,它构成智能情报的生产资料来源。该资源进入智能情报提炼活动的关键是提供保质足量的标注语料数据资源。

(三) 智能情报的认知中介与系列活动

为解决矛盾冲突,要基于一种新一代人工智能——认知智能技术支持下的智能情报认知中介关键技术,这也是构成智能情报系列活动实现的中坚力量。其支持的智能情报提炼的系列活动主要包括智能情报语料生产活动、智能情报模型训练活动、智能情报分析方法实现活动及智能情报服务等活动。

第六节　本章小结

本章采用文献调查方法,针对情报概念和理论的发展,以"数据—信息—知识—情报"的信息链理论为主线,阐述了情报提炼活动的演变进程,引入知识自动化理论、情报自动化理论及当下主流的基于模型的情报理论,为基于领域知识图谱的智能情报研究奠定理论基础。具体来说,梳理了情报的兴起、情报的概念、情报的发展及新情报观理论,以此奠定本研究的基础;以信息链理论及其重构为主线,从知识自动化的由来、概念及发展,到情报自动化由来、发展等理论,分析与本研究主题直接相关的基于模型的情报理论;之后,基于以上概念与理论的梳理,提出了本研究理论依据。本章研究结果为后续开展智能情报研究主题的理论与实践研究奠定了科学的、新颖的理论依据。

第三章 基于领域知识图谱的智能情报理论体系逻辑框架

本章梳理了人工智能、大数据科学技术飞速发展的新时代环境变革,以及由数智时代为情报发展带来的机遇与挑战,提出情报智能化生产方式变革的必要性。以总体国家安全观为指导,尝试从基本描述类、动向报告类、辅助预测评估类三个维度,开展人机协同辅助国家情报工作创新改革的智能情报研究理论体系逻辑框架研究,为智能情报技术方法下的智能情报服务奠定了坚实的理论基础。

第一节 数智时代下情报生产方式变革

一、数智时代下情报生产变革的机遇与挑战

近年来,大数据、人工智能等新兴互联网技术使情报学如虎添翼,获得了新的研究方法和工具的情报学在网络信息化建设中发挥着显著的作用。然而,在高速信息网络大大提高了人们获取信息服务的便利性的同时,由于网络迅速扩张所出现的信息冗余、信息混乱等问题,在很大程度上超出了传统意义上的"情报危机"。可见,大数据、人工智能的新一代"数智"环境给情报学发展带来了新的机遇与挑战,以"数智赋能"为核心的主题学科模式正在深刻地影响情报相关学科的发展。

(一)数智时代下情报生产方式变革的机遇

在国家迈向数字中国、社会迈向智慧社会的大进程中,充分发挥数智赋能效用,可以说是面向未来的图情档案创新发展的必然取向。所谓新一代数智时代是大数据、人工智能、云计算、物联网、移动互联网、区块链等组成的新一代技

术思维和技术应用,而其中大数据和人工智能某种程度上占据着主导地位。在我国,自2015年8月3日国务院印发《关于促进大数据发展的行动纲要》,2017年7月8日国务院印发《新一代人工智能发展规划》以来,大数据与人工智能就形成了相辅相成的发展关系。大数据是人工智能的生产资料,而人工智能是大数据的生产力,相伴而生的"数智"便形成了新一代的技术与应用环境。"数智化"一词最早见于2016年北京大学"知本财团",最初的定义是:数字智慧化与智慧数字化的合成。此定义原始的认知包含三层含义:一是"数字智慧化",是指在大数据中加入人的智慧,使数据增值增进,提升大数据的效能;二是"智慧数字化",是指运用数字技术,把人的智慧管理起来,相当于"人工"到"智能"的提升,把人从繁杂的劳动中解脱出来;三是把"数字智慧化"与"智慧数字化"二者结合,构成深度的人机对话,人在机器中,机器在人中,形成人机一体的新生态。近些年来,在"数字智慧化"与"智慧数字化"发展的影响下,用户对信息的需求已经发生了很大变化,人们大多借助百度和Google这样的搜索引擎来搜寻自己所需要的信息。但随着互联网信息量爆炸式的增长和个性化需求的增强,人们强烈需要在互联网中筛选出符合自己需求的精确信息,尤其是政府和企业等用户,希望在搜索引擎的基础上进行深入的需求发掘,能够将信息升级为情报。

回顾人工智能的发展历程,第一代人工智能提到的"智能"为知识库与规则推理实现的专家系统;第二代人工智能提到的"智能"为数据、算力与算法及概率统计机器学习神经网络BP算法;第三代人工智能提到的"智能"为知识、数据、算法、算力,即实现基于知识驱动和数据驱动结合的双驱动,以此来满足情报决策可解释性和鲁棒性的新一代人工智能需求,亦即:可靠的智能情报服务于决策支持。如今,第三代人工智能中所提到的"智能"已经发生了新的变革。这种大数据时代的到来势必会衍生与之相适应的新的知识表示,海量的数据、算法、算力创造了知识图谱存在的必要条件。可见,情报服务在以人工智能、大数据为代表的数智技术的驱动下将迎来新的发展机遇——情报智能化演进。在数智时代下的情报智能化演进是在第三代人工智能发展核心的知识、数据、算法、算力合力下衍生的一种情报与智能技术有机结合的创新产物。可见,第三代人工智能技术将"数字智慧化"与"智慧数字化"二者相互融合,并以此驱动情报生产方式的时代变革的机遇到来了。

（二）数智时代下情报生产变革的挑战

深度学习技术与知识图谱技术是当前人工智能的两翼，也代表着智能情报服务未来的发展方向。以下从情报资源、技术以及实践目标等三方面，总结当前数智时代下情报智能化的挑战。

第一，随着信息技术引发的"数据爆炸"时代的到来，浩如烟海的数据给情报人员带来了极大的困难和挑战，以至于仅凭增加人力也无法解决。因此，大数据时代情报学面临的一大挑战是海量数据导致信息搜索和信息分析之间的"鸿沟"。情报相关的大数据资源体系建设效果不理想，按照 DIKW 情报模型中数据、信息、知识、智慧的阶段来看，数据、信息作为情报重要的数据来源，在将其加工为知识的前提下，需要进行保质足量的数据治理过程。可见，针对大数据的开源情报数据源的一次文献和二次文献的数据资源建设研究仍然滞后，即存在的挑战问题为：资源供给技术生产不足。其中，一次文献的领域语料库构建和二次文献数据建设知识图谱建设才刚刚起步，情报智能化视角的领域知识图谱建设进展相对滞后，情报 3.0 数智时代下大数据的数据资源的规范化、完整化、持久化的构建是现阶段情报供给的挑战之一。

第二，仅仅在大数据驱动下的处理技术的黑箱特征并不能完全满足情报工作的需求。因此，唯有将信息处理技术与人的认知思维相结合，才能应对新时期情报工作的挑战。当前，迫切需要在垂直领域内实现自动化的基于知识图谱的知识库，并探索创新知识驱动的情报智能化进程，在数智时代下智能化地实现近似人的思维的、可解释的情报。

第三，根据情报服务场景需要，利用大数据与人工智能技术，应用支持基于模型的情报单元智能生产方式，提供与场景匹配的智能性、精准性、动态性的智能情报演进逻辑路径，指导以情报智能化为中心的情报实践活动是时代对情报变革的挑战。

基于数智赋能的环境扫视分析，明确时代发展为情报加工带来的机遇与挑战，需要提出与新的情报演进相适应的生产方式战略，构建与之相匹配的新的生产关系以促进情报实践的新发展。因此，在此环境背景下，构建一种高效率的数智技术——领域知识图谱的智能情报生产方式是重要的基础研究。

二、智能情报生产方式变革分析

生产的实施是在生产方式下展开的，生产方式是社会发展的决定力量，生产方式的统一概念对应了总体政治经济学范式。正所谓,创新发展,情报先行。数智赋能已经成为引领图情档案创新发展的驱动力。情报生产方式在生产力发展需求与生产关系之间的矛盾驱动下,变革在即。本节依据物质生产方式科学原理,精准把握新环境对情报生产方式变革的机遇,迎接情报生产方式变革的挑战。

依据马克思主义基本原理中物质资料的生产方式原理阐述:生产力的三要素为生产资料、劳动工具与劳动力;生产关系是在劳动过程中形成的社会关系。而情报生产方式变革是在情报生产力发展、技术进步等因素影响下发生的,如图3-1所示。因此,智能情报生产力的劳动工具、劳动者、生产资料三要素如下。

1. 劳动工具:数智环境的认知智能技术,即通过深度学习与知识工程相结合的新一代人工智能的认知智能技术。

2. 劳动者:数智赋能的机器,即拟人思维的知识图谱的机器智慧化。

3. 生产资料:情报信息数据,本研究以网络中某一特定领域的海量文献信息作为情报信息的数据源。

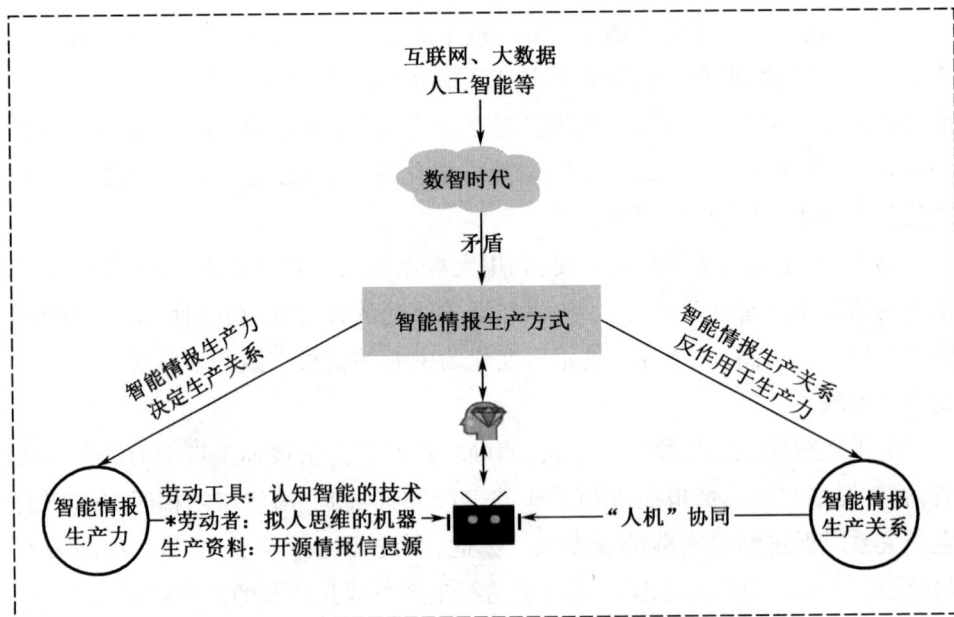

图3-1 智能情报生产方式变革

事实上,数智赋能下情报生产力的劳动工具、劳动者两个要素非独立存在,而是有机结合于机器的融合存在。

那么,数智技术如何满足特定领域需求的人机交互情报生产效率的提升?同时,大数据资源的"生产资料要素"体系建设作为情报生产的基础,又该如何进行资源重构,提升情报价值的生产率?为解决以上问题,本书提出一种基于领域知识图谱的"智能情报"解决方案,为智能情报的生产力作用于生产资料提供智能化的方法,实现智能生产关系服务于人机交互的智能情报需求,实现"数"的数字智慧化与"智"的智慧数字化双重赋能的情报生产方式变革,以推进智能情报演进过程。

第二节　智能情报研究的领域界定

本节从总体国家安全观导向、国家情报工作需求保障等方面出发,解析智能情报实践验证的领域定位及存在问题,同时提出智能情报的概念,并对领域知识图谱实现智能情报研究的关键问题进行解析。

一、总体国家安全观下的国家情报工作需求

塑造国家安全环境是习近平总书记总体国家安全观的重要创新。为了加强和保障国家情报工作,维护国家安全和利益,根据宪法制定《中华人民共和国国家情报法》。其中,第一章第四条指出:国家情报工作坚持公开工作与秘密工作相结合、专门工作与群众路线相结合、分工负责与协作配合相结合的原则。第三章第二十二条指出:国家情报工作机构应当适应情报工作需要,提高开展情报工作的能力。国家情报工作机构应当运用科学技术手段,提高对情报信息的鉴别、筛选、综合和研判分析水平。

二、以军事领域为例的国家安全战略情报维度

军事安全是国家安全的重要组成部分,是指"国家不受外部军事入侵和战争威胁的状态,以及保障这一持续安全状态的能力"。安全通常是指主体既没有外在威胁也没有内在疾患的客观状态。当安全的主体是国家时就构成了国家安全,其内涵可界定为:一个国家处于没有危险的客观状态,即"国家既无外

部威胁又无内部混乱和疾患的客观状态"。谢尔曼·肯特针对战略情报,了解关注对象的基本情况。其意义所在是了解其过去,监控其动向,预测其未来。战略情报的基本内容分为四个方面:基本描述类战略情报、动向报告类战略情报、预测评估类战略情报,以及征候与预警类战略情报。

(一)基本描述类战略情报

基本描述类战略情报即一个国家的政治、经济、军事、外交、科技和文化、社会等各个方面的情报。评估一个国家的基本情报,是战略情报的主要任务之一。例如,国家安全相关的诸如军事地理、军事建制(如海军战斗序列、舰队、海岸设施、海军航空兵等)。

(二)动向报告类战略情报

人类在生存斗争中最重要的特征是变化。适应监控世界最新发展变化,敏锐洞察变化中的新动向,及时掌握新动向的态势与趋势,判断其发展脉络、意义以及影响,肯特将上述这种战略情报称为动向报告类战略情报。动向报告类战略情报是描述情报与预测评估类情报之间的桥梁,是基本描述类情报的延伸。

(三)预测评估类战略情报

战略的最终目的是通过行动改变历史的演进趋势,使事态向有利于自己的方向演变。正如孙子所言:"故明君贤将,所以动而胜人,成功出于众者,先知也。"预测建立在掌握基本情况基础之上,美国国家安全前顾问布伦特·斯考克罗夫特评论说:"对决策者而言,情报判断应该提醒他有哪些力量在起作用,趋势是什么,以及他必须考虑哪些可能性。"

(四)征候与预警类战略情报

情报是国家安全的第一道防线,情报机构是最高统帅部,是战略哨兵。在危险来临之前实时向决策者发出警告,是情报机构的首要职能。这一概念出现较晚,征候与预警类战略情报即负责完成此任务。通常认为,征候与预警是动向情报分析的副产品,需要掌握动向情报的分析人员才有资格对未来的敌对动作做出预警判断。预警判断需要的就是最新的动向。

本研究尝试从以上四类国家安全战略情报中选择基本描述类、动向报告类、辅助预测评估类这三类作为研究对象的情报维度,对构建人机协同机制的智能情报服务辅助国家情报工作智能决策进行探索性研究。

三、智能情报服务场景假设

综合领域分析方面,假设在如图3-2所示场景下,当情报终端发现"高价值目标",此时需要情报工作人员快速地根据得到的情报信息进行思考:高价值目标的特征是什么？其出现在的重点区域的特征是什么？高价值目标的关联目标是什么？如果情报工作人员在知识掌握的深度、获取知识的速度等方面无法满足决策的需求,此时则需要一种能够模拟具有超级智慧的资深专家的机器系统精准地、及时地、可靠地对以上的描述类与动态类情报快速、持续不断地解析,才能够根据态势的实时变化,做出正确的、及时的决策。

图3-2　国家情报工作场景需求假设

然而,即便是再专业的军事专家,在面向垂直领域场景情报的任务需求时也不仅只依赖单一的数据源,而是要依靠多个实时、在线、动态的数据源。在这种情况下,往往会由于网络数据量巨大、数据类型繁多、数据源价值密度低、变化速度快等特点,对决策者的认知能力、情报获取与传递能力均产生相当大的挑战。因此,要从纷繁复杂的多源异构信息中感知到情报存在的知识表示形式,就需要选择对大数据资源应对自如的知识图谱作为数据与情报之间的转化桥梁,使开源文献情报信息实现数据化、知识化与情报化,聚沙成塔、汇流成海,充分利用人工智能的认知智能技术手段,探索开源情报的高价值性,从而满足国家安全情报工作场景下的需求。

第三节　基于领域知识图谱的智能情报模式

柯平曾指出："从数据到知识以及从数据到智慧的转化，是更大的跨越和飞跃，也是更高级的形式，以前无法想象，但在知识环境、大数据时代，这种跨越和飞跃是可以实现的。"然而，保障新模式探索的第一要务，即根据研究问题的需求、确定新模式的构成要素及要素关系，以及实现要素及关系的技术方法等，构成研究问题的系统逻辑框架。因此，本节围绕智能情报研究的模式构建、逻辑框架构建展开充分的论述。

一、SIM_PCAR 智能情报服务模式总体目标

本节根据第二章第五节提出的智能情报组织理论，结合本章第二节确定的智能情报研究领域及其需求目标，基于领域知识图谱的拟人思维知识组织方式，本节提出基于领域知识图谱的 SIM_PCAR 智能情报服务模式。该模式主要依赖于领域知识图谱的知识自动构建与事件自动构建的技术方法，根据需求将两部分技术有机融合，共同支撑智能情报的智能情报模型（Smart Intelligence Model）构建，包括事件态势感知（Perception of Event）、态势要素认知（Cognitive of Entity Elements）、多维智能情报分析（Multidimensional Intelligence Analysis）、智能情报报告自动生成（Report of Smart Intelligent）等情报提炼阶段的活动。

该服务模式创新性在于可以根据应用场景的需要，对事件综合交叉式地运用实时态势感知、精准多维度关联分析、人机精准交互问答及情报分析智能报告自动生成等手段，解决突发事件所产生不确定性带来的决策困惑。即如第二节的智能情报服务场景假设中提到的，决策者在遇到情报信息密集情况下，解析难度大带来的困惑，例如，"发生了什么""目标特征是什么""目标态势动向是什么"以及"为什么"的可解释性等，为智能情报服务引擎的运行提供支持。

二、SIM_PCAR 智能情报服务模式要素及其关系构成

SIM_PCAR 智能情报服务模式的总体目标是基于领域知识图谱的智能情报研究。根据此目标，并结合智能情报组织理论的要素，本节明确了该模式的

构成要素及内涵,如图 3-3 所示。

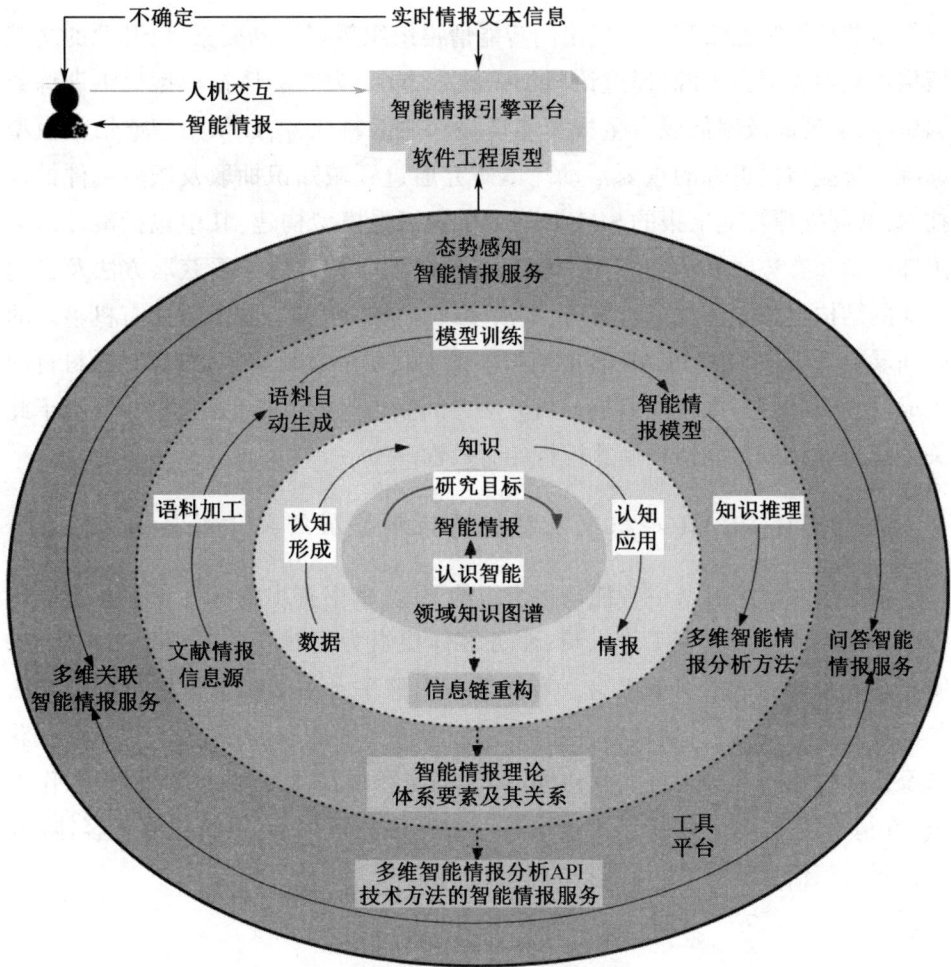

图 3-3　基于领域知识图谱的智能情报研究模式

(一)SIM_PCAR 的智能情报信息链重构层要素及关系

根据领域智能情报需求,本节提出的 SIM_PCAR 智能情报服务模式,基于领域知识图谱形成的拟人认知大脑构成了该模式的核心层。该核心层实现了从"数据到知识"的认知形成,以及从"知识到情报"的认知应用过程,以此支持基于领域知识图谱技术实现的智能情报研究目标下的信息链重构。

(二)SIM_PCAR 智能情报提炼活动的中间层要素及其关系

本节根据第二章第五节提出的智能情报组织系列活动要素,以开源的文献情报信息源为情报来源,通过语料加工技术方法,为智能情报模型提供训练数据保障,实现高效率低成本生成智能情报标注语料任务,以供给智能情报模型训练的智能情报提炼的重要活动。本研究通过领域知识抽取及领域事件抽取技术,共同支撑智能情报的 SIM_PCAR 智能情报模型构建,其中包括事件态势感知模型和态势要素认知模型。根据需求探索多种智能情报获取方法及自动生成的结构化智能情报分析报告,形成多维智能情报分析技术方法有机整体的中间层要素。该 SIM_PCAR 智能情报模式中间层的文献情报信息源、语料自动生成、智能模型、多维智能情报分析方法之间呈现顺次支撑的逻辑关系,基于此关系能充分保障智能情报模式运行的有效性。

(三)SIM_PCAR 人机交互智能情报服务层的要素及其关系

根据第二章第五节中智能情报组织的要素,本书提出的 SIM_PCAR 智能情报服务主体要素为决策工作人员,服务客体要素为实时发生的情报文本信息,服务中介为智能情报引擎平台。智能情报引擎平台由多维智能情报分析方法的 API 封装后形成,其通过事件态势感知、事件要素抽取、多维关联智能情报获取及精准智能问答等人机交互协同方式,满足智能情报服务主体(情报工作人员)在情报信息密集、解析精准度高且时效性快的情况下,对情报服务客体(开源情报文献信息资源)解析情报的不确定性需求。

第四节　基于领域知识图谱的智能情报
理论体系逻辑框架

在上节构建 SIM_PCAR 智能情报服务基础上,本节阐述该模式中要素内涵详情及实现的具体技术方法,提出 S_CMAS 少标注语料自动生成的智能情报研究逻辑框架。

一、S_CMAS 智能情报研究体系

以开源文献情报信息作为情报来源,按照领域知识图谱的生命周期,完成

S_CMAS 智能情报理论体系逻辑框架构建,主要包括少量数据标注智能情报语料自动生成策略方法(Small_Corpus)、智能情报模型(Model)、智能情报分析方法(Analysis)、智能情报服务(Service)——辅助决策的综合智能情报引擎服务,如图 3-4 所示。

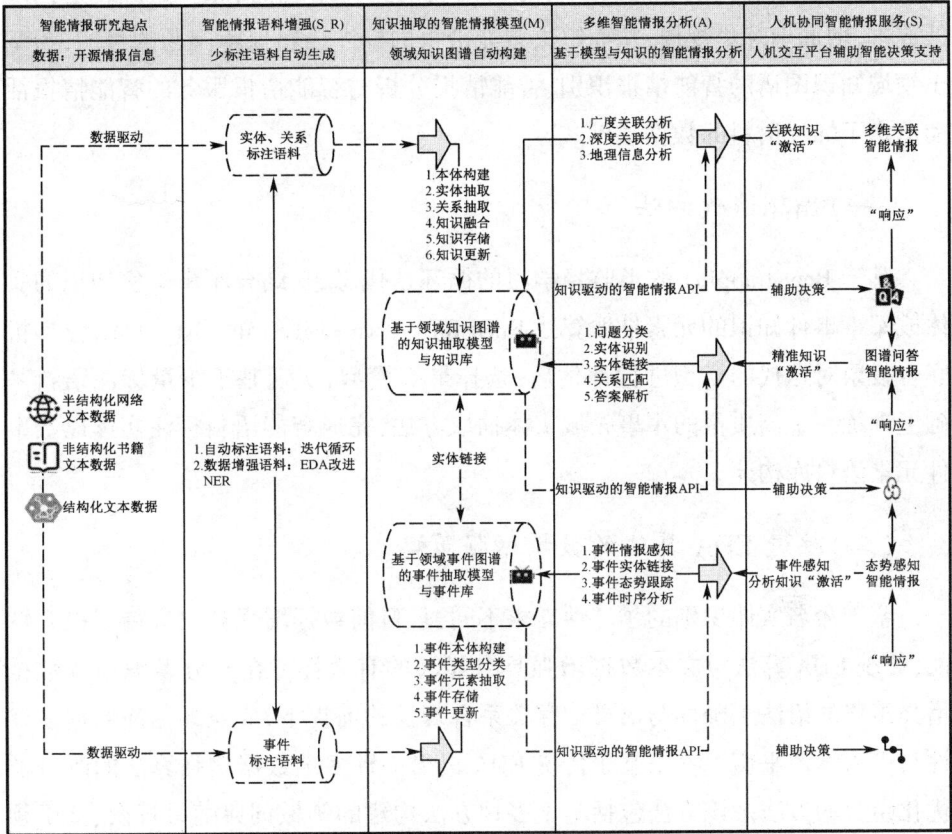

图 3-4　基于领域知识图谱 S_CMAS 智能情报理论体系逻辑框架

二、S_CMAS 智能情报研究的文献情报信息源

以来自网络文献,包括军事电子书籍、军事新闻网、军事百科网、军事新闻公众号等作为知识获取的数据来源,初步筛选数据大小约 1 GB,用于深度学习与领域知识图谱语料处理与训练。

三、S_CMAS智能情报研究体系智能情报语料生成技术方法

智能情报作为一种基于模型的训练方法,常常伴有高质量的标注语料与高昂的人工标注成本,即训练数据匮乏痛点问题。为了在不增加人工成本的前提下扩大训练集规模,本节提出一种标注语料的数据增强的思路与方法,达到降低成本、增加训练集规模,从而解决智能情报的标注语料保障问题的目的,为基于领域知识图谱的智能情报识别、智能情报分析与智能情报服务的智能情报活动奠定了标注语料的数据基础。

(一)循环迭代方法

基于Bootstrapping的半监督学习的循环迭代思想,结合军事事实知识的实体或军事事件知识的元素抽取算法RoBERTa-wwm-BiLSTM-CRF,再结合K折联合投票对迭代的模型进行评估后,选择最好模型,实现基于少量标注语料基础上训练一个高质量的军事领域实体抽取方法,完成智能语料标注实体以及事件元素语料库构建。

(二)改进EDA算法的数据增强策略

鉴于命名实体识别的领域性需求不同,且目前数据增强算法有待于提升性能,传统EDA算法对文本数据增强具有显著的有效性。在充分考虑训练数据增强策略的语法正确性与语义依存关系合理性的前提下,应兼顾标注数据多样性与引入噪声平衡。本书基于传统EDA提出一种多维数据增强算法的改进及优化组合的方法。该方法包括基于多种方法构建的领域词典随机替换、基于领域语义分类词典的词性替换、基于词性词典保护的随机删除、基于语义保护的随机插入四种基本增强策略,还包括由这四种基本策略优化组合形成的组合策略。利用以上四种基本增强策略及其组合策略,对少标注语料进行数据增强,形成EDA语料数据集;然后再分别采用引入迁移学习的RoBERTa-wwm-BiLSTM-CRF模型,完成命名实体识别的模型训练任务,从而解决训练数据匮乏问题,实现语料智能增强。

四、S_CMAS智能情报研究体系智能情报服务关键技术方法

首先,基于深度学习的知识抽取技术(包括实体、关系、事件的抽取技术,知

识融合技术等)实现智能情报模型的构建。其次,基于所构建的智能情报模型,支持实时的事件态势感知,在国家情报人员决策过程中存在不确定信息的情况下,通过细颗粒知识的人机实时交互及智能问答,提供事件中的高价值目标实体、关系及事件要素等认知智能情报,包括目标实体、关系、事件要素的可视化多维智能情报分析。最后,支持以上人机交互的智能情报分析报告的自动生成服务。

(一)SIM 智能情报模型的构建

在领域保质保量的标注语料基础上,对军事领域开源情报信息进行知识图谱自动构建,使机器对军事领域知识形成一种接近人类认知的形式——知识图谱的构建模型集成体,替代情报组织中的工作人员,自动辨认出有价值的新信息的智能情报识别活动,为智能情报分析提供持续的领域知识。

通过 RoBERTa-wwm 预训练模型的领域事实知识图谱、事件知识图谱的方法完成智能情报识别模型构建。具体构建方法阐述如下。

1. 领域知识图谱的模型构建关键技术

根据需求构建细颗粒的领域事实知识图谱本体后,基于深度学习、迁移学习等算法完成实体抽取、关系抽取、知识融合模型训练。按照实体、属性以及关系将领域知识存储于 Neo4j 图数据库,形成持续更新的领域事实知识库。

2. 领域事件知识图谱模型构建关键技术

基于领域事件本体构建后,按照事件类型、事件元素、触发词等模型抽取,实现与事实知识图谱的知识库进行实体链接融合,并相应地将知识存储于 Neo4j 图数据库,形成事实知识与事件知识融合的领域知识图谱。

(二)基于智能情报模式的 PCAR 的智能情报分析模式及方法

根据术语在线 2019 年公布的定义,"情报分析与研究"是文献情报的分析与综合的过程,对反映一定时期某领域进展情况的文献情报进行分析和归纳,并以研究报告等多种形式提供专题情报或系统化的浓缩情报。本书提出领域知识图谱自动构建的智能情报识别模型方法,旨在结合深度学习算法,满足基于知识与数据双重驱动的知识发现应用的人机交互需求,完成对知识推理的定制化过程。具体研究模式的实现概括如下:

第一,支持实时的事件态势感知情报。

通过对情报信息的实时动态追踪方法,展开态势智能感知的情报分析方法,主要包括事件要素的实时识别、事件实体的时序动态分析、事件实体元素与事实知识图谱之间的实体链接关联分析、事件库的时序分析等,满足以事件为核心,联动事实知识的态势感知情报供给需求。

第二,支持多维人机交互的可视化认知智能情报。

主要包括通过细颗粒知识的人机实时交互及智能问答,提供事件中的高价值目标实体、关系及事件要素认知智能情报,以及目标实体、关系、事件要素的多维智能情报分析。

主要的实现方式分为两个方面:一方面,通过对高价值目标属性节点的广度遍历和深度遍历获得领域知识图谱知识库中的实体、实体属性以及实体与知识之间的关系,并对领域语义知识单元及其广度与深度的关联分析,同时支持实体目标的地理空间情报分析,满足更为全面的高价值实体及关联目标的可视化情报供给需求。另一方面,通过智能问答的情报分析方法对高价值目标的情报缺失信息进行快速获取。本书提出基于预训练模型、数据增强等方法的问题分类、实体识别、实体链接、关系抽取以及答案匹配等智能问答分析方法,满足实时的、精准的情报供给需求。

第三,支持人机交互的智能情报分析报告。

基于以上的人机交互,根据情报人员的需要,将对决策支持有用的情报进行组合,自动生成分析报告,从而实现情报传递、分发。

(三)人机交互系统的辅助决策支持

根据术语在线 2019 年公布的定义,“情报服务”是一种知识和智力密集型的信息服务。情报部门利用其服务系统或设备来满足用户情报需求的过程,具有很强的针对性和智能性。其主要目的是从所搜集的信息中分析、研究和发现新的知识,为决策者提供增值的信息。在领域知识图谱的智能情报识别模型的基础上,对领域知识图谱的智能情报分析技术方法通过 API 应用程序接口(Application Programming Interface)技术进行封装,以满足情报用户需求的一种人机交互的辅助决策支持服务——智能情报服务。

第五节 本 章 小 结

本章采用文献查阅、访谈等研究方法,首先,结合开源文献情报信息源的开源情报作用,从大数据、人工智能等技术飞速发展的新时代环境出发,分析了数智时代为情报发展所带来的机遇与挑战,提出了情报智能化生产方式变革的必要性。同时,界定本书智能情报研究的领域,以总体国家安全观为指导,梳理了基本描述类、动向报告类、预测评估类及症候与预警类的四种基本情报类型,选择了前三种类型维度作为智能情报实践路径探索的研究对象,为领域智能情报服务界定领域及研究问题范围。然后,依据第二章提出的智能情报组织及要素关系,构建了基于领域知识图谱的智能情报研究模式。最后,完成了基于领域知识图谱的智能情报研究体系逻辑框架研究目标。本章研究结果为智能情报技术方法下的智能情报服务奠定了坚实的理论基础。

第四章 面向智能情报模型的少标注语料生成方法

智能情报模型是基于领域知识图谱的智能情报研究的核心,基于深度学习的模型训练需要大量领域标注语料支持。然而,在从开源情报中进行语料标注加工处理过程中,常常伴有高质量的标注语料与高昂的人工标注成本之间的矛盾,引起了训练数据匮乏的痛点问题。因此,本章提出基于标注语料的循环迭代与 EDA 改进的数据增强技术方法,在不增加人工成本的前提下扩大训练集规模,探索实现了标注语料自动生成策略,并以军事书籍、网络等开源情报为例展开实证研究,解决了领域低资源的小样本标注语料为智能情报模型构建带来的困境,也保障了基于智能情报模型的智能情报分析及智能情报服务的可行性。

第一节 问题的提出

语料库是经过科学取样和加工的规模较大的电子文本库。语料库属于交叉学科,它融合了语言学、统计学、计算机科学等学科。语料库最早的定义可追溯到 1982 年,美国布朗大学教授法兰西斯(Francis)认为语料库是一个用于语言分析的文本集合,对某一种语言、方言或语言的某一方面具有代表性。语料库根据内容加工程度可以分为生语料库和标注语料库,其中生语料库指没有经过任何加工处理的原始语料数据,而标注语料库是计算机语言学与自然语言处理研究的基础,也是当前语料库研究的重点及难点。标注的质量很大程度上影响着语料的质量、语料库的研究成果的准确性以及语料库的使用程度。以军事领域装备、事件等开源情报信息源的文本数据为例,要进行基于领域知识图谱实现智能情报研究,语料加工关键技术是首先要解决的基本问题。

　　语料的标注策略一般是根据语料自身的特征和标注内容的价值所制定的，即对生语料进行标注，使其成为能够进一步研究和利用的熟语料。由此可见，依据制定的标注规范对语料进行标注是语料构建的核心部分，因此选择合适的标注策略尤为重要。目前主流的三种语料标注模式有：第一，领域专家标注。该标注模式适于专业领域的语料标注，能够确保标注的质量，但标注成本高，周期长。第二，众包标注。该标注模式能够以较低的成本标注较大规模的语料，但仅限于简单的标注任务，并且标注过程也需要精心地设计，以保障标注质量。第三，团体标注。这种标注模式构建语料的过程类似于信息检索评价集的构建，能够在不依赖专家的情况下，构建出高质量的语料，但对标注团体有很高的要求。虽然面对军事科技情报领域问题时能够获得大数据量的开源文本信息源，但是仍然会因领域人工标注的成本大而造成大数据、小样本的困境，构建运用有效语料自动加工技术是获得熟语料库的重要保障。

　　本研究中基于智能情报模型是基于深度学习模型的情报识别方法，用于模型训练的标注语料的规模与质量，直接决定了深度学习模型的泛化能力。然而，对语料库中的语料文本数据进行标注是一项枯燥且人工成本巨大的任务，也是影响模型训练效果的关键。

　　鉴于上述分析，本章拟解决以下三个问题：

　　（1）基于 Bootstrapping 思想的小样本标注数据集，展开实体、关系及事件要素抽取的模型迭代训练，实现标注语料库数据集规模的自动扩展；

　　（2）基于改进 EDA 的小样本实体抽取的数据增强方法，通过自动增加语料库的合理噪声，达到模型训练语料的多样性目的，实现语料库数据集加工质量的自动提升；

　　（3）以军事书籍及网络等开源情报为例，基于以上数据增强策略，探索军事语料库自动构建实践，为领域知识图谱的智能情报模型构建、智能情报分析以及服务提供数量充足且多样的语料数据资源提供保障。

第二节 问题的需求分析及总体框架

一、需求分析

语料库构建的需求分析是按照其最终的服务目标来确定的,是语料库计划阶段的重要步骤。需求分析的目标是把要构建的语料库提出的"要求"或"需要"进行分析整理,确认后形成描述完整、清晰与规范的文档,以确定构建方向及需要完成的工作。本研究的领域知识图谱技术是通过将深度学习应用于自然语言处理的方法,让机器通过深度学习具备领域知识的学习及更新能力,解决智能情报模型训练任务,其实现的必要条件是高质量、大规模的标注语料数据资源。然而,小样本的标注语料数据资源成为制约领域问题的深度学习模型指标提升的关键。

因此,本章语料库自动构建包括以下三个方面。

第一,语料库构建内容包括实体、关系及事件在内的三个方面,以此保证领域知识图谱的智能情报模型构建、智能情报分析与服务任务;

第二,将深度学习运用到自然语言处理方法中,以词法分析方法和句法分析方法为依据,提供有效的小样本领域数据的标注语料库的自动构建技术方法,是保持实体、关系以及事件的标注语料库构建的质量、数量与效率之间平衡的关键。

第三,基于军事领域开源情报信息,探索语料库自动构建实践的有效性,为国家情报工作的信息资源重构提供可借鉴的语料库构建方案。

二、总体框架设计

本研究在语料库构建研究方面,以中文分词、词性标注、命名实体识别的词法分析以及句法分析等理论为构建依据,提出以军事开源文献信息源的实体标注、关系标注以及事件语料标注方法和基于少标注的智能化标注语料构建的混合策略。并完成以下两种关键技术方法研究:一是基于循环迭代的军事实体抽取智能标注,二是基于多维数据增强策略的军事实体语料构建研究。具体如图4-1所示。

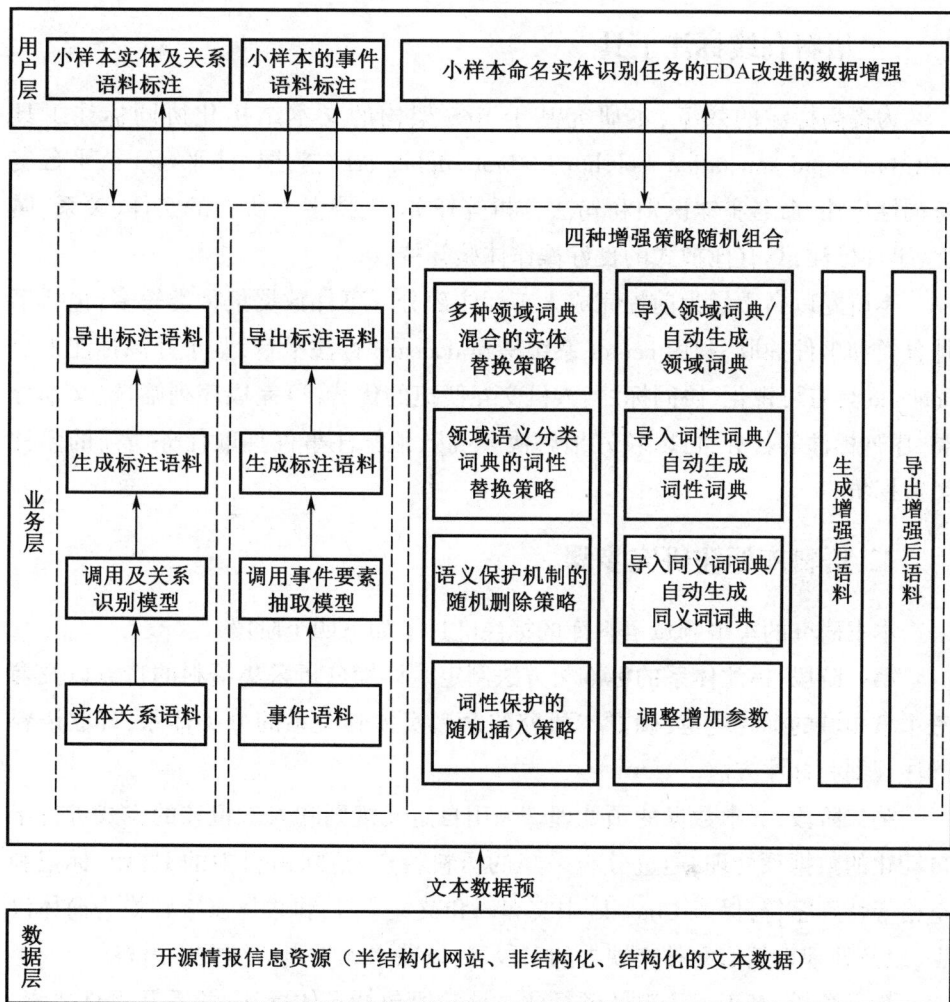

图 4-1　小样本标注语料数据增强综合策略的总体研究思路

第三节　标注语料自动生成基础

标注语料是语料自动生成策略的重点基础,而小样本的人工标注的质量是基于数据增强策略的智能语料高质量完成大规模军事语料的重要保障。因此,本节从标注和规范的确定、标注过程、标注结果与评价等几个方面阐述人工标注语料的相关研究。

一、语料在线标注工具

为提高标注的效率,本研究基于 B/S 架构的文本结构化协同标注工具 brat(brat rapid annotation tool,http://brat.nlplab.org)搭建标注平台。该平台支持词性标注、命名实体识别和句法分析等任务,支持多人协同的实体、关系、属性、事件标注,具有拖拽式的良好操作体验等特点。

本研究以高质量为前提完成人工标注部分。事件数据集种类较多,包括事件分类和事件抽取,利用 centos 系统搭建 doccano 标注平台,鉴于开源标注平台 doccano 具有可视化、协同标注、人机交互便捷的优势,可完成序列筛选、文本分类、序列标注等任务,可以较好地解决并高效地标注事件抽取任务所需的多种类数据集。

二、语料库标注研究步骤

本书研究的军事领域语料库的标注经过了如下四个阶段。

第一阶段,标注体系的标准与方法制定。详细分析采集语料的特点以及参考军事领域的标注规范,确立本研究的命名实体和关系的分类体系,确立语料标注规则和标注方法。

第二阶段,文本数据的预处理。采用自定义规则和人工审核的方式进行半自动化的数据预处理,通过分析采集的语料特点,清除语料中的 HTML 标记和空格等特殊字符,保留 Unicode 中文编码和英文字母,将繁体汉字转换为简体汉字,以及处理重复值和补充缺失的字段等,以获得无噪声的纯文本语料。

第三阶段,基于粗语料的预标注。该阶段包括实体标注,关系及事件要素、类型等的标注。

第四阶段,基于预标注语料的人工标注。采用 AB 分组的方式进行独立的两轮标注,同时根据标注人员的反馈去修订标注规则,并基于标注一致性(inter-annotator agreement,IAA)进行人工标注语料库评估。

三、语料库标注研究过程

围绕需求分析,研究对军事实体、关系及事件要素等完成小样本的人工标注。

(一)军事实体语料标注

从采集的领域语料中选择 10MB 大小的数据进行人工标注语料,用以提取军事实体特征。

1. 人工标注标准和方法

在充分考虑到关注的军事领域需求的基础上,参照各类型军事目标分布、类型划分以及观测范围等,将语料库中的命名实体识别定义为 15 大类,包括国家(NAT)、飞机(PLA)、区域(REG)、部队(ARM)、州(STA)、城市(CIT)、港口(POR)、机场(AIP)、海岸线(LIN)、海域(WAT)、岛屿(ISL)等细颗粒的军事实体。

除此之外,在标注军事文本语料库过程中,遵循与文献类似的实体“不重叠、不嵌套、不包括停顿标点符号”的原则。由于不标准的中文分词可能会给后续的命名实体识别任务带来误差传递问题,在军事语料逐句标注过程中采用 BIO 三段标记方式。其中,将每个实体开始字标记为“B-实体类型”,后续的标记为“I-实体类型”,O 表示非实体部分。因此,标注语料库中标签类型一共为 31 种。军事语料库中实体标注示例如表 4-1 所示。

表 4-1　军事语料库中实体标注示例表

字词	标签	字词	标签
F	B-PLA	有	O
-	I-PLA	利	O
3	I-PLA	于	O
5	I-PLA	瑞	B-NAT
的	O	士	B-NAT
特	O	空	O
点	O	军	O

2. 人工标注结果与评价

首次人工实体标注语料库中有共计 2 779 277 个字符,其中标注实体量 60 657 个字符,各类实体情况统计如表 4-2 所示。在标注实体语料统计中,实体数量较多的为国家、飞机和基地类,实体数量最少的是港口类。

表4-2 军事领域实体人工标注语料库实体分布情况

实体类型	实体数量/个	实体类型	实体数量/个
NAT	34 483	SAT	684
PLA	7 961	REG	621
VES	4 083	RAD	408
MIS	2 423	ISL	290
CIT	1 978	AIP	121
ARM	1 702	LIN	109
BAS	4 706	POR	94
WAT	994		

3. 人工标注语料质量分析

标注一致性是指两个独立标注人员结果达成一致的程度,目前对基于标注一致性指标评估人工标注数据集的可靠性已经有了广泛研究。通常情况下,实体人工标注语料库研究中,使用 F 值进行计算标注一致性。具体做法是将最终实体标注结果 B 作为标准答案,计算首次标注结果 A 的准确率 P 和召回率 R,进而计算 F 值,计算公式如式(4-1)~(4-3)所示。

$$P = \frac{A \text{ 和 } B \text{ 一致数目}}{B \text{ 的总数}} \tag{4-1}$$

$$R = \frac{A \text{ 和 } B \text{ 一致数目}}{A \text{ 的总数}} \tag{4-2}$$

$$F = \frac{2 * P * R}{P + R} \tag{4-3}$$

在确定实体一致时,只有当实体文本、实体类型标签和起止位置均相同时,才认为实体标注是一致的。经统计本书所构建语料库实体一致标注为 89.8%,证明该人工标注语料库是可靠的。

(二)军事关系语料标注

1. 人工标注标准和方法

在领域知识图谱中的实体类型之间,一定程度上体现着实体之间的关系。例如,在同一军事情报文本中,舰船实体和国家实体之间很大概率上存在所属国家的关系。通过命名体识别模型进行实体的序列标注,依据关系标签的定义,判断同一文本中出现的两个实体类型的关系,进行关系的自动标注。例如设语料文本为:英国皇家海军的"特伦特"号巡逻舰原计划参加北约打击恐怖主义和人口贩卖行动的任务,但却在处女航中就遭遇了动力故障。在此文本中出现了国家类型实体"英国"、舰船类型实体"'特伦特'号巡逻舰",依据关系的定义,可通过自动标注,将其关系标注为"所属国家"关系。

命名体识别的模型存在误差,而自动标注的方法本身也存在误差,故要得到质量可靠的军事情报数据集,还需进一步人工审核。这种数据标注的方法在"节省人力"与"数据可靠性"之间达到了一种折中效果。关系标注的样例如表4-3所示。

表4-3 关系标注数据样例表

标签	数据
文本	英国皇家海军的"伊丽莎白女王"号航母与美国海军的"里根"号航母、"硫磺岛"号两栖攻击舰在亚丁湾举行了大规模的海上军事演习
实体	"里根"号航母、"硫磺岛"号两栖攻击舰
关系标注	协同

在军事领域命名体实体识别的基础上,对实体之间的关系进行挖掘,将军事实体之间的关系划分12种类型,分别为所属国家、研发国家、装备、母港、周边、包含、协同、编队、活动、位于、常驻、下属。每种关系所包含的实体类型如表4-4所示。

表4-4 军事语料库关系类型表

实体关系类型	实体1类型	实体2类型
母港	航空母舰/舰船	港口/基地群/机场
周边	地区	基地群
包含	基地群/群岛	基地/港口
协同	舰船	舰船
编队	航母	飞机
活动	飞机/舰船	区域/海域
位于	飞机/舰船	区域/海域

表 4-4（续）

实体关系类型	实体 1 类型	实体 2 类型
常驻	部队	基地
下属	州	城市
所属国家	国家	ALL
研发国家	国家	飞机/舰船/导弹/雷达等
装备	舰船/航母/飞机	导弹/雷达等

关系的标注是在实体标注的基础上完成。在实体标注完成后，将所有语料按长短句进行切割，若长短句中包含标注的两个及两个以上实体，则将该长短句筛选出并进行保存；再对长短句中所包含的实体对类型进行判断，若长短句中所包含的实体对类型符合表 4-4 中的类型，则判定该句及所包含的实体对具有表 4-4 中的某种关系。军事语料库中关系标注示例如表 4-5 所示。

表 4-5　军事语料库中关系标注示例表

语料	两架图-22M3"逆火"轰炸机按计划在挪威海中立水域上空进行飞行
实体 1	图-22M3"逆火"轰炸机
实体 2	挪威海
标注关系	活动

2. 实体人工标注结果和评价

首次人工标注语料库中共计 2 779 277 个字符，其中标注关系为 2 117 个，各类关系分布情况统计如下表 4-6 所示。在标注关系语料中，所属国家、下属、活动以及研发国家关系较多，其他关系较少。

表 4-6　人工标注语料库

关系类型	关系数量/个	关系类型	关系数量/个
所属国家	711	装备	49
下属	423	位于	39
活动	288	常驻	37
研发国家	259	母港	15
协同	236	周边	1
编队	58	包含	1

（三）军事事件语料标注

1. 人工标注标准和方法

考虑到军事领域事件的特殊性以及应用场景,参照军事事件行动内容,将事件语料库中的所有事件定义为四类,包括作战事件、活动事件、突发事件和外交事件;并定义了四类事件元素,包括时间、地区、对象和触发词。事件元素中,时间指该事件情报所发生的时间点或时间段;地区指该事件情报所发生的地点或基地、国家等不可移动单位;对象指参与该事件的装备或军事单位,包括特种部队、飞机舰艇等;具体的触发词包括作战、参战、攻击等。作战事件指各种作战行动,包括作战、交火、打击等;活动事件指各种作战单位的战略部署以及地点转移等,具体包括活动、抵达、部署等;外交事件指地区之间的装备交互,包括购买、交付等;突发事件指作战单位的异常状态,包括坠毁、失联、起火等。在事件语料标注过程中采用 BIO 三段标记方式。其中,对于每个元素开始字标记为"B-元素类型",后续的标记为"I-元素类型",O 表示非元素部分。以"2010 年,F-22A 部署在希肯空军基地"为例,军事事件标注示例如表 4-7 所示。

表 4-7　军事事件库中元素标注示例表

字词	标签
2010 年	B-时间 I-时间 I-时间 I-时间 I-时间
,	O
F-22A	B-对象 I-对象 I-对象 I-对象 I-对象
部署	B-触发词 I-触发词
在	O
希肯空军基地	B-地区 I-地区 I-地区 I-地区 I-地区 I-地区

2. 人工标注结果与评价

首次人工事件标注语料库中共计 26 045 个字符,其中标注元素个数 2 239 个,各类元素分布情况统计如表 4-8 所示,军事事件类型个数统计如表 4-9 所示。在标注事件语料中,活动类型的事件居多,突发类型的事件较少。

表 4-8 军事领域事件元素人工标注语料库元素分布情况

元素类型	元素数量/个
时间	499
对象	909
地区	300
触发词	531

表 4-9 军事领域事件类型人工标注语料库分布情况

事件类型	事件数量/个
活动事件	235
作战事件	191
外交事件	84
突发事件	62

第四节　基于 EDA 算法改进的标注语料
自动生成策略方法

本节提出一种适用于小样本命名实体识别的数据增强改进算法策略方法及应用研究。首先,以领域命名实体识别任务为例,基于 EDA 数据增强算法提出多维度的改进策略,包括基于多种领域词典混合的随机替换策略、基于领域语义分类词典的词性替换策略、基于语义保护机制的随机删除策略、基于词性保护的随机插入策略四种基本策略,还包括由改进四种基本的单策略组合而成的组合策略。然后,针对所提出的增强策略,分别进行命名实体识别模型训练实验。实验结果显示,本研究中的 EDA 数据增强算法改进策略有效地改善了小样本命名实体识别模型效果。最后,基于美国驻日海军军事基地的数据语料,进行 EDA 改进语料数据增强实证研究。

一、语料标注数据稀疏的问题

近年来,基于数据驱动的深度学习被广泛地应用于命名实体识别任务,在应用这种监督学习方法时,标注语料的规模与质量直接决定了学习模型的效果。然而,高质量的标注语料与高昂的人工标注成本之间的矛盾,导致了低资源下命名实体识别任务的痛点问题,特别是在垂直领域的标注过程中,对领域知识的专业性要求更高,导致人工标注数据的成本大幅度上升。数据增强(Data Augmentation),或称数据增广,是一种通过算法将有限的数据产生更多等价数据来扩充训练集的技术,这种方法是克服训练数据不足的有效手段。其本质是在现有数据集基础上,不实际增加人工标注数据,让数据产生驾驭更大数据量价值的一种方法,通常情况下是采用现有数据样本按照规格生成增量数据的过程。可见,数据增强策略是数据量与特征多样性的增强。该策略主要的实现途径有两种:一是通过增加标注训练集数据量的方法,提升模型的泛化能力;二是通过增加训练集的噪声数据的方法,提升模型的鲁棒性。目前,在文本数据增强策略研究中,EDA 数据增强对文本分类任务十分有效,它的实现原理是在原标注语料数据集合中,通过随机同义词替换、插入、交换和删除词的加噪,创造和原数据相似的新数据,并通过调节"每次扩充改变的句子中单词的百分比"参数 α、"增长系数"参数 N 得出模型的平均性能增益。但由于命名实体识别受句子上下文语义影响较大,直接将上述 EDA 数据增强策略应用于小样本的命名实体识别任务势必得不到预期的效果。可见,针对本研究的小样本命名实体识别任务,需要在充分考虑语法与语义保护的前提下,基于 EDA 的数据增强策略进行改进,再应用于命名实体识别任务,才能为命名实体识别的下游任务提供准确模型保证 。

有鉴于此,本研究在同类问题研究的基础上,基于 EDA 算法提出小样本命名实体识别的多维度改进数据增强策略。研究贡献体现在以下三点。

第一,以军事领域内细颗粒实体识别为例,在实体替换、非实体替换、语料的插入与删除的数据增强策略过程中,基于词法、句法及语义等保护前提下,提出 EDA 数据增强的多维改进策略,并验证其可行性与有效性;

第二,通过对《人民日报》、微博训练集语料的扩展实验,验证了该策略在跨领域小样本命名实体识别的适应性;

第三,通过按数据规模大小切分的实验,发现本策略针对相对更小样本语料数据集,命名实体识别模型提升表现更好,进一步强化了本研究所提出的数据增强策略在小样本命名实体识别任务中的有效性与适应性。

二、相关研究

数据增强是通过已有数据自动生成同等作用新数据的方法,以此达到扩充训练集的目的。该方法能够满足大量数据集的自动生成,从而避免过度拟合的问题。目前,半监督学习是解决小样本数据增强的有效办法。半监督学习利用了少量标签与大量无标签数据,其思路在深度学习各个领域内得到了广泛应用,在语音、图像处理、计算机视觉 等领域成效显著。由于自然语言本身的离散型抽象符号带来了文本语义层的数据增强的难度,被验证有效的算法相比之下少了很多。同时,根据模型所解决任务的不同,数据增强策略也有所不同。Xie等提出基于反向翻译与 TF-IDF 替换的半监督学习框架,并验证该方法有效提高了模型的鲁棒性。情感分析是当下文本挖掘的热点问题,同样也面临着训练数据稀疏的问题。张卫等人提出融合迁移学习与文本增强的成语情感隐喻知识识别方案。刘彤等人基于 EDA 数据增强与反向翻译相结合的多层次数据增强的半监督学习方法解决中文情感分析,但该方法仅针对在"外卖"和"微博"的公共数据集上的实验分析,对于其他垂直领域的同类问题未给出验证实验。

命名实体识别是自然语言处理的重要任务,该任务在通用领域与垂直领域应用时对于数据的要求存在差异。在垂直领域中,由于领域的专业性强、标注语料数量稀疏、标注质量不高的问题日益显著,小样本命名实体识别问题的数据增强研究受到了学者的关注,学者们开始从不同视角尝试探索研究。例如,李建提出一组基于实例替换的数据增强方法,分别从实体内部同义替换、实体之间交叉互换以及以人名作为同义词的视角,验证该方法的有效性;杨鹤、毕佳晶、王篷辉、Keraghel 等分别在渔业、满文字符、医学及汽车等垂直领域进行命名实体识别数据增强应用探索,方法主要集中在 EDA、EDA 改进算法、远程监督、Bootstrap 以及基于生成对抗网络的数据增强算法。尽管已有许多针对不同领域、不同任务的文本数据增强问题的研究探索,但是由于领域的特殊性和复杂性,利用有效的数据增强算法解决小样本命名实体识别任务在军事领域的深入研究并不多。Dai 等引入了一些词替换的随机操作来增加训练语料的多样性;Chen 等在半监督命名实体识别任务中引入了基于均不可加性的数据增强。刘卫平提出基于 BERT 模型的预训练,并结合 Bi-LSTM 和 CRF 构成军事命名实体识别框架,利用无监督预训练学习探索解决军事领域标注文本不足的问题,但是 BERT 在样本量较小的目标应用时会存在领域与任务的不适应性。针对此问题,徐建基于传统的 EDA 文本数据增强方法采用了基于实体替换、伪标签的两种改进方法,缓解了小样本情况下的命名实体识别效果。但是该方法比较单一,结合多维度的方法仍有待进一步深入研究。

综上,本研究以军事细颗粒实体识别为例,全面考虑了语法与语义两个方面,通过增加标注数据的多样性与引入噪声平衡的方法,提出基于传统 EDA 的多维数据增强算法的改进及组合策略,并结合迁移学习的 RoBERTa-wwm-BiLSTM-CRF 完成命名实体识别模型。同时,本策略在微博与《人民日报》数据集上,通过不同比例训练集划分的适应性扩展实验,为跨领域小样本命名实体识别任务数据增强策略做出了贡献。

三、研究框架与方法

(一)研究框架

本节旨在基于 EDA 数据增强算法,展开能够适用于小样本命名实体识别任务的有效策略的研究。本研究在基于词法、句法与词性对训练集的语义保护的前提下,提出 EDA 数据增强算法的多维改进策略,其研究框架如图 4-2 所示。该研究框架在四种数据增强改进原则基础上,分别从 EDA 的实体词与非实体词的词法保护性策略替换方法、语料句法层的语义保护下删除与插入方法出发,提出四种算法改进策略,并针对单策略改进算法完成组合实验。接着,以小样本的军事细颗粒实体为例,调节不同的数据增强系统参数,在 BERT-wwm-BiLSTM-CRF 模型上对改进算法进行验证。最后,在《人民日报》、微博的跨领域实体数据集上,以不同比例的样本切分,对改进策略进行适应性验证。

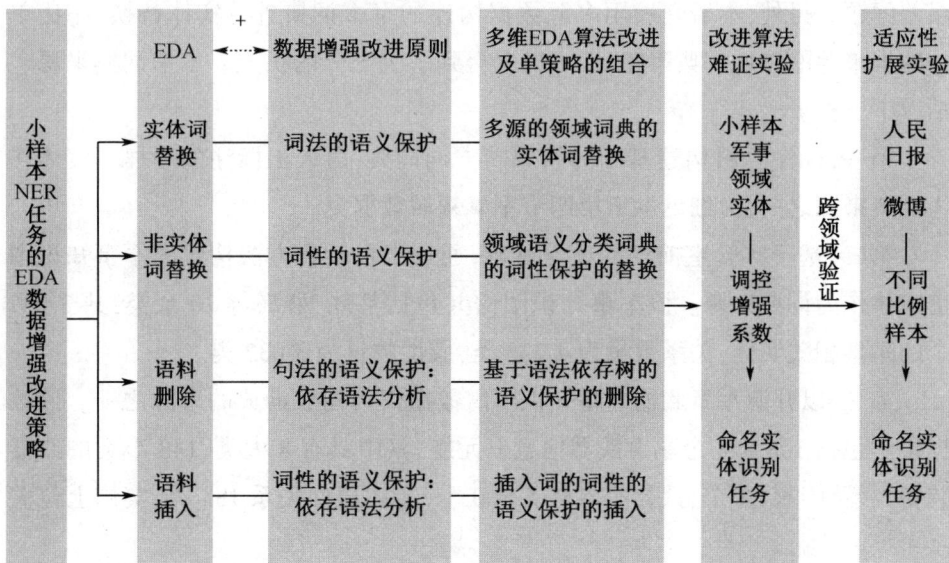

图 4-2　基于 EDA 数据增强算法改进的小样本命名实体识别研究框架

（二）EDA 数据增强算法的多维改进策略

1. 基于多种领域词典混合的实体替换策略（Entity replacement strategy based on multi-domain dictionary mixing, ERD）

（1）命名实体识别中"EDA 随机替换策略"存在问题分析

传统 EDA 的随机替换策略指的是在句子中随机选择 n 个词，用随机抽取的同义词进行替换。然而，由于中英文领域的词语单位不同以及命名实体识别任务的特殊性，传统的随机替换策略会产生如下问题。

第一，中文的词语切分依赖于分词效果，然而由于中文语句的连续性和复杂性，在领域命名实体识别分词不准确的情况下采用随机替换，容易造成误差传递，从而引发连续的语义问题。

第二，EDA 同义词随机替换策略虽然实现了训练集的扩充，然而未达到在不同语境下补充语料特征的作用。因此，样本稀疏问题没有得到根本上的解决。

（2）改进的 ERD 策略及其优势分析

针对上述问题分析，提出基于领域词典的实体替换策略。该策略在不改变语义和句式结构的情况下，对目标实体的数量进行了成倍的扩充，有效补充了样本的数量；同时，由于替换的目标是语料中的实体，避免了分词错误所引起的误差问题。另外，本研究运用多源数据构建的军事词典进行实体替换，相比单一数据来源的领域词典策略，训练样本得到了更充分的扩充。本书词典来源包括以下三种。

第一，标注语料构建基础的领域同类词词典，由人工标注的小样本实体作为词典来源之一，详细见本章第四节军事领域数据集。

第二，基于实验室前期的项目基础，通过半自动化方法构建的军事知识图谱实体作为词典来源。该军事知识图谱共包括基地、群岛等 10 余类，共 3 037 个的军事相关实体，关系数量为 4 733 类，属性数量为 3 032 类。

第三，以开源军事武器装备知识图谱数据作为构成词典的来源之一。该数据集中包括 108 854 个军事武器信息三元组，其中具有 8 大类、148 小类的武器装备，涉及国家 88 个，武器类实体 5 800 个，实体属性关系 184 类，实体上位关系 1 类。

该策略中的替换参数说明：假设句内标签数量为 D，句子中单词调整的比

例为 α, n 是当前句的标签数量。取 $n=D\alpha$, 随机将语料中的 n 个标签基于增长系数 N 进行领域词典的替换, 具体设计如图 4-3 所示。

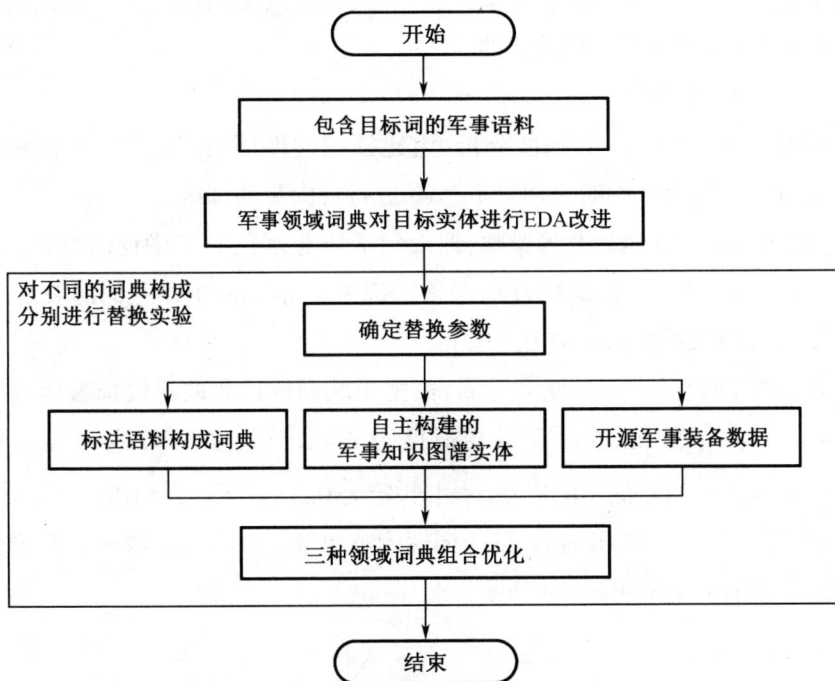

```
                    ┌──────────┐
                    │   开始    │
                    └────┬─────┘
                         ↓
            ┌────────────────────────┐
            │   包含目标词的军事语料     │
            └───────────┬────────────┘
                        ↓
          ┌──────────────────────────────┐
          │ 军事领域词典对目标实体进行EDA改进  │
          └──────────────┬───────────────┘
  ┌───────────────────────────────────────────────┐
  │ 对不同的词典构成          ↓                        │
  │ 分别进行替换实验  ┌──────────────┐                 │
  │                 │  确定替换参数   │                 │
  │                 └──────┬───────┘                 │
  │  ┌──────────┐    ┌─────────────┐   ┌───────────┐ │
  │  │标注语料构成 │    │  自主构建的   │   │开源军事装备 │ │
  │  │  词典     │    │军事知识图谱实体│   │  数据      │ │
  │  └──────────┘    └─────────────┘   └───────────┘ │
  │                 ┌──────────────┐                 │
  │                 │三种领域词典组合优化│               │
  │                 └──────┬───────┘                 │
  └───────────────────────┼─────────────────────────┘
                          ↓
                    ┌──────────┐
                    │   结束    │
                    └──────────┘
```

图 4-3　改进的 ERD 策略设计

2. 基于领域语义分类词典的词性替换策略(Part-of-speech Replacement Strategy Based on Domain Semantic Classification Dictionary, PRS)

(1)命名实体识别中"EDA 的随机替换策略"其他存在问题分析

基于领域词典的实体替换策略虽然解决了样本的稀疏性问题, 但仍然存在以下问题。

第一, 此种策略虽然在一定程度上丰富了语料, 但是构造的数据形式较为单一, 除了固定的实体以外, 并未给句子增加更多的语义信息。

第二, 由于前文提到的中英文环境下的差异、分词的效果以及序列标注任务和文本分类任务的不同, EDA 策略的词替换并不能解决实体部分和非实体部分的边界问题, 并且无法对替换的范围进行限制与控制。因此, 随机的词替换不仅无法达成增强文本语料的目的, 反而会破坏原句子语义信息, 从而降低命名实体的识别效果。

（2）改进的 PRS 策略及其优势分析

针对上述问题分析，提出了基于领域语义分类词典的词性替换策略，作为领域词典的实体替换策略的扩展策略，以达到通过改变固定的文本语义和句式结构来实现丰富语料多样性的目的。

PRS 策略设计如下。

①对原语料进行分词、词性分析，构建领域词性词典，词性分析采用 PKU 标准，共计 43 类词性，同时采用 word2vec 进行词向量的训练；

②通过自适应式执行替换策略：假设句子长度为 L，句子中词语数量为 D_1，目标实体数量为 D_2，增长系数为 L，调整比例为 α，前 Top 个候选词的数量为 k，最终的词性调整数量为 $n = \alpha(D_1 - D_2)$；

③当进行词性替换时，原词为 m，根据领域词性词典取得候选替换词集合为 $E = e_1, e_2, \cdots, e_m$，通过计算得相似度为 $\theta = \cos(m, E)$，替换的候选集为 $\tilde{E} = \text{Top}(k, m, E)$，当 θ 低于阈值 $\bar{\theta}$（本书暂定为 0.5）时不认为相似；

④在候选集 $\tilde{E}$ 中随机抽取，基于词性调整数量 n 和增长系数 N 进行增强。

该改进策略实例如图 4-4 所示。

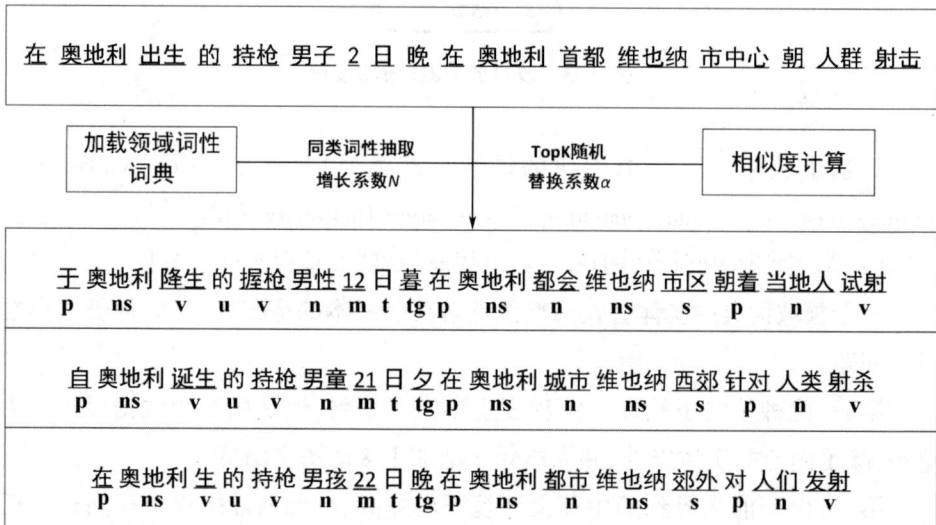

图 4-4　PRS 策略实例

3. 基于语义保护机制的随机删除策略（Random deletion strategy based on semantic protection mechanism, RDP）

（1）命名实体识别中"EDA 随机删除"策略存在问题分析

在 EDA 的随机删除策略中，除了概率 P 以外没有任何其他的限制，而命名实体识别任务旨在通过上下文的语义来识别出目标实体。显然，该策略不仅可能删除一些目标词以外的其余实体，并且会删除目标词的关键上下文。所以，此策略会造成比较严重的语义缺失问题，从而导致语料的质量下降，最终影响对命名实体的识别。

（2）改进的 RDP 策略及其优势分析

结合以上存在问题的分析，提出了基于依存语法分析保护的随机删除策略——RDP 策略，即：针对目标实体的句子语法依存分析进行适当的语义保护后，再执行删除策略操作，从而消除随机删除引起的语义丢失问题。

例如，"不过，B-1B 的内部弹舱长度不如 B-52H，是无法内置 AGM-183A 的"。本例句的依存句法分析树如图 4-5 所示。对于识别出的飞机类实体"B-1B""B-52H"以及目标实体"AGM-183A"等存有重要依赖关系的词给予语义保护，如"内部""长度""不如""内置"等词。

本书所用的删除策略以选择词作为单位，即假设句子中的词语数量为 D_1，删除比例为 α_d，增长系数为 N，则需要删除的词数量为 $n_d = \alpha_d D_1$，在以 N 为系数进行数据增强时，则随机选择 n_d 个单词进行删除。

4. 基于词性保护的随机插入策略（Random insertion strategy based on part-of-speech protection, RIP）

（1）命名实体识别中"EDA 随机插入"策略存在问题分析

EDA 中随机插入的策略是在句中随机抽取一个非停用词，并用其同义词集合中的词插入该句的随机位置。此策略类似于随机删除，由于随机将同义词插入到实体间或者实体上下文间，将造成模型无法学习到完整的实体特征，从而影响命名实体识别任务的效果。同时，随机插入次数应与句子长度线性相关，避免长句子只进行一次随机插入后句子结构几乎无改变，无法达到语料多样性的结果。因此，本书提出了基于词性保护的随机插入策略——RIP 策略。

```
                          不如
                          8|v
                        核心关系

   不过            长度      B-52H       ,        是          长度
   1|c            1|c      9|nz      10|wp     11|v         1|c
 状中结构         主谓关系   动宾关系   标点符号   并列关系      主谓关系

    ,      B-1B       弹舱                    内置
   2|wp    3|nz       6|h                    13|v
 标点符号  定中关系    定中关系                 动宾关系

          的        内部              无法        AGM-183A
          4|u       5|nd             12|v         14|nz
        右附加关系   定中关系          状中结构      主谓关系

                                                   的
                                                  15|u
                                                右附加关系
```

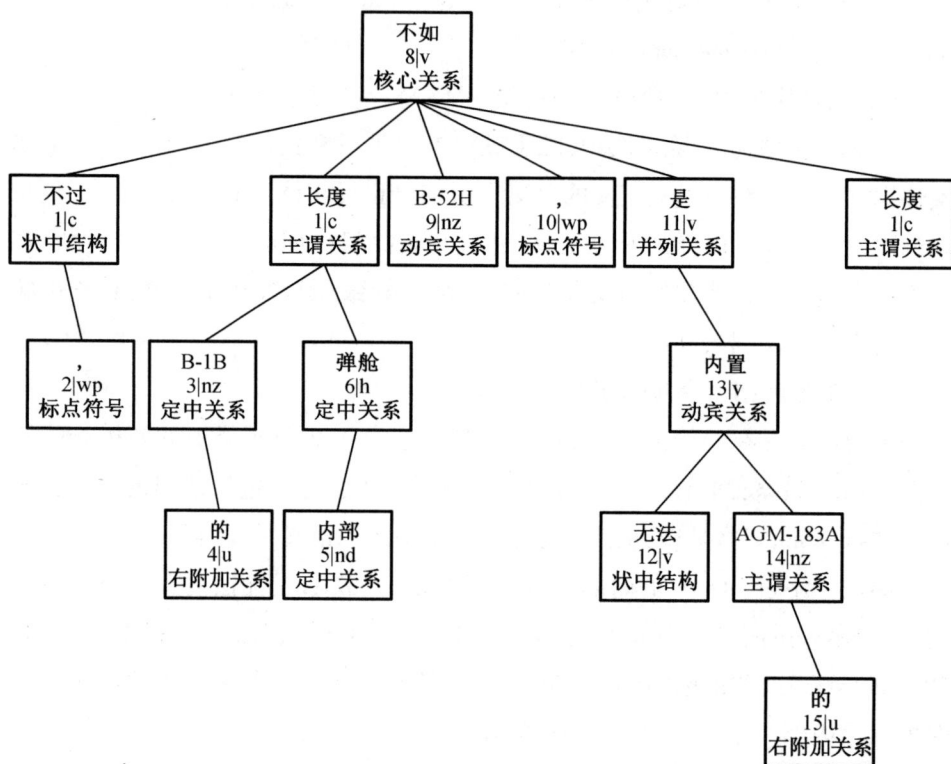

图 4-5　语料依存树示例

（2）改进的 RIP 策略及其优势分析

RIP 策略在基本不损失数据标注正确率的前提下，增强语料的多样性和复杂性，从而提升命名实体识别模型的泛化性和鲁棒性。具体包括以下两方面。

第一，对目标实体及对语料进行词性分析后，对命名实体的重要上下文语义特征进行保护，保证其内部不执行插入操作；

第二，将 EDA 中插入策略的对象——随机词的同义词修改为中文停用词（停用词表来源于哈工大停用词表），通过向数据中加入合理的噪声，为模型提供复杂多样的样本以增强其泛化性。

5. EDA 数据增强改进算法的组合策略

鉴于以上四种 EDA 算法改进策略各具优劣，如表 4-10 所示。本书尝试提出单策略的组合策略，进一步探索小样本的命名实体识别任务效果。组合策略实验效果将在后续的实验与扩展实验部分中给出。

表4-10　EDA算法单策略改进优劣分析

策略	优势	不足
基于多种领域词典混合的实体替换策略	在不调整句式结构的情况下,采用多源领域数据对目标实体进行了大量扩充,丰富了样本质量和数量	由于未调整句式,句子结构无变化,泛化能力欠缺
基于领域语义分类词典的词性替换策略	对非目标词的替换,通过构建领域词性词典保证了替换词在当前环境下的语义依赖问题;通过相似度计算使替换词更精准,词义上贴近原词	未补充目标实体的语料;小样本领域词性词典不够丰富使候选词不够精准
基于语义保护机制的随机删除策略	基于依存句法对目标实现了语义保护,避免了传统随机删除时引发的语义缺失问题;改变了原有的句式,增强了模型的泛化性和鲁棒性	未能补充目标实体,不能丰富语料;可能存在语义保护过度,导致句式变化不丰富
基于词性保护的随机插入策略	对命名实体识别重要的上下文语义特征的保护的情况下,引入合理的噪声;调整了句式结构,增强了模型的泛化性和鲁棒性	未能补充目标实体,不能丰富语料;噪声可能影响模型表现

(三)RoBERTa-wwm-BiLSTM-CRF 命名实体识别模型

本书采用迁移学习的 RoBERTa 预训练模型,构建 RoBERTa-wwm-BiLSTM-CRF 模型,分为表示层、序列编码层和预测解码层三个部分。其中,表示层采用大规模预训练语言模型 RoBERTa-wwm 来替代传统的随机初始化或者词向量的形式提取字符级表征,通过 Embedding 层把每个字映射为字向量,再采用双向 Transformer 结构综合上下文信息进行编码,获得字符级的语义信息;序列编码层采用 BiLSTM,结合上下文信息来进行高维特征的抽取;预测解码层采用 CRF 进行语义信息的解码,通过增加约束来选择最优的标签序列。RoBERTa-wwm-BiLSTM-CRF 模型结构如图4-6所示。

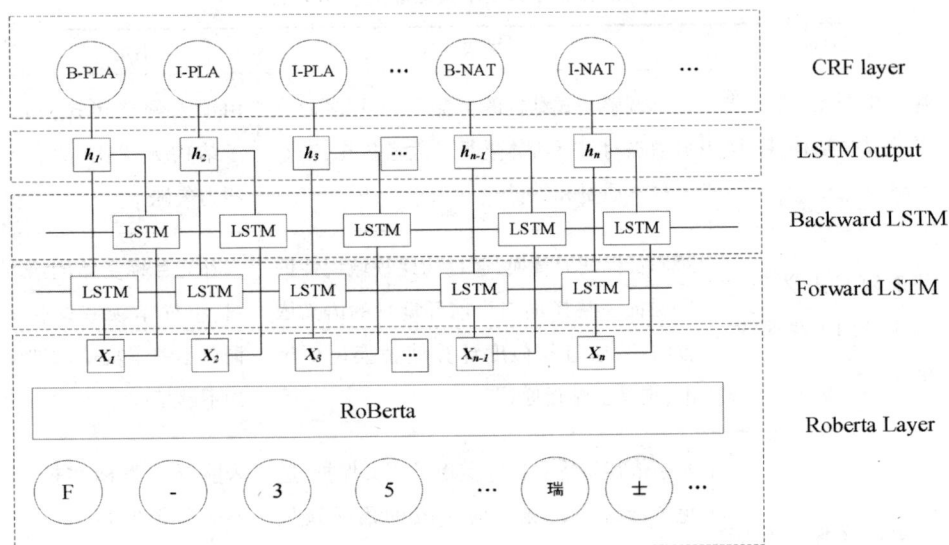

图 4-6　RoBERTa-wwm-BiLSTM-CRF 模型框架

四、实验及结果分析

(一) 军事领域数据集

本研究按照领域内实体的知识体系,对军事新闻语料进行人工标注,包含 15 种军事细颗粒实体类别的小样本数据集,完成人工标注语料 1 522 句,数据大小总计 530 KB,具体实体类型、各类实体的标注数量等信息如表 4-11 所示。从表中可以看出,除国家类型的实体以外,其余实体类型的样本数量均较少。

表 4-11　领域实体标注标准及样本量

实体类型	类型名称	数量	实体示例
NAT	国家	2 665	英格兰
PLA	飞机	231	F-22 战斗机
VES	舰船	158	诺森伯兰号
WAT	海域	125	波罗的海
STA	州	95	俄勒冈州
CIT	城市	121	莫斯科
MIS	导弹	70	烈火导弹

表 **4-11**(续)

实体类型	类型名称	数量	实体示例
RAD	雷达	76	北极超视距雷达
ARM	部队	99	美海军第七舰队
REG	区域	96	纳卡地区
BAS	基地	86	欣登基地
ISL	岛屿	82	西沙群岛
AIR	航母	80	伊丽莎白女王号
AIP	机场	60	喀布尔机场
POR	港口	50	那霸港

(二)实验配置与环境参数

本研究完成改进算法的实验环境如表 4-12 所示。

表 **4-12　实验配置**

配置项	配置
操作系统	Ubuntu
GPU	NVIDIA GeForce RTX 2080 Ti
Python	3.6.0
TensorFlow	2.2.0
内存	62G
显存	11G
硬盘	200G

本研究所用的相关超参数设置如表 4-13 所示。

表4-13 实验参数

参数名称	参数值
Batch_size	128
Seq_max_len	256
Dropout	0.4
learning rate	8e-3
LSTM unit	128
epoch	5
optimizer	RAdam
Random embedding size	300
Word2vec embedding size	300
Word2vec window	5
Word2veciter	5

(三)实验评估指标

本书采用了命名实体识别领域最常用的评价指标精确率 P(Precision)、召回率 R(Recall)和 $F1$(F-measure)值,来衡量每个类别实体识别的准确度,最后取宏平均(Macro-averaging)作为全部类别的准确度。其中,TP 表示实际预测为正类的样本,FP 表示负类被预测为正类的样本,FN 表示正类被预测为负类的样本。

$$P = \frac{TP}{TP + FP} \tag{4-4}$$

$$R = \frac{TP}{TP + FN} \tag{4-5}$$

$$F1 = \frac{2PR}{P + R} \tag{4-6}$$

P 值是就预测结果而言的,它是指样本中正类被预测为正类的个数占总的正类预测个数的比例;R 值是指正类被预测为正类占所有标注样本的个数,即从标注角度看,有多少被召回;$F1$ 值是综合精确率与召回率的评价指标,是召回率和精确率的调和平均值。

考虑到数据中存在类别不均衡的情况,统计每个类别的样本数量在总样本中的占比,最后采用加权宏平均(Weighted-Average)作为全部类别的准确度评估,具体公式如下。其中,K 为类别数;$\text{Support\_all} = \sum_{i=1}^{K} (\text{TP}_i + \text{EN}_i)$,代表全部类别的样本数。

$$P_{\text{w-avg}} = \sum_{i=1}^{k} \frac{\text{TP}_i + \text{FN}_i}{\text{Support\_all}} P_i \tag{4-7}$$

$$R_{\text{w-avg}} = \sum_{i=1}^{k} \frac{\text{TP}_i + \text{FN}_i}{\text{Support\_all}} R_i \tag{4-8}$$

$$F_{\text{w-avg}} = \sum_{i=1}^{k} \frac{\text{TP}_i + \text{FN}_i}{\text{Support\_all}} F_i \tag{4-9}$$

(四)实验结果与分析

1. 基于多种领域词典混合的实体替换策略 ERD 的实验及分析

为验证 ERD 改进策略设计方案的有效性,首先调整不同的增长系数 N 以及替换系数 α,取得最优 $F1$ 值的参数值,然后再选择此参数完成多种领域词典的实体替换 ERD 改进策略的验证。

(1)不同参数的 ERD 实验结果分析

如图 4-7 所示,当增长系数 $N=6$ 且替换系数 $\alpha=0.4$ 时,EDA 的命名实体识别效果最好,$F1$ 值达 82.2%;且随着增长系数 N 的扩大,$F1$ 值均有提升,但当增长系数扩大到 10 时,效果反而有所下降;当替换系数 $\alpha \geqslant 0.6$ 时,$F1$ 值结果相比初始模型表现更差。究其原因,在于替换后的单词一定程度上脱离了原来单词的上下文环境。因此,替换系数 α 控制在 0.2 到 0.6 之间较为合适,且当 α 越大会使得这种现象越严重。

(2)不同来源领域词典 ERD 的 EDA 数据增强改进前后实验分析

依据上文分析,得出最优的增强参数 $\alpha=0.4$、$N=6$,展开 EDA 改进前后的 ERD 实验结果,如表 4-14 所示。EDA_self(ERD)的 NER 模型精确率 $P_{\text{w-avg}}$ 提升了 0.5%,召回率 $R_{\text{w-avg}}$ 提升了 5.62%,$F1$ 值提升 2.95%。可见,改进后的 NER 模型更容易识别出目标实体;而通过引入外部数据作为领域词典的 EDA_external(ERD)策略扩充语料,更进一步丰富了语料内容,增强了语料的多样性,模型精确率 $P_{\text{w-avg}}$ 提升了 2.3%,召回率 $R_{\text{w-avg}}$ 提升了 3.82%,$F1$ 值提升 3.15%。

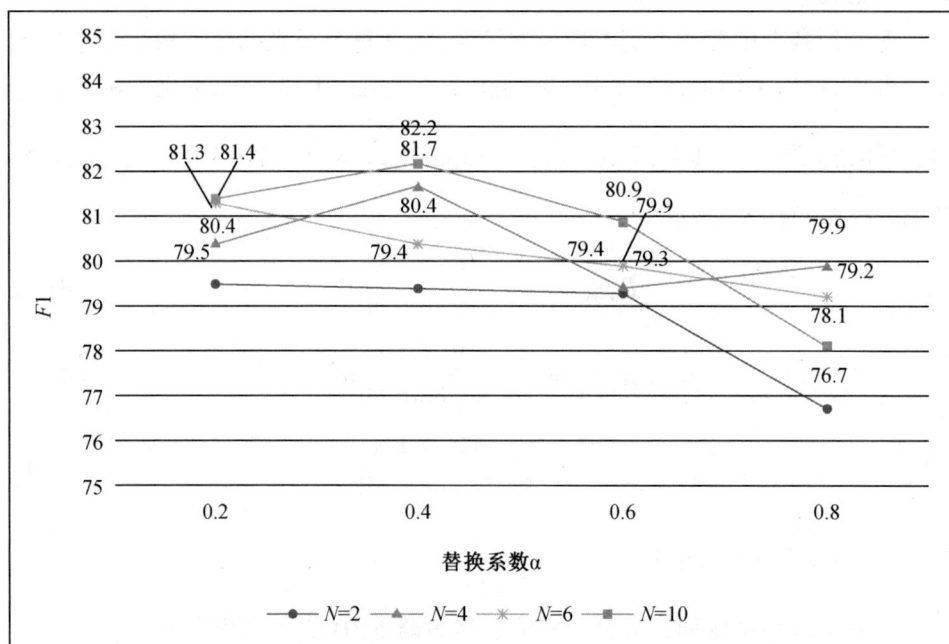

图 4-7 不同增长系数 N、α 下 ERD 策略实验

表 4-14 ERD 策略的实验评估

DA Techniques	P_{w-avg}	R_{w-avg}	F_{w-avg}
EDA_(SR)$_{\alpha=0.4,N=6}$	78.3	80.58	79.25
EDA_self(ERD)$_{\alpha=0.4,N=6}$	78.8	86.2	82.2
EDA_external(ERD)$_{\alpha=0.4,N=6}$	80.6	84.4	82.4

2. 基于领域语义分类词典的词性替换策略 PRS 的实验及分析

（1）不同参数的 PRS 实验与结果分析

如图 4-8 所示，当增长系数 N 较小，替换系数 α 也较小时模型表现较好。但是随着 α 逐渐增大，在语料中引入的候选替换词为目标词识别带来了一定噪声，因此 $F1$ 值会有所下降；而当增长系数 N 增大后，替换系数 α 为 0.4 左右时表现较好，此时由于语料本身样本数量的增多，替换词的比例需要进行适当的扩大以增加样本的多样性。

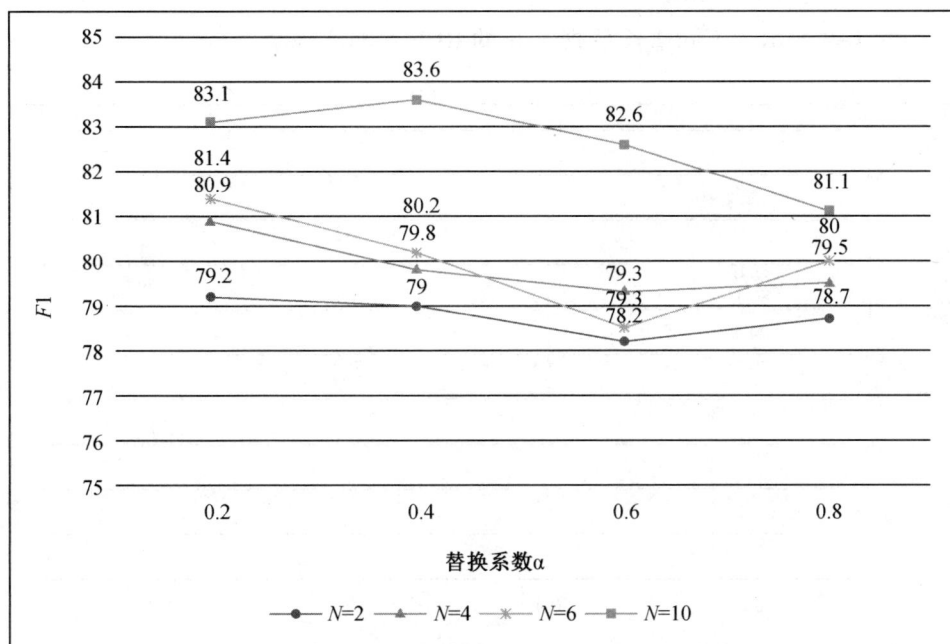

图4-8　不同增长系数 N、α 的 PRS 策略实验

（2）PRS 策略改进前后的实验结果分析

依据上文分析，得出最优的增强参数 $\alpha = 0.4$、$N = 10$，展开 EDA 改进前后的 PRS 实验结果，如表4-15所示。EDA_（PRS）的 $P_{\mathrm{w-avg}}$ 值提升2.91%，$R_{\mathrm{w-avg}}$ 值提升5.95%，F1 值提升4.56%。实验结果表明，该策略通过丰富样本更好地提升了命名实体识别模型效果。

表4-15　PRS 策略实验评估

EDA Techniques	$P_{\mathrm{w-avg}}$	$R_{\mathrm{w-avg}}$	$F_{\mathrm{w-avg}}$
EDA_（RS）$_{\alpha=0.4, N=10}$	78.89	79.75	79.04
EDA_（PRS）$_{\alpha=0.4, N=10}$	81.8	85.7	83.6

3. 基于语义保护机制的随机删除策略 RDP 的实验及分析

为验证 RDP 改进策略设计方案的有效性，首先调整不同的增长系数 N 以及替换系数 α，得到策略下较好的增强系数。

（1）不同参数的 RDP 实验结果分析

图 4-9 所示为不同增长系数 N、α 的 RDP 策略实验结果。

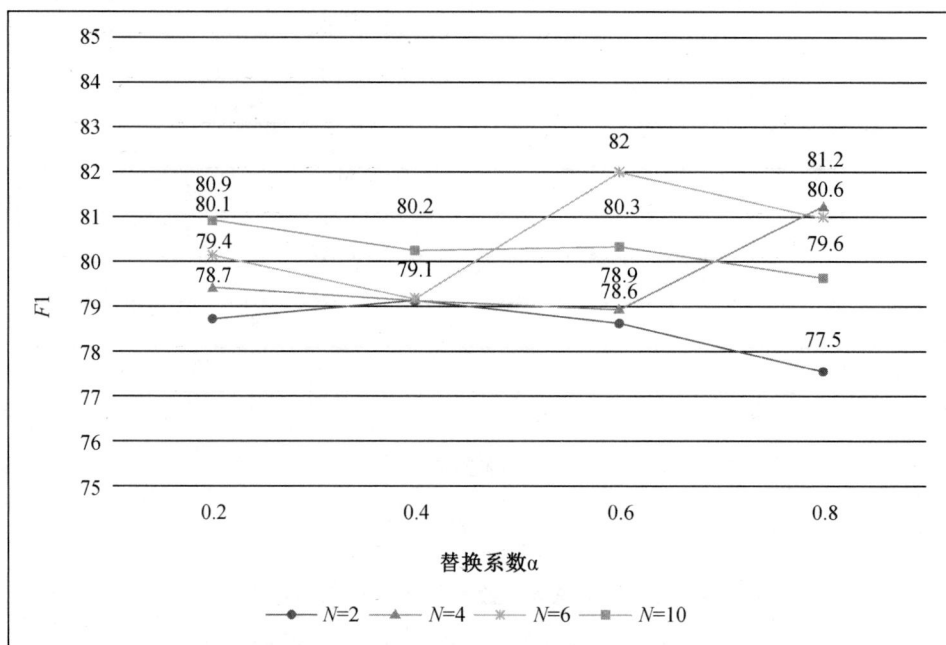

图 4-9　不同增长系数 N、α 的 RDP 策略实验

当增长系数 N 控制在 2 到 6 时，$F1$ 随替换系数 α 的变化较为平稳，α 处于 0.2 到 0.6 之间时 $F1$ 值效果较好；当增长系数 N 到达 10 以后，α 处于 0.6 到 0.8 之间时 $F1$ 值效果较佳。综合分析，当 N 为 2 到 4 之间时，部分参数的 $F1$ 值情况相比原语料的模型波动不大，而也有另一部分参数下 $F1$ 值表现不如原语料。此现象说明在增强系数较小的情况下，删除语义部分对命名实体的影响大于通过增强带来的语料扩充效果；而当 N 为 6 到 10 之间时，采用 RDP 策略的数据增强效果最好。可见，RDP 策略既避免了随机删除引起的语义丢失问题，又扩充样本数量与多样性，从而有效地提升了模型的泛化能力。

（2）PRS 策略增强前后的实验结果分析

依据上节对增长系数的分析，选择 $\alpha=0.4$、$N=10$，EDA 改进前后的实验结果，如表 4-16 所示。EDA_（RDP）的 P 值提升 6.3%，召回率 R_{w-avg} 值提升了 3%，$F1$ 值提升了 4.5%。实验结果表明改进 EDA 的 RDP 策略的命名实体识别模型提升效果。

表 4-16　RDP 策略实验评估

DA Techniques	P_{w-avg}	R_{w-avg}	F_{w-avg}
EDA_(RD)$_{\alpha=0.6, N=10}$	74.4	81.4	77.5
EDA_(RDP)$_{\alpha=0.6, N=10}$	80.7	84.4	82

4. 基于词性保护的随机插入策略 RIP 的实验及分析

为验证 RSI 改进策略的有效性,首先调整不同的增长系数 N 以及替换系数 α,得到策略下较好的增强系数,并选择此参数完成改进策略实验。

(1) 不同参数的 RIP 实验与结果分析

如图 4-10 所示,当增长系数 N 较小时,由于随机插入策略带来的一定噪声,模型的表现相比初始模型有所下降;而当增长系数 N 处于 4 到 6 之间时,插入系数 α 为 0.2 到 0.6 之间时效果较佳,随着插入系数 α 继续增长,加入的噪声变多会使得模型效果下降;当增长系数 $N=10$ 时,插入系数 α 为 0.4 左右效果较好。

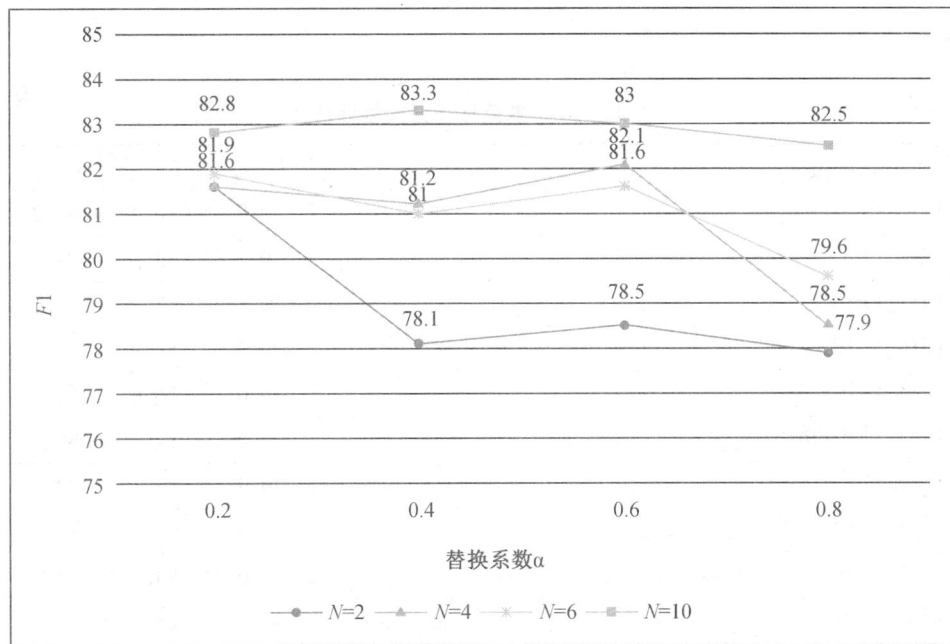

图 4-10　不同增长系数 N、α 下 RIP 策略评估

（2）RIP 策略增强前后的实验结果分析

依据上节增长系数分析,选择 $\alpha = 0.4$、$N = 10$,EDA 改进前后的实验结果如表 4-17 所示,基于词性保护的随机插入 EDA_（RIP）策略精确率 P_{w-avg} 值提升 0.8%,R_{w-avg} 值提升了 4.28%,$F1$ 值提升了 2.54%。该策略保证了句中对命名实体识别来说重要部分不被干扰的情况下,通过向数据中加入合理的噪声,增强了模型的泛化性,提升效果显著。

表 4-17　RIP 策略实验对比评估

DA Techniques	P_{w-avg}	R_{w-avg}	F_{w-avg}
EDA_（RI）$_{\alpha=0.4,N=10}$	80.1	81.82	80.76
EDA_（RIP）$_{\alpha=0.4,N=10}$	80.9	86.1	83.3

5. 改进 EDA 算法的多种策略组合实验及分析

相比单策略改进,多种策略混合较为复杂。本实验采取两种、三种、四种策略组合实验,考虑之前的实验效果增长系数 N 统一取 $N = 6$,实验结果如表 4-18 所示。

表 4-18　多策略组合实验评估

DA Techniques	P_{w-avg}	R_{w-avg}	F_{w-avg}
EDA_（ERD）$_{\alpha=0.4}$	78.8	86.2	82.2
EDA_（PRS）$_{\alpha=0.2}$	79.1	84.1	81.4
EDA_（RDP）$_{\alpha=0.2}$	79.4	82.7	80.9
EDA_（RIP）$_{\alpha=0.2}$	79.7	83.9	81.6
EDA_（ERD_RIP）$_{\alpha_{ERD}=0.4,\alpha_{RSI}=0.6}$	79.0	86.6	82.4
EDA_（ERD_RDP）$_{\alpha_{SRD}=0.4,\alpha_{RDP}=0.3}$	77.8	84.3	80.7
EDA_（ERD_PRS）$_{\alpha_{ERD}=0.4,\alpha_{RPS}=0.2}$	79.9	85.1	82.3
EDA_（PRS_RDP）$_{\alpha_{PRS}=0.2,\alpha_{RDP}=0.3}$	77.9	83.6	80.4
EDA_（RSI_PRP_RDP）$_{\alpha_{RSI}=0.6,\alpha_{RPS}=0.2,\alpha_{RDP}=0.3}$	78.0	84.0	80.6
EDA_（ERD_PRS_RDP_RIP）$_{\alpha_{ERD}=0.4,\alpha_{RSI}=0.6,\alpha_{RPS}=0.2,\alpha_{RDP}=0.3}$	80.2	83.2	81.5

（1）两种策略混合增强改进实验结果分析

经过若干两种策略组合实验,相比单策略提升的效果不显著,或表现不如单策略识别效果。

（2）三种以上策略组合增强改进实验结果分析

在若干三种策略组合实验中，选择代表性实验结果：EDA_（RIP_PRS_RDP）组合策略相比于单策略 EDA 改进算法效果，$F1$ 值未见提升。

在若干四种策略组合实验中，选择代表性实验结果：DA_（ERD_PRS_RDP_RIP）相比于单策略 EDA 改进算法效果，呈现不稳定微小提升。

综合分析，混合策略实现结果所呈现出的效果不够理想可能存在的原因：一是不同策略之间互相影响了命名实体识别的语义提升效果；二是不同单策略的命名实体识别的识别效果受到增长系数不同的影响，未达到最优的组合策略效果。

五、扩展实验及结果分析

（一）扩展实验数据集

为了验证 EDA 改进策略的适应性，本书选择了《人民日报》和微博两份数据集完成适应性验证。

1. 小样本《人民日报》数据集

以 1998 年《人民日报》语料为扩展实验数据集来源，该数据集包含人名（PER）、地名（LOC）、机构（ORG）三类实体，共 26 300 条训练样本。为验证本书提出的小样本命名实体识别任务，本实验按比例抽取其中一小部分的数据集 F，如表 4-19 所示，并以 7∶2∶1 的比例划分为训练集、验证集和测试集；并按照 1%、2%、4% 的比例随机抽取出数据，构成 S、M 和 L 的不同大小的训练数据集。

表 4-19　《人民日报》小样本命名实体识别数据集

Dataset	LOC	ORG	PER
PeopleDailyNER_S	206	124	96
PeopleDailyNER_M	324	183	170
PeopleDailyNER_L	661	350	349
PeopleDailyNER_F	16571	9722	8144

2. 小样本微博数据集

来自微博社交领域的数据集包括人名（PER）、地名（LOC）、机构（ORG）和地缘政治实体（GPE）共四类实体。由于该数据集从社交网络数据中获得，因此存在一些用词和语法不规范的情况，如叠字、叠词的表达方式较多，从而增加了语料的不规范性。数据集 F 的标签统计见表 4-20 所示，同样对该数据集以 7：2：1 的比例切分处理，并将训练集划分为 25%、50%、75% 的比例，构成 S、M、L 训练数据集。

表 4-20　微博小样本命名实体识别数据集

Dataset	PER. NOM	PER. NAM	LOC. NOM	LOC. NAM	ORG. NOM	ORG. NAM	GPE. NAM
WeiBo_S	99	103	4	13	6	24	40
WeiBo_M	198	291	14	33	4	73	76
WeiBo_L	313	358	20	49	8	105	132
WeiBo_F	416	522	28	62	17	148	177

（二）实验结果与分析

出于对模型训练效率的考虑，本节采用三层 Transformer 网络的 RBT3 模型作为预训练语言模型，以 BiGRU 模型作为编码模型，以 CRF 进行解码来完成适应性实验，并参照验证集的表现设置了早停策略，对切分的《人民日报》和微博两份数据集分别进行了实验，两份数据集的 S、M、L、F 不同比例的 EDA 改进前后的不同单策略和组合策略命名实体识别对比实验效果如表 4-21 所示。

表 4-21　不同比例数据集的实验评估

方法	《人民日报》				微博			
	S	M	L	F	S	M	L	F
Noaugmentation	69.7	72.0	78.5	90.9	32.3	37.4	41.8	43.6
SR	70.0	71.4	78.7	88.7	29.0	40.1	43.6	43.8
$ERD_{\alpha=0.4}$	72.4	73.4	78.9	90.6	33.45	44.1	43.9	43.2
RS	69.9	67.6	76.3	87.8	33.2	37.7	43.2	41.8
$RPS_{\alpha=0.4}$	71.4	74.1	79.8	91.3	32.0	36.9	40.3	40.3

表 4-21(续)

方法	《人民日报》				微博			
	S	M	L	F	S	M	L	F
RD	69.2	70.5	79.6	90.2	31.9	40.6	41.7	45.3
RDP$_{\alpha=0.3}$	70.1	72.3	74.3	90.5	35.3	40.6	44.2	45.5
RI	64.5	66.6	73.2	90.9	35.4	42.1	39.7	46.1
RSI$_{\alpha=0.4}$	71.4	72.2	79.7	91.3	34.9	39.8	42.8	46.2
EDA_(ERD_PRS)$_{\alpha=0.4,0.2}$	73.2	72.5	79.5	90.6	37.7	42.5	38.7	42.7
EDA_(ERD_RPS_RDP_RSI)	70.3	72.2	79.2	91.2	32.8	37.7	43.2	43.9

(1)在《人民日报》数据集上表现存在一定波动,而在小规模的微博数据集上效果相对较好,F1 值平均提升 2.63%;RSI 策略的提升效果较为稳定,在微博数据集上 F1 值最高提升了 2.6%。

(2)采用多种策略组合实验的提升效果不稳定,部分情况优于单策略效果,相比单策略最优提升 5.6%。分析其原因在于数据增强的实体多样性与有效性之间的权衡:一方面通过引入适量合理的噪声提升了模型的泛化能力;另一方面,在一定程度上增加了生成无效样本的风险,随着数据集的规模变大,未必优于单一策略。

(3)在 S、M、L 三份相对较小的样本训练集中,数据增强策略表现相对更好。其中,《人民日报》的命名实体识别任务 F1 值最大增幅约 3.5%,微博数据集上命名实体识别最大增幅约为 6.7%。分析其原因在于:随着训练样本规模的增加,数据增强带来的效果会有所下降,有些甚至降低了模型性能,这组实验强化了 EDA 算法改进策略在小样本命名实体识别中的表现力。

六、美驻日海外军事基地 EDA 改进语料数据增强实证

为了便于使用,根据前述增强策略总体设计以及实验研究,利用软件工程的原型方法,完成对前述验证有效的数据增强算法进行封装,完成可视化的数据增强操作软件,并以来源于美国海外军事基地的书籍作为待扩展的新语料,完成语料的数据增强操作,所用系统如图 4-11 所示。

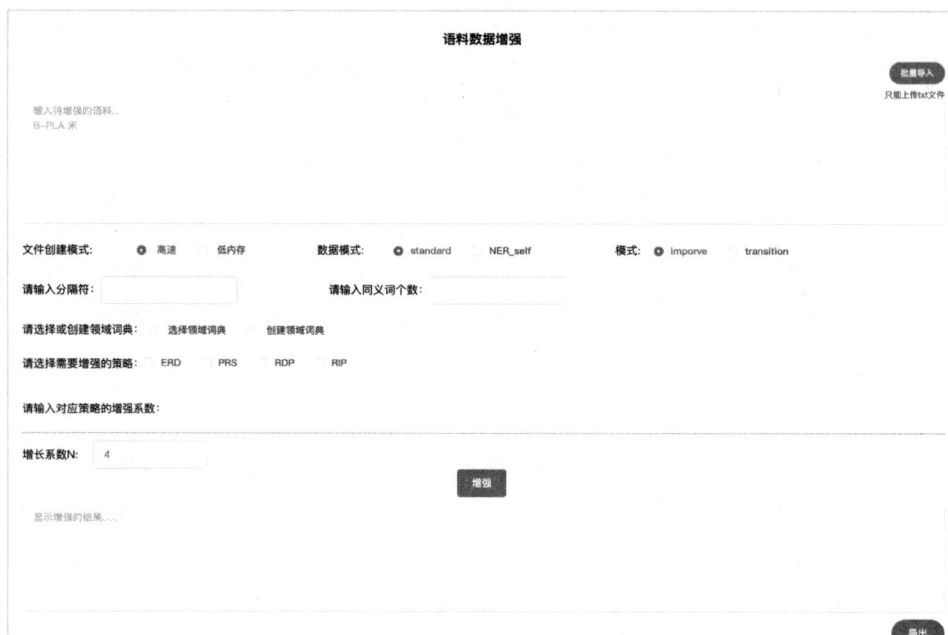

图 4-11 语料数据增强系统

首先,在语料输入模块用户可以选择输入语料文本,即为字符模式;也可以通过导入文件形式将语料文本导入输入框中,即为文件模式。然后,需要注意在调参模块中将文件创建默认为高速模式,数据模式默认为 standard 模式,模式默认为 improve,用户可根据需求调整模式选项。用户需手动输入分隔符及同义词个数。领域词典为单选项,用户可以选择已有的领域词典或创建新的领域词典,其中领域词典名称需唯一。接着,增强策略为多选项,用户可以根据需要选择一个或多个增强策略随机组合,每种策略对应一个增强系数(默认为0.5),用户可进行修改,如图 4-12 所示。另外,用户在选择 PRS 或 RDP 策略时,需选择策略词性,如图 4-13 所示;选择策略包含 ERD 或 PRS 时,用户可选择导入词性词典及同义词词典,如图 4-14 所示。最后用户需要输入增长系数 N(默认为4)。

增强输出模块展示增强后的语料文本信息,点击"导出"可将增强后文本以 txt 文件格式导出。

增强策略参数设置示例如表 4-22 所示。

将 O
于 O
5 O
月 O
2 O
4 O
日 O
在 O
成 B-LOC
都 I-LOC

文件创建模式: ◎ 高速　　低内存　　数据模式: ◎ standard　　NER_self　　模式: ◎ imporve　　transition

请输入分隔符:　　　　　　　　　　请输入同义词个数:　8

请选择或创建领域词典: ◎ 选择领域词典　　创建领域词典

请选择需要增强的策略: ☑ ERD　☑ PRS　　RDP　　RIP

点击导入词性词典　　　　　　　　　　　　　　　点击导入同义词词典

只能选择.yml文件,且不超过2M 🖉　　　　　　　　只能选择.yml文件,且不超过2M 🖉

请输入对应策略的增强系数:

ERD增强系数:　0.5　　　　PRS增强系数:　0.5

图 4-12　增强策略对应增强系数示例

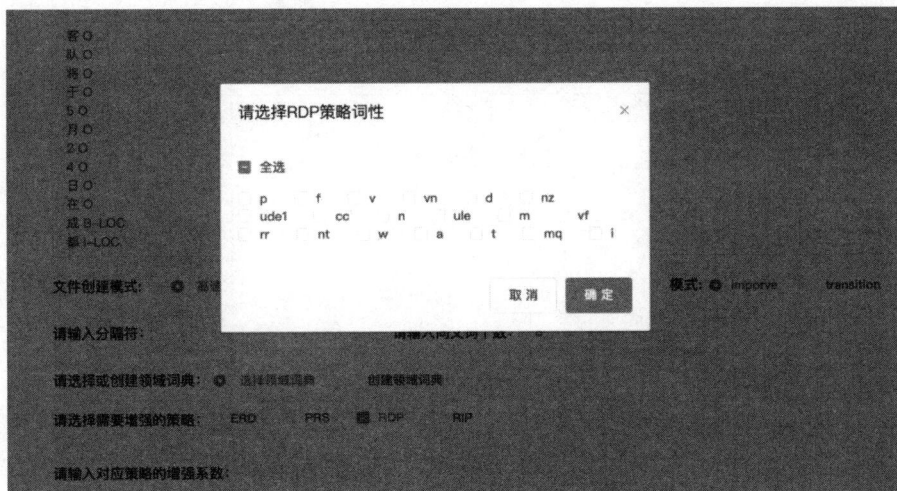

图 4-13　PRS 及 RDP 策略词性选择示例

```
睿 O
队 O
将 O
于 O
5 O
月 O
2 O
4 O
日 O
在 O
成 B-LOC
都 I-LOC
```

文件创建模式： ◉ 高速   低内存   数据模式：◉ standard   NER_self   模式：◉ imporve   transition

请输入分隔符：   请输入同义词个数：   8

请选择或创建领域词典：◉ 选择领域词典   创建领域词典

请选择需要增强的策略：☑ ERD   PRS   RDP   RIP

点击导入词性词典   点击导入同义词词典
只能选择.yml文件,且不超过2M   只能选择.yml文件,且不超过2M
📄 Label_LOC.NAM.yml   📄 Label_LOC.NAM.yml

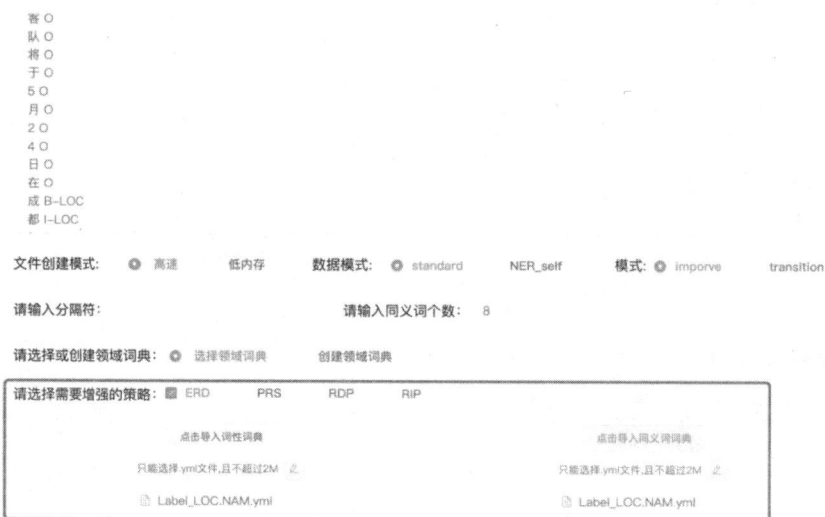

图 4-14   PRS 及 RDP 策略词性选择示例

表 4-22   增强策略参数设置

文件创建模式	数据模式	模式	隔符	义词个数	领域词典	增强策略	PRS 策略词性选择
高速	standard	mprove	" "	8	Ch_test_99	ERD,PRS,RDP,RIP	全选
RDP 策略词性选择	词性词典	义词词典	RD 增强系数	RS 增强系数	RDP 增强系数	RIP 增强系数	增长系数 N
全选	未导入	导入	0.5	0.5	0.5	0.5	4

第五节　基于循环迭代的标注语料
自动生成策略方法

本节将实体抽取的深度学习算法与 Bootstrapping 循环迭代的方法进行有机结合,提出一种适用于军事领域实体抽取的智能情报模型的标注语料自动生成策略方法,并完成其应用研究。同时,基于美国海军军事基地的网络开源情报信息源,应用循环迭代的最佳模型完成 60MB 的智能语料标注应用测试,智能标注共计 178 177 句的军事领域语料,应标注实体数量达到 417 734 个。

该方法同样适用于事件要素的语料自动生成应用。

一、相关研究

近 30 年来,在大数据、人工智能快速发展的驱动下,围绕语料库构建及其应用的研究正在迈向新的阶段,其中数据标注是当前语料库研究的重难点。目前,数据标注策略主要有人工标注、机器标注和人机结合标注三种。其中,人工标注方法的研究已取得一定成果,例如,昝红英等学者针对儿科疾病的命名实体和关系进行了规范人工标准,并进行了一致性检验。此外,研究者通常还借助于一些现有的标注工具和软件来提高语料标注的效率并方便组织和管理,例如,曹若麒学者针对公安警情领域语料库,利用标注工具对实体进行了多轮标注。研究者们正在不断地探索和尝试用计算机辅助甚至代替人工标注,降低人工成本,提高标注效率。随着自然语言处理和计算机性能的提升,研究大都倾向于采用人机结合的方式对语料进行标注。其中,冯丽芝学者针对中医临床病例语料库的实体抽取,提出采用条件随机场命名实体识别方法阐释自动化批量语料标注方法;刘炜等学者提出了一种面向突发事件的文本语料自动标注方法,效果理想;刘勇等学者提出一种单循环迭代的智能语料标注系统方法的设计思想,理论上经过多轮迭代和优化扩充后,可以完全实现自动化标注且准确率达标。近年来,基于机器学习和深度神经网络的命名实体识别方法研究已成为国内学术界和产业界的关注热点之一。CRF 和 BiLSTM 以及扩展的神经网络模型成为该任务的主流框架。基于大规模无标记语料的预训练模型(例如谷歌的 BERT 模型),以及基于高质量标注语料的文本序列标注模式识别,已成为该问题的重要趋势之一。莫天金等学者基于多轮人工标注与一致性检验基础上，采用深度学习命名实体识别完成了公路桥梁检测领域语料库构建研究。

随着军事领域对信息化需求的提升，面向智能情报服务的军事领域的文本信息抽取研究引起了一部分学者的关注。例如，周彬彬等学者制定了一套统一的军语词性标记规范和军事语料标注规范，设计了一种基于军语词典的自动扩展的军事语料实体特征提取框架。同时，军事领域、军兵种等相关军事数据资源均引起重视。军事领域语料库的研究、建设与应用在大多数国家才刚刚兴起，但是以美国为首的发达国家很以前就开展了军事语料库的钻研与应用。美国国防高级研究计划局（Defense Advanced Research Projects Agency, DARPA）的很多项目都在语料资源有保障的基础上通过运行自然语言技术来进行，包括自动翻译、跨语言情报侦测、情报抽取和特定时间追踪与检索等。

鉴于以上分析发现，传统有监督学习方法基于数据驱动，对标注训练数据的规模和质量要求较高。但由于军事领域存在特殊性，经过标注的语料数量并不多，在少量标注基础上训练一个高质量的军事实体抽取方法并智能化构建语料库应用研究尚较少。本研究创新贡献在于以下两点。

（1）提出一种军事领域小样本的循环迭代策略的语料智能标注方法：基于 Bootstrapping 循环迭代思想，并结合军事实体抽取算法、迭代模型的 K 折联合投票评估，实现智能语料标注策略方法研究。

（2）完成军事实体抽取的智能语料标注系统与应用研究：通过典型深度学习实体抽取算法与 RoBERTa+BiLSTM+CRF 模型对比实验后，选择最好模型，再在上述方法中结合迭代模型，完成语料库的智能语料标注任务，为军事领域下游的智能情报服务提供保障。

二、研究框架与方法

由于高质量标注成本高，只能通过少量的标注数据进行模型训练。因此，本书以 RoBERTa - wwm - BiLSTM - CRF 为基础模型，本实验中采用融合 Bootstrapping 算法思想解决实体语料智能标注，并以 K 折交叉验证的联合投票模型进行算法置信度指标评估。上述循环策略，一方面提升了训练集规模，另一方面，还可以同时再利用扩充后的训练集迭代训练，生成泛化能力更强的命名实体识别模型。本书基于循环迭代的实体智能标注方法的总体设计如图4-15所示。

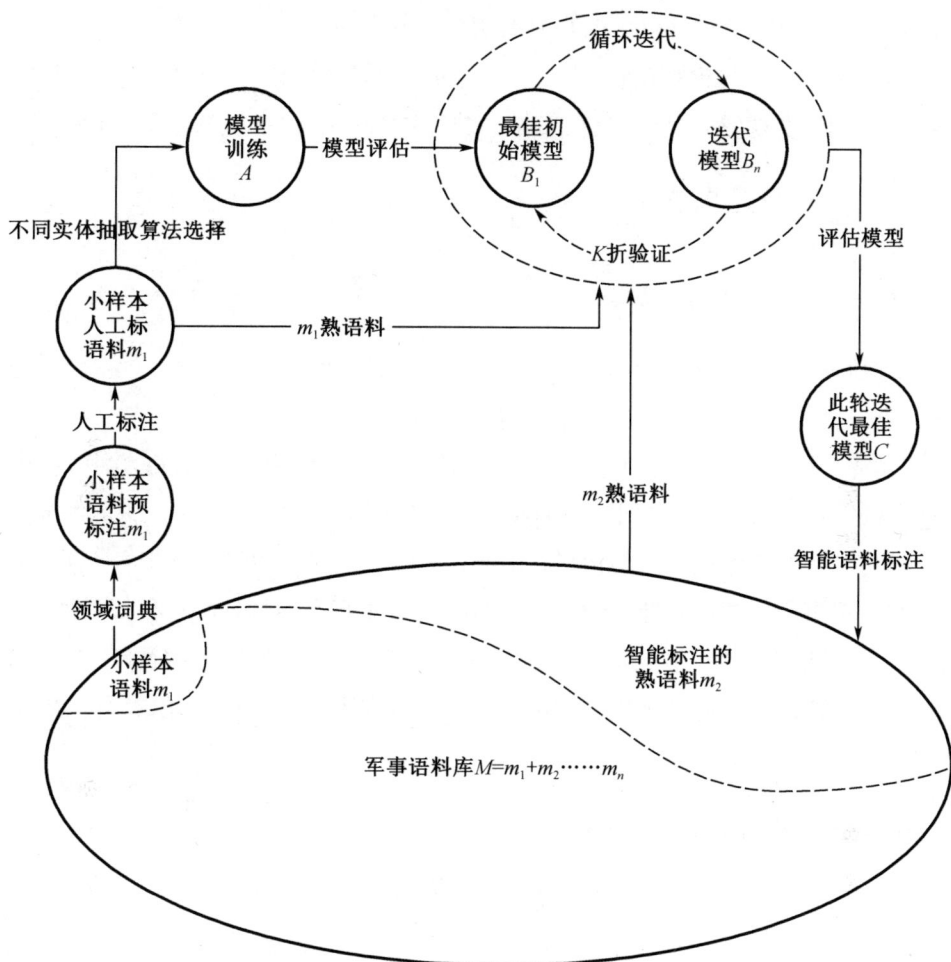

图 4-15　循环迭代的军事实体智能标注方法总体设计

循环迭代的军事实体智能标注方法具体步骤设计如下:

(1)小样本语料预标注:加载军事领域词典,完成预标注。

(2)小样本人工语料标注:按照人工标注标准与规范,完成人工标注语料 m_1 集合,作为初始的训练语料。

(3)选择最佳模型训练 A:对比不同的实体抽取算法,评估后,选择最佳模型 A,以模型 A 作为最佳初始模型 B_1 进行循环迭代。

(4)循环迭代($B_1 \sim B_n$)与 K 折验证:应用迭代思想与 K 折联合投票的模型评估,得到最佳智能标注模型 C。

(5)语料库智能标注:运用本轮循环迭代得到的最佳标注模型 C,对军事语料库中的生语料进行智能标注,得到智能标注语料 m_2。

(6)进入下一轮模型迭代:合并 m_1 和 m_2 两部分,由 m_1+m_2 作为第二轮的标注训练集,重复(3)~(5)步骤,直至语料库 $M(m_1+m_2\cdots+m_n)$ 全部标注完成。

三、实验及结果分析

(一)军事领域数据集

本研究以军事战略侦察的情报信息中高价值目标常识知识为研究对象,经领域专家推荐,对相关的开源情报信息源进行数据采集。

首先,从公开的权威的军事网站、公众号等 50 多个情报信息源中,利用 Python 的 BS4 爬取采集得到开源的军事领域新闻语料,这些情报信息来源包括国防科技要闻、中华网军事、环球军事杂志、军事高科技在线等 12 个公众号,武器大全、军事中国权威军事新闻网站、国防科技要闻等 40 个新闻和百科网站。然后,再将获取到的军事文本经过预处理之后作为研究语料,共 4 297 777 句,644MB。最后,从中首先选择 10MB 大小的语料进行人工标注,用以提取军事实体特征。

(二)实验环境配置与参数

本研究所选择的实验环境配置如表 4-23 所示。

表 4-23　实验配置

项目	配置
操作系统	Ubuntu
CPU	Intel-Xeon E5-2678 v3
GPU	NVIDIA GeForce RTX 2080 Ti
Python	3.6.0
Tensorflow	2.2.0
内存	62G
显存	11G
硬盘	200G

本研究所用的超参数设置如下,如表 4-24 所示。

表 4-24　实验参数

参数名称	参数值
Batch_size	128
Seq_max_len	256
Dropout	0.4
RoBERTa-wwm learning rate	5e-5
BiLSTM learning rate	8e-3
GRU unit	128
LSTM unit	128
optimizer	RAdam
Random embedding size	300
Word2vec embedding size	300
Word2vec window	5
Word2veciter	5
K	10
Th_1	0.5
Th_2	0.04
p	0.6

(三) 实体抽取算法模型 RoBERTa-wwm-BiLSTM-CRF

RoBERTa-wwm-BiLSTM-CRF 模型的主要结构如图 4-16 所示。

该模型主要分为 3 个部分,表示层、序列编码层和预测解码层。表示层采用大规模预训练语言模型 RoBERTa-wwm 来替代传统的随机初始化或词向量形式,利用 RoBERTa-wwm 模型提取字符级表征,通过 Embedding 层把每个字映射为字向量;然后,采用双向 Transformer 结构综合上下文信息进行编码,将学到的知识加到 token 的表示上,获得字符级别的语义信息;之后,将获取的字向量输入到 BILSTM 层中进行序列编码,BILSTM 层会结合上下文信息来进行高维特征的抽取;最后,在 CRF 中进行语义信息的解码,来筛选过滤错误标签,并预测出真实的标签序列。

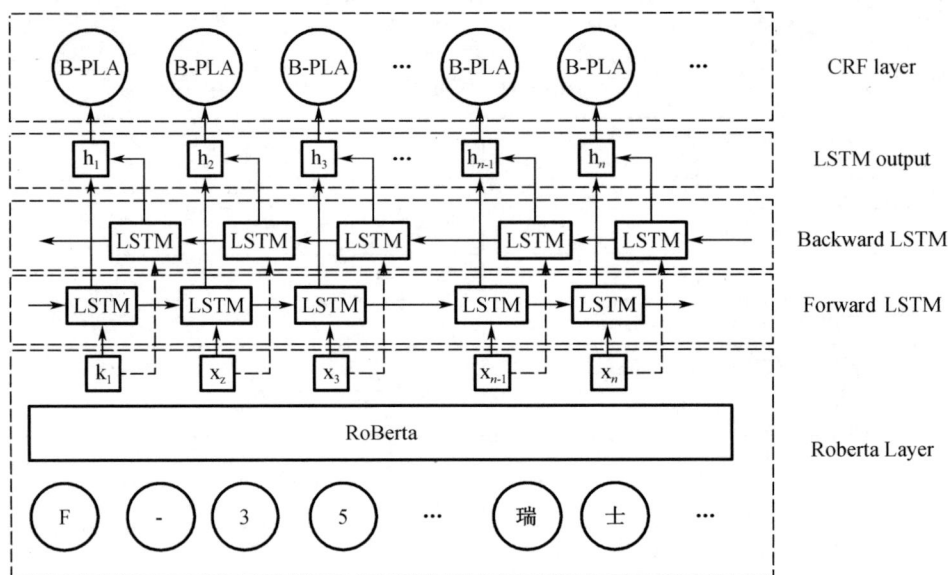

图 4-16　RoBERTa-wwm-BiLSTM-CRF 模型框架

本节在经典模型 BiLSTM-CRF 的基础上进行改进,引入 RoBERTa-wwm 模型,通过对字符的掩码学习可以捕捉到字符上下文之间的语法和语义层面信息,增强字符级向量的语义表征能力。

1. RoBERTa Layer

BERT 属于一种预训练语言模型,其整体是一个自编码语言模型(Autoencoder LM),通过大规模语料进行 MLM(Masked Language Model)和 NSP(Next Sentence Prediction)任务的无监督预训练。而 RoBERTa 是一种经过健壮性优化的 BERT 改进方案,其模型结构如下图 4-17 所示;其中,$u=u_1,u_2,u_3,\cdots,u_n$ 为词嵌入层的输出。

RoBERTa 的模型架构继承了 BERT 的优点,采用多层 Transformer 结构,每个 Transformer 均引入了多头注意力机制,同时 RoBERTa 改进了 BERT 的预训练任务,其移除了 BERT 中作用不大的下一句 NSP 任务,提升了模型的效率,并采用 full-sentences 和 doc-sentences 的方式作为输入,最大支持 512 个字符。同时将 BERT 中的静态 Mask 机制替换为动态 Mask 机制,原有 BERT 的掩码机制仅在数据预处理阶段处理一次,其对输入序列一定比例(15%)的词进行随机 Mask,最后将这些词的大部分(80%)用 Mask 标签进行遮盖,小部分(10%)

采用词表中的词进行随机替换,剩余部分(10%)保持不变,然后根据上下文来预测遮蔽词。而 RoBERTa 改进了 B 的掩码机制,其采用动态掩码,在向模型提供输入时动态生成 Mask,每次输入一个序列时都会生成新的掩码模式,提供了训练中的掩码标记变更。这样,在大量数据不断输入的过程中,模型会逐渐适应不同的掩码策略,学习到不同的语言表征,能够提升下游任务的语义表示效果。

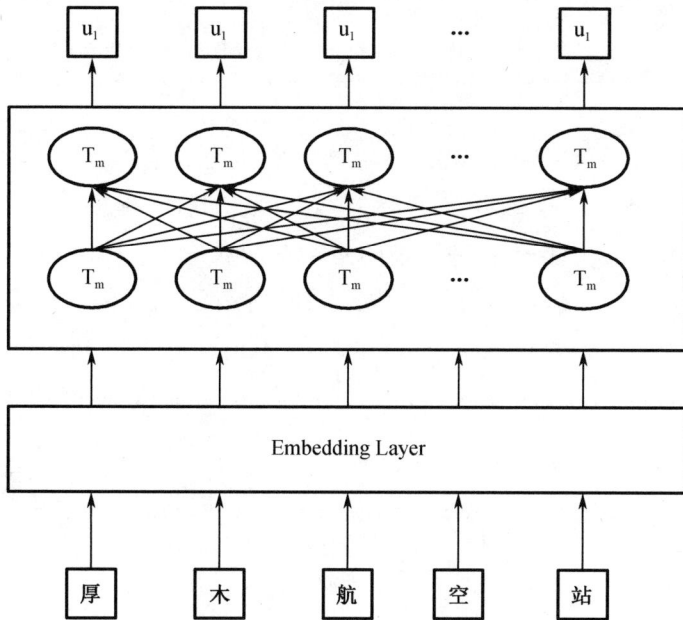

图 4-17　RoBERTa 模型结构

RoBERTa-wwm 模型采用了全词掩码策略(whole word masking,wwm),其针对中文文本,调整了预训练阶段中的样本生成策略,不同于 BERT 模型字粒度的掩码方式,其将掩码方式调整为词粒度。这种词级别的 Mask 方式,有助于提升中文命名实体识别任务的效果,全词掩码策略可见表 4-25。

表 4-25　全词 Mask 策略示例

掩码策略	示例
初始文本	波音公司试飞员马特·吉斯于美国东部时间 2 日下午 1 点 57 分从密苏里州圣路易斯的兰伯特国际机场驾机起飞

表 4-25(续)

掩码策略	示例
原始 Mask 方法	波[mask]公司试[mask]员马特·吉斯于[mask]国东部时间 2 日下午 1 点 57[mask]从密[mask]里州[mask]路易斯的[mask]伯特国际机场驾机起飞
whole word masking 方法	波音公司[mask][mask][mask]马特·吉斯于[mask][mask]东部时间 2 日下午 1 点 57 分从密苏里州圣路易斯的兰伯特[mask][mask][mask][mask]驾机起飞

本研究在表示层采用 RoBERTa-wwm 模型,通过结合 RoBERTa 模型和全词掩码机制的优势,来获取句子级的中文向量表示。模型本身具有 12 层 Transformer 编码器,每层包含 768 维的隐状态和数量为 12 个的多头注意力机制,在训练过程中模型参数根据数据集进行微调。在输入堆叠的多层 Transformer 结构中提取特征前,还需要将输入层的字符序列向量化表示,由 Token Embeddings、Segment Embeddings 和 Position Embeddings 相加而成,其计算过程如图 4-18 所示。

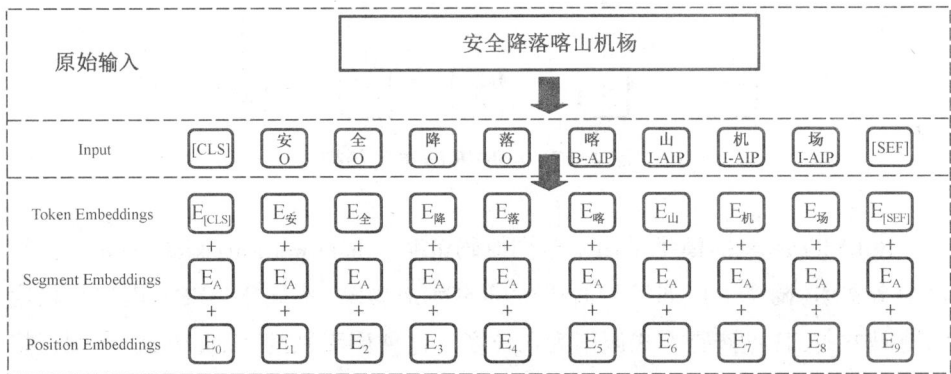

图 4-18　词嵌入层结构

图 4-18 中的词嵌入层、段落嵌入层和位置嵌入层都属于静态的词嵌入层,由嵌入矩阵负责执行基于索引的查表工作。对于处理后的 token 序列中第 i 个 token,其词向量表示为式(4-10),其中,W_{token} 为 token 嵌入矩阵,W_{segment} 为 segment 嵌入矩阵,W_{position} 为位置嵌入矩阵。

$$e_i = W_{\text{token}}(t_i) + W_{\text{segment}}(s_i) + W_{\text{position}}(i) \tag{4-10}$$

首先,通过 token 嵌入矩阵来将输入映射为 768 维度的字向量。然后通过 segment 嵌入矩阵来编码 token 所在的句子。由于本命名实体识别任务可以统一视为单句输入,输入的 token 所在句子的 segment id 一致。之后,通过 position 嵌入矩阵来编码每个 token 所在的位置,以提供字符的位置信息,从而解决 Transformer 网络由于 Attention 机制而没有捕捉时序信息能力的问题,而通过 Position 嵌入矩阵可以刻画数据在时序上的特征。最终,字向量 e_i 表示以上三个 768 维的嵌入向量和。

2. BiLSTM Layer

传统的前馈神经网络(Feedforward Neural Network)不能处理时序数据,而 RNN 借助于回路,使得数据能够不断循环,记住过去的数据并更新为最新数据。其中 LSTM 属于一种特殊的 RNN,其通过门控机制来实现时间上的记忆功能,防止文本序列长度增加以后 RNN 存在的梯度消失和梯度爆炸,可以解决长距离的依赖问题。

LSTM 通过三个门控单元:input gate(输入门)、output gate(输出门)和 forget gate(遗忘门)来接收和传递数据。其中,input gate 用来判断新增信息的价值,并对其进行取舍和加权添加等;output gate 用来学习何时让信息传出存储单元;forget gate 用来控制从上一时刻的存储单元进入到下一时刻的存储单元的信息。LSTM 单元结构如图 4-19 所示。

在 LSTM 的隐藏单元中,首先计算遗忘门,输入为当前单元的信息,以及上一个单元的输出信息,计算过程如式(4-11),其中 σ 为激活函数 sigmoid,W 为权重矩阵,b 为偏置。

$$f_t = \sigma(W_f * [h_{t-1}, x_t] + b_f) \tag{4-11}$$

通过上式将输出映射到 0 到 1 之间,从而有选择地让细胞状态 C_{t-1} 的值通过。若 f_t 中有元素为 0,则 C_{t-1} 中对应元素无法通过,达到了有选择地遗忘信息的目的。

下一步,在 LSTM 的单元中进行输入门的计算,输入为当前单元的信息和上一个单元的输出信息,通过 sigmoid 激活函数决定更新值 i_t,采用 tanh 激活函数得到临时细胞状态,然后对其进行更新得到状态,实现对信息的一轮更新式(4-12)。

$$i_t = \sigma(W_i * [h_{t-1}, x_t] + b_i)$$
$$\tilde{C}_t = \tanh(W_c * [h_{t-1}x_t] + b_c) \tag{4-12}$$

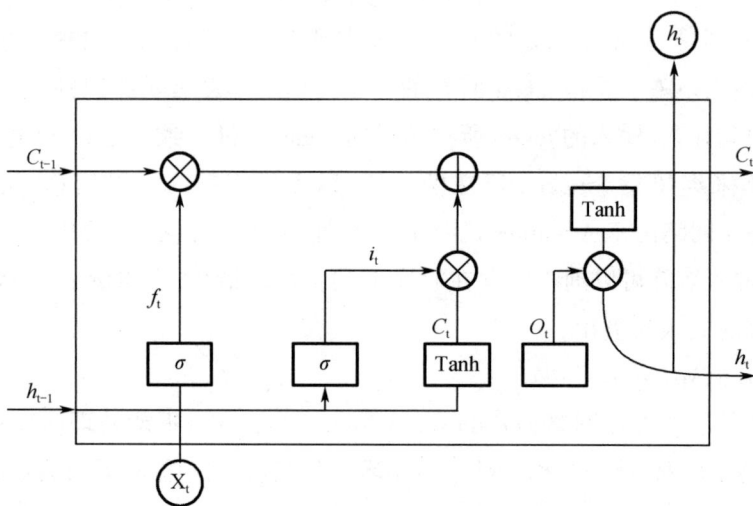

图 4-19　LSTM 单元结构图

$$C_t = f_t * C_{t-1} + i_t * \tilde{C}_t$$

之后在 LSTM 单元中进行输出门的计算。输入为当前单元的信息和上一个单元的输出。计算过程与遗忘门相似,通过 sigmoid 激活函数得到输出细胞的状态,并与通过 tanh 函数处理过的神经元状态相乘得到最终的隐藏状态。计算公式如式(4-13)。

$$o_t = \sigma(W_o * [h_{t-1}, x_t] + b_o)$$
$$h_t = o_t * \tanh(C_t) \tag{4-13}$$

由上述 LSTM 单元的结构和计算过程可以看出,单向的 LSTM 网络只能利用文本序列中的前向信息,无法处理后向信息。然而,在中文军事新闻领域的文本中,所有的上下文信息都是相互关联的。因此,本研究采用双向的 BiLSTM 网络,将前向和后向的 LSTM 网络进行组合,通过两个相互独立的 LSTM 网络,分别建模文本的上下文信息,得到具有全局特征的文本语义输入。

3. CRF Layer

由于命名实体识别任务可以视为一个序列标注问题,标签之间同样存在顺序问题,比如 I-PLA 不可能独立出现,一定会接在 B-PLA 之后,I-NAT 和 I-CIT 不可能相邻等。而 BiLSTM 层的隐藏状态输出只有上下文信息的特征,并不会涉及不同标签之间错综复杂的依赖关系,导致输出的标签序列信息错位。因此,本研究采用 CRF 来获得最优的全局序列,提高预测的准确率。

CRF 是一种无向图模型,是对最大熵模型和隐马尔可夫模型的改进,属于判别式的条件概率分布模型。其去除了隐马尔可夫模型的条件独立性假设,又克服了生成式有向图模型的标记偏置问题,用于命名实体识别任务时,能够通过增加约束来选择最优的标签序列。

CRF 层的输入即 BiLSTM 层的输出序列,在给定一组观测序列的情况下,得到此组观测序列的标签 Z,则可以得条件概率为 P,计算公式如式(4-14)。其中,对 y 的所有可能取值求和,f_k 为特征函数,W_k 为特征函数的权重。

$$P(y \mid x) = \frac{1}{Z(x)} \exp \sum_{k=1}^{K} W_k f_k(y, x)$$

$$Z(x) = \sum_{y} \exp \sum_{k}^{K} W_k f_k(y, x) \tag{4-14}$$

由此,在给定的数据集上训练 CRF 模型确定出特征函数的权重,之后用确定的模型来解决序列概率问题;在最终预测时,采用维比特(Viterbi)算法搜索最优路径,得到最终的军事实体信息的标签预测序列。

(四)循环迭代——Bootstrapping 算法及 K 折交叉验证联合投票

Bootstrapping 属于半监督学习(Semi-Supervised Learning,SSL)的一种经典算法,也被称为自学习(Self-Learning)算法,雪球系统就是以该方法为理论设计的序列标注系统。其算法的具体思路为:从少量的标注数据开始训练,通过多轮迭代,不断扩展数据集,其要求初始分类器分类的正确性和置信度计算的合理性,否则容易在迭代中造成误差和错误的累加,引发语义漂移的现象。

K 折交叉验证(K-fold Cross Validation)一般用来评估机器学习模型的表现,也可以用来做模型选择(Model Selection)。即把原始数据均分为 K 组,并将每个子集数据各自依次用作验证集,剩余的 K-1 组子集作为训练集,然后得到 K 个模型,对这 K 个模型最终的验证集准确率取平均,获得此分类器下的性能指标。其一般用来降低模型的方差,期望模型在多个子数据集上的表现胜过在单一数据集上的表现。对于模型 $F(\hat{f}, \theta)$,获得预测误差的无偏估计量 CV,从而选择一个最优的 θ,使 CV 最小,计算公式如式(4-15)。其中,N 为总的训练样本数,K 为子集数量,每个子集的大小采用 $m = N/K$ 表示。

$$CV = \frac{1}{K} \sum_{k=1}^{K} \frac{1}{m} \sum_{i=1}^{m} (\hat{f}^k - y_i)^2 \tag{4-15}$$

本实验通过多模型的投票一致性来隐式表示置信度,同时由于模型的数据集基于 K 折切分,既避免了由于 Bootstrapping 放回抽样导致训练出的分类器同现分类一致概率偏高现象,又基于交叉验证计算得到的交叉验证误差和测试误差保证了模型的准确性。最后,经联合模型一致投票得出的标签,通过设置阈值避免了部分预测结果一致但并不合适的标签添加。

（五）实验结果与分析

1. 实体抽取模型结果与评估分析

本研究标注的数据按照 8∶1∶1 的方式划分为训练集、验证集和测试集。对比不同词向量以及不同的下游结构模型对军事领域实体识别任务的影响,实验结果如表 4-26 所示。

表 4-26　不同深度学习实体抽取算法评估

实验内容	模型	P	R	$F1$
不同词向量	BiLSTM-CRF	0.810	0.806	0.807
	Word2vec-BiLSTM-CRF	0.819	0.829	0.823
	BERT-BiLSTM-CRF	0.873	0.898	0.885
不同下游模型	RoBERTa-wwm-CRF	0.778	0.846	0.810
	RoBERTa-wwm-LSTM-CRF	0.812	0.868	0.839
	RoBERTa-wwm-BiGRU-CRF	0.829	0.904	0.865
本实验模型	RoBERTa-wwm-BiLSTM-CRF	0.889	0.900	0.894

如表 4-26 所示,对于不同的随机初始化的词向量实验分析如下:

（1）采用 word2vec 的方式使精确率 P 提升了 5.5%,$F1$ 值提升了 4%。

（2）引入 BERT 预训练语言模型作为词向量后,相比 word2vec 方式,精确率 P 提升了 6.6%,召回率 R 提升了 6.9%,$F1$ 值整体提升了 6.2%。这表明预训练语言模型可以从大规模无标签语料中获得先验的语义信息,大幅提升了下游任务的效果。

（3）对于中文语料而言,由于中文词语之间无分隔符,所以 BERT 只能提供字符级别的语义信息。采用 RoBERTa-wwm 的预训练语言模型后,在其预训练任务中的 MLM 阶段进行了词级别的掩码,提供了词级别的语义信息。所以可以看到,RoBERTa-wwm 模型取得了比 BERT 更好的实验效果,P 值提升了

1.6%，R 值提升了 0.2%，$F1$ 值整体提升了 0.9%。

如表 4-26 所示，对于不同的下游模型实验分析如下：

（1）RoBERTa-wwm-LSTM-CRF 模型比 RoBERTa-wwm-CRF 的 P、R、$F1$ 值分别提升了 3.4%、2.2% 和 2.9%，说明加入了拥有门控机制的变体 RNN 后，能够捕捉到更好的序列关系，在序列特征抽取任务上有明显提升。

（2）采用了相互独立的双向网络后，本实验模型的 P、R、$F1$ 值分别提升了 7.7%、3.2% 和 6.5%，说明在军事领域命名实体识别任务中，上下文的信息也十分重要。

（3）RoBERTa-wwm-BiGRU-CRF 模型比 RoBERTa-wwm-CRF 模型 P、R、$F1$ 值分别提升了 6.4%、6.8%、6.6%，表明加入 Gate RNN 后能够捕捉到序列关系，在序列特征抽取任务上有明显提升，而由于 GRU 属于简化版的 LSTM，其参数量更少，门控机制也更简单，因此可以看到本实验模型又比 RoBERTa-wwm-BiGRU-CRF 模型 P 值提升了 6%，$F1$ 值整体提升了 3.6%。

综合以上实验结果分析，选择 RoBERTa-wwm-BiLSTM-CRF 最佳模型组合作为 Base 模型进入迭代循环模型训练。

2. 最佳实体抽取模型迭代与评估分析

本实验令 $K=10$，采用 10 折交叉验证的方式来进行实验，确定得出最佳超参并固定模型后，通过构建基于 Bootstrapping 算法和 10 折交叉验证的联合投票模型来进行迭代。经过三轮迭代后联合模型的结果如表 4-27 所示。每轮模型的 P、R、$F1$ 值均为联合投票模型在测试集 S 上的数据。

表 4-27　迭代联合模型评估

模型	P	R	$F1$
Base	0.889	0.900	0.894
1	0.901	0.915	0.908
2	0.909	0.921	0.915
3	0.886	0.934	0.909

如表 4-27 所示，Base 为 10 折交叉验证下的最佳超参得到的联合投票模型。由第一、二、三轮的迭代效果可见，在第二轮效果达到最佳，第三轮 P、R、$F1$ 值都略微降低，分析其原因具体如下。

实验在第二轮模型评估效果达到最好。这是因为在本研究提出的方法中，首先采用交叉验证作为初始模型的评估，避免了初始训练集划分时造成的部分数据未被利用的问题；其次，通过模型在测试集 S 上的交叉验证误差和测试误差确保了模型的准确性；最后，利用投票进行置信度的隐式表示以及通过预测结果概率阈值 Th，保证了训练集质量上的扩充。这说明充分利用未标注数据的方法是有效的，迭代引入的噪声被大量为标记数据带来的好处所抵消。

第三轮迭代 F1 值略有降低，呈现了不升反降的情况，虽然召回率相比第二轮迭代提升了 1.3%，但精确率降低了 2.3%。这说明此轮对未标注数据的利用产生的相关噪声大于迭代标注数据的有效性，模型需要谨慎使用，可以考虑退回第二轮模型继续迭代，或抽取出经联合投票模型判断置信度较低的数据，进行人工标注纠正；同时也可以终止迭代，选择表现最佳的第二轮迭代模型进行命名实体的抽取。

通过实验发现，本研究所采用的方法在领域任务的小样本场景下，经过多轮迭代，有效地提升了针对军事领域任务的命名实体识别模型的效果，每轮迭代提升了 1% 左右的 F1 值，证明了此种迭代方法在军事领域命名实体识别任务上的有效性。

四、美驻海外军事基地循环迭代语料数据增强实证

本研究在现有的实验条件基础上，为验证智能语料标注策略的应用效果，选择语料库中的 60MB 进行应用军事领域语料智能标注系统测试，最终完成包含军事领域研究任务的实体语料共计 178 177 句，10 502 307 字符，实体数量417 734 个，其中标注各类实体情况统计如表 4-28 所示。

表 4-28　军事领域实体人工标注语料库实体分布情况

实体类型	实体数量/个	实体类型	实体数量/个
NAT	331 471	SAT	2 449
PLA	30 106	WAT	8 329
VES	6 366	REG	2 169
MIS	3 864	ARM	2 117
CIT	7 073	BAS	23 790
总计智能标注实体量/个		417 734	

第六节　本 章 小 结

本章采用文献查阅、第四范式、深度学习等研究方法,从问题研究的智能情报模型训练过程中出现的标注语料数据稀疏问题出发,提出了循环迭代及 EDA 算法改进策略数据增强综合策略方法;并基于提出方法进行实验,完成了领域事实及事件语料的有效自动扩展应用。研究结果表明:本章提出的数据增强策略方法,在不增强人工成本的情况下,保质保量地为智能情报模型的训练提供了解决方案,可满足国家情报工作的智能情报模型训练所需的语料数据需求。

第五章 基于领域知识图谱的知识抽取智能情报模型及关联可视化分析方法

本章开始探索智能情报分析方法,提出基于领域知识图谱的知识抽取智能情报模型构建方法,并将知识抽取结果形成支持智能情报分析的知识库,应用智能情报模型及知识库最终实现对新情报的实时识别、关联可视化分析的这一研究目标,为辅助决策的智能情报引擎构建,奠定了能够提供精准知识获取的智能情报服务的基础。

第一节 研究总体框架设计

根据理论研究基础中的知识与情报的关系可知,通过知识自动抽取模型可实现有用知识,即情报。因此,同理可推:基于领域知识图谱的知识抽取即可满足情报智能化抽取的过程,即智能情报模型构建。结合知识图谱的生命周期可知,在满足场景的本体构建基础上,通过知识抽取即可完成初步情报的智能识别。但由于情报对于抽取知识的语义存在歧义问题,所以基于智能情报模型的抽取不应仅限于实体、关系的抽取,还应将所发现的新知识与知识库进行有效的链接融合,或将多源异构的数据与知识库进行有效的链接融合。知识抽取是当下一些领域知识图谱应用的重要基础。

有鉴于此,本章智能情报模型构建及多维关联分析的总体框架如图 5-1 所示。

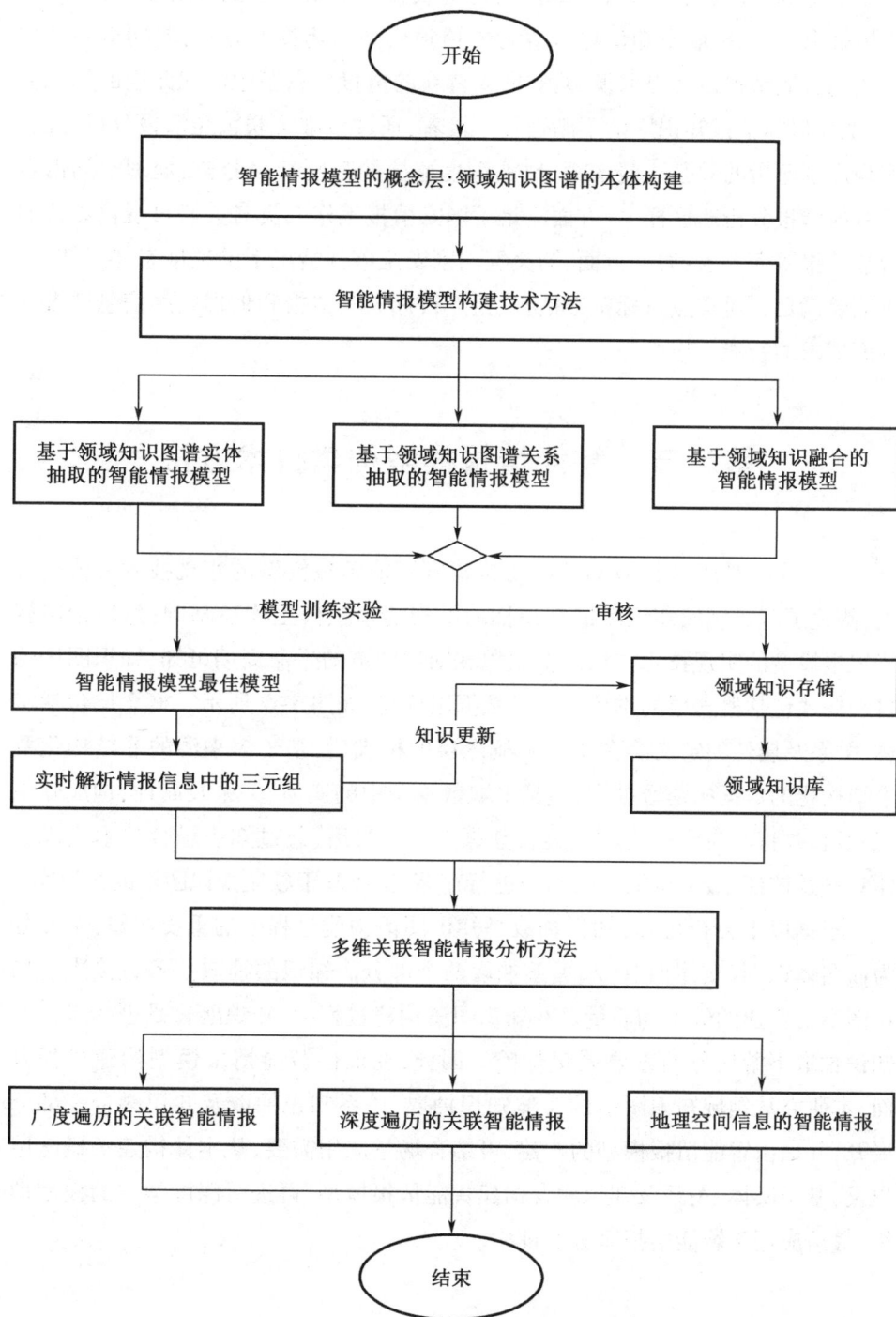

图 5-1　智能情报模型及多维关联分析方法

首先,通过领域知识图的本体构建形成智能情报模型的概念层。然后,用实体抽取、关系抽取及知识融合等智能情报模型构建技术方法,共同得到评估优质的智能情报最佳提取模型,共同支持新的情报信息源中的三元组的知识更新,从而保障情报知识库的不断迭代。接着,通过多维关联智能情报分析方法,实现广度遍历的关联智能情报分析、深度遍历的智能情报分析、地理空间信息的智能情报分析。这样,一方面满足了国家情报工作人员对关联可视化方式的智能情报服务需求;另一方面,为突发国家安全事件情况下的辅助态势感知,提供能够满足针对重点目标精准情报、重点目标关联情报和地理空间信息情报等方面需求的智能情报服务。

第二节 智能情报模型构建技术方法

本节主要梳理从领域知识图谱构建到智能情报模型的实现技术方法。首先,阐述了基于领域知识图谱知识抽取的智能情报模型构建基础;然后给出智能情报模型的实现技术方法。根据领域知识图谱的生命周期可知,知识图谱的自动构建包括概念层的本体构建及数据层构建,如图 5-2 所示。概念层包括实体、关系及属性的定义。在明确了概念层的标准后,基于多来源的非结构化及半结构化的数据构建数据层,包括抽取数据源中的实体、关系及属性,构成知识三元组,并将其与结构化数据进行数据整合。最后,通过知识融合技术实现实体对齐及校证,最终将抽取的知识进行存储,构成基于领域知识图谱的知识库。

根据以上分析可知,知识抽取是知识图谱构建过程中的重要步骤,主要分为命名体识别(实体抽取)和关系抽取两个部分。知识的抽取技术直接决定知识图谱的构建的效率和质量。在知识图谱构建过程中,知识融合是进一步提升知识抽取下游任务的重要质量保障。因此,在面向智能情报模型构建过程方面,本研究从领域知识图谱的实体知识抽取、关系知识抽取及知识融合三部分展开,并提出智能情报模型的构建,可结合场景应用需要,从本体构建的概念层出发,基于实体、关系及知识融合构建智能情报模型,再进行深度学习的模型训练,最后应用于智能情报服务实证中。

知识图谱的构建过程

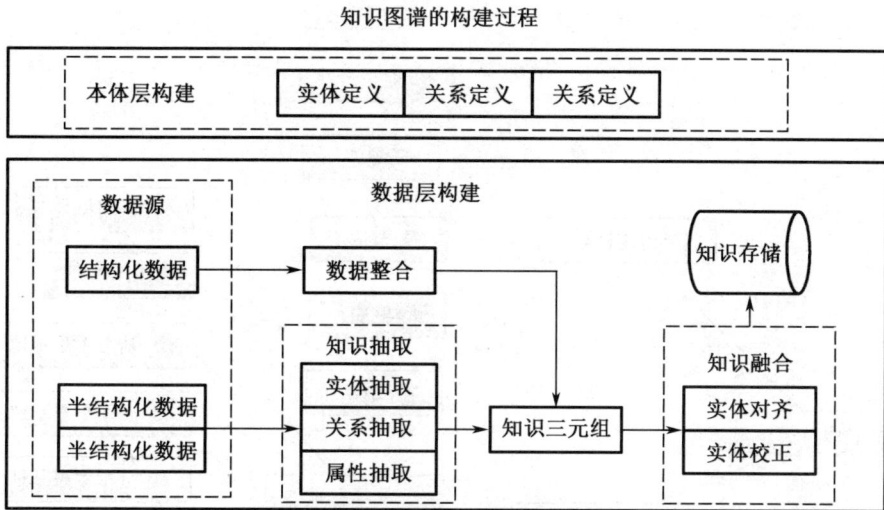

图 5-2　领域知识图谱的构建过程

一、领域知识图谱的本体构建

本体是指图谱中实体的概念和实体之间的关系。领域知识图谱一般采用自上而下的构建方法。本体库的构建是领域知识图谱构建的第一步,也是知识表示的基础。本研究采用成熟的本体构建工具 Protégé 实现军事情报本体的可视化构建,并在军事专家的指导下进行知识体系的分类,部分分类如图 5-3 所示。考虑获取的军事情报数据分布以及数据粒度对图谱构建质量的影响,本研究采用本体分类体系中第二层节点所包含的本体作为研究对象,其中包括国家、航空母舰、导弹、雷达、舰船、飞机、军事基地、水域、海岛共 9 种本体类型。

根据军事专家的建议,本研究将部分军事情报中实体与实体之间的关系定义为:所属国家、协同、活动、装备和 NULL 共 5 种类别。关系的释义如表 5-1 所示。

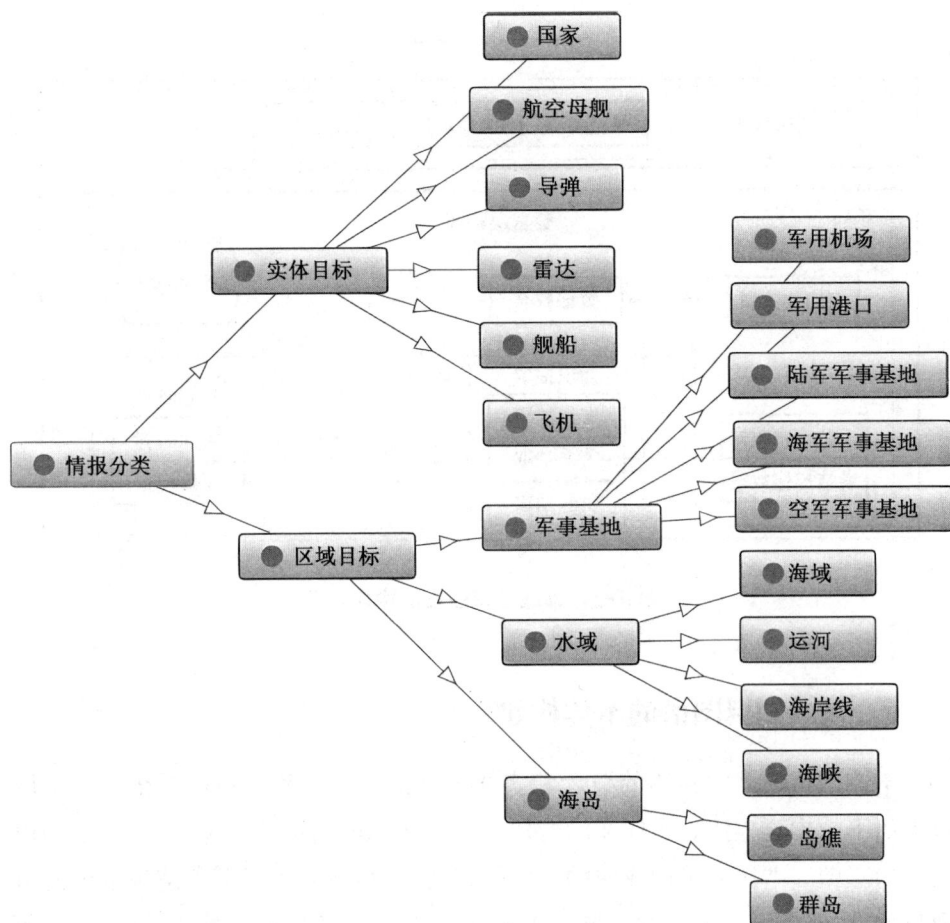

图 5-3　部分军事情报本体的分类体系

表 5-1　标签释义

序号	关系标签	释义
1	所属国家	舰船、航空母舰、飞机、导弹等所属的国家
2	活动	舰船、航空母舰、飞机在某个区域目标内活动
3	装备	舰船、航空母舰、飞机所装备的导弹、雷达等
4	协同	舰船、航空母舰、飞机之间的协同作战
5	NULL	实体与实体之间无任何关系

二、智能情报模型构建总体框架

如前文图 5-2 所示,本研究应用领域知识图谱构建技术提出智能情报模型构建框架,并确认采用深度学习的方法对非结构化文本数据进行知识抽取。非结构化文本数据的知识抽取是研究的重点。首先,需要选择预训练模型对文本数据进行向量化,起到知识增强的作用;其次,将获取的文本语义特征向量与深度学习模型结合,学习大量的文本语料的特征,实现对非结构文本数据的知识抽取;对已有的结构化知识库,则按照知识库的组织结构设计抽取规则,再利用抽取规则进行知识抽取。

三、智能情报模型实现的技术方法

(一)基于实体知识抽取的智能情报模型

本研究中的智能情报实体知识抽取选择 RoBERTa 模型、BiLSTM 神经网络模型和 CRF 完成。

1. RoBERTa-wwm 预训练模型

BERT 模型是谷歌公司 2018 年提出的一种对文本字符进行编码的预训练模型,使用了迁移学习的思想,将某个领域或任务上学习到的知识或模式应用到不同但相关的领域或问题中。BERT 模型主要利用了 Transformer 模型的 Encoder 结构,能够更好地获得文本数据中语义关系。BERT 模型使用海量的维基百科数据进行模型训练,使得每个字都能获得一个较好的向量特征。RoBERTa 模型则是 BERT 模型的改进版本,使用了更多的训练数据,且在训练方式上也进行了改进。在训练方式上,RoBERTa 删除了 NSP(Next Sentence Prediction)任务。同时,相比于 BERT 的静态掩码机制,RoBERTa 使用动态掩码机制。虽然 RoBERTa 只较小地改进了模型机制,但在使用效果方面获得了有效的提升。WWM(Whole Word Masking)即全词掩码,能将中文 BERT 模型中以单个汉字为单位 Mask 的方法改为对整个汉语词语 Mask。这样训练的优点是,模型编码的字具有上下文词的含义。

哈尔滨工业大学讯飞联合实验室发布中文 RoBERTa-wwm-ext 预训练模型,在多项自然语言处理任务上均取得最好的成绩,故本研究采用哈尔滨工业大学开源的 RoBERTa-wwm-ext 预训练模型获取具有语义特征的文本向量,对文本进行编码。

2. 命名体识别模型的实体抽取

本研究的命名体识别模型主要分为三层结构,即预训练模型文本编码层、BiLSTM 层、CRF 层。上文阐述了 RoBERTa-wwm 预训练模型,而对 LSTM 和 BiLSTM 神经网络模型和 CRF 层在第四章已进行了相关阐述,在此就不再赘述。

本研究命名体识别模型的结构如图 5-4 所示。

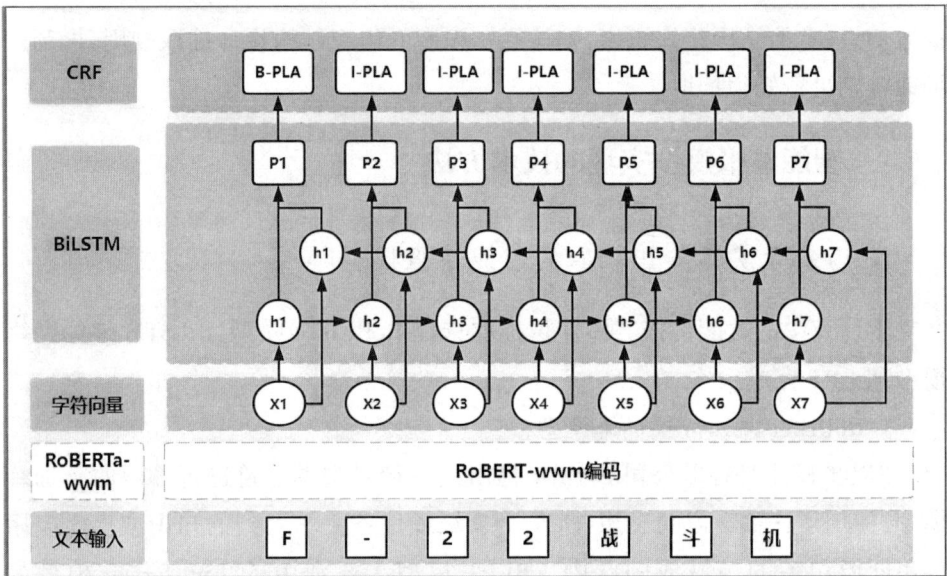

图 5-4 命名体识别模型

首先,本模型以包含军事情报信息的句子为单位作为输入数据,通过 RoBERTa-wwm 预训练模型对句子的文本信息进行编码。获得具有语义信息的字向量序列 $(X_1, X_2, \cdots, X_n)$,将其输入双向 LSTM 层,自动提取句子的特征。然后,双向 LSTM 层将正向 LSTM 输出的隐含状态序列 $(h_1, h_2, \cdots, h_n)$ 和对应位置的反向 LSTM 输出的序列按照位置进行拼接,接入线性层,将其映射为 K 维的隐含向量 $(P_1, P_2, \cdots, P_n)$。其中,K 为实体标签的个数。最后,可对每个字符向量对应的 P 向量进行 K 分类,进行数据标注。但为了获取句子级的标注信息,将输出 P 向量输入 CRF 层。这样的优点是,在进行某位置的字符标注时,可以利用上一个字符所标记的信息,提高字符标注的准确率。

(二)基于关系知识抽取的智能情报模型

本研究在关系知识抽取研究方面,重点对 BERT 模型和基于 PCNN 的远程监督模型在关系抽取中的效果进行研究,并获取效果较好的关系抽取模型。

关系抽取模型由文本编码层、全连接层、多分类器层构成。首先获取文本数据中需判定关系的实体 A 与实体 B,以及包含这两个实体的文本数据,将三者头尾相接构成模型的输入文本。文本编码层将输入的文本数据进行编码,形成具有语义特征的隐含层状态向量,利用全连接层将所得的含有语义的特征向量进行归一化处理,通过多分类器层输入分类结果。用数学方程式表达为式(5-1)。

$$H = \text{RoBERTa\_wwm}(\text{concat}(\text{entA}+\text{entB}+\text{txt}))$$
$$h = wH + b, p = \text{softmax}(h) \tag{5-1}$$

其中 H 表示为通过 RoBERTa-wwm 模型获得的隐含层的语义特征向量,h 为全连接层的输出,w 和 b 分别为权重与偏置参数,p 为各关系标签输入的概率。模型结构如图 5-5 所示。

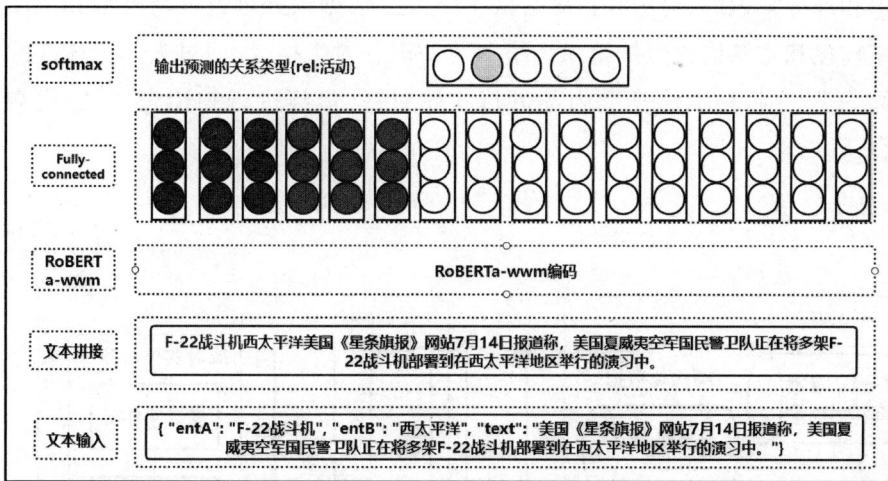

图 5-5 关系抽取模型

(三)基于知识融合的智能情报模型

通过知识抽取识别后所得的知识,由于其来源广泛,且不同来源的知识质量高低不同,表达形式不统一,会导致产生知识冗余、低精准度等问题。融合多源异构的知识、解决知识重复等是提高知识图谱构建质量的关键。知识融合是保证知识图谱质量的关键步骤,实体对齐是知识融合过程中的关键技术。首先,知识融合是将多个数据源表示同一个实体概念的不同表达方式的实体进行融合,获得统一的知识。其次,由于知识是不断增长的,完整的知识图谱构建包含着图谱的知识维护,知识图谱应定时与外部知识库进行知识融合,实现图谱扩充与知识更新。知识融合分为两个阶段:第一个阶段,对知识抽取的结果进行融合,以确保形成高质量的知识图谱;第二阶段,在构建好的知识图谱基础上与外部知识库进行知识融合,实现知识的扩充与更新。然而,实体对齐的技术研究大多都停留在通用领域的知识图谱。因此,应通过对通用领域知识图谱实体对齐的研究,尝试总结出一套对于特定领域的知识融合方案。对于实体对齐模型,拟使用编辑距离(Levenshtein Distance)算法提取实体字符特征,拟使用BERT模型提取实体的语义特征,计算实体相似度,确定对齐实体。

1. 知识融合框架

本研究的知识融合架构如图5-6所示。数据来源于两部分,即知识抽取的结果和外部知识库,对应知识融合两个阶段。数据预处理过程将外部知识库中的结构化和半结构化数据组织为统一的知识三元组格式,通过人工本体匹配和实体分类,在每种本体类型内部进行实体对齐,最终进行知识合并,完成知识融合。

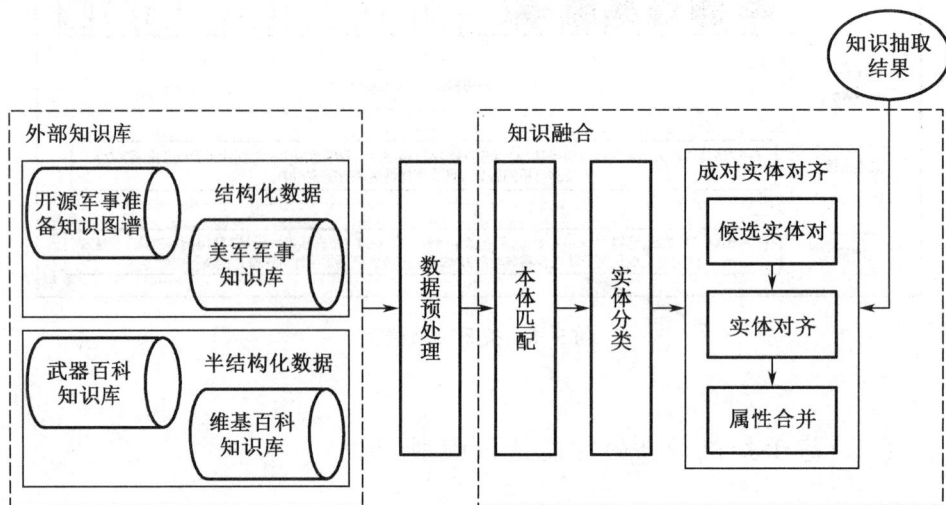

图5-6 知识融合框架图

2.实体对齐算法

实体对齐算法研究方案流程,如图5-7所示。

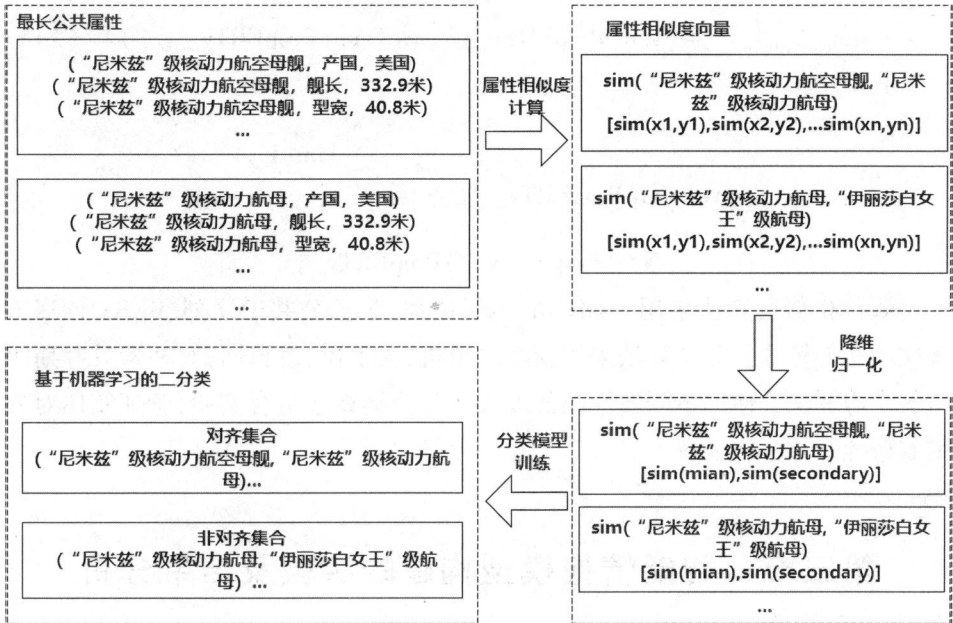

图5-7 实体对齐流程

实体对齐算法是知识融合框架中的核心,本研究采用成对的实体对齐技术,即预先对实体进行相似度筛选,将可能相似的实体标注为候选实体对。根据候选实体对之间的属性相似度,采用机器学习算法将其分类到匹配集合或者不匹配集合中。而属性相似性算法是本研究成对的实体对齐算法的重要组成部分。由于知识的来源不同,描述知识的实体包含的属性长度不一致,所以本研究提出一种最大公共属性长度的方法进行属性的相似度计算,选取实体对中两个实体最大重合的属性进行计算,具体表示为式(5-2)。

$$CommonPropERTty(e_1,e_2)=PropERTy_{e_1} \cap PropERTy_{e_2} \qquad (5-2)$$

其中 e_1、e_2 表示实体,$PropERTy_{e_1}$、$PropERTy_{e_2}$ 表示实体所对应的属性。

不同实体对之间的公共属性长度不一致,导致计算得到的属性相似度特征向量的长度不等,因此,要对获取的特征向量进行降维、归一化处理。由于名称对实体具有相当高的辨识性,所以将实体名称作为主属性 $PropERTy_{main}$,其余属性作为附属属性 $PropERTy_{secondary}=\{P_{s1},P_{s2},\cdots,P_{sn}\}$。对附属属性求平均值,将原本多维的特征向量降为两维,由此可以统一属性的相似特征向量。对属性相似向量进行归一化,可以表示实体对之间的相似度。基于以上思想,实体对之间的相似度可表示为式(5-3)。

$$\text{sim}_{\text{PropERTy}(e_1,e_2)} = \left[\text{sim}(\text{PropERTy}_{\text{main}}), \text{ave}(\text{sim}(\text{PropERTy}_{\text{secondary}})) \right] \quad (5-3)$$

其中:

$$\text{ave}(\text{sim}(\text{PropERTy}_{\text{secondary}})) = \frac{\sum_{i}^{N} \text{sim}(P_{\text{si}})}{N}$$

$$N = |\text{PropERTy}_{e_1} \cap \text{PropERTy}_{e_2}|$$

属性相似度算法采用 SimHash、编辑距离、最长公共子序列、BERT 词嵌入等文本相似算法。分类算法采用支撑向量机、决策树、逻辑回归、朴素贝叶斯等机器学习算法。使用不同属性相似度算法与分类算法组合实验,验证实体对齐的有效性。

第三节 智能情报模型构建的实验及结果分析

一、实验数据集

本研究以军事情报信息数据为主要研究对象,数据主要来自开源的军事新闻。使用爬虫技术采集环球军事、军事论坛,以及各类新闻平台的军事模块中包含的非结构化军事情报文本信息,用于知识抽取。同时,抽取开源武器装备知识图谱(OpenKG. CN 中文开放知识图谱)、武器百科大全(http://www. wuqibaike.com)、维基百科知识库、美军军事知识库(黑龙江科技大学认知智能实验室)中的结构化和半结构化数据用于知识融合。

(一)命名体识别实验数据集

本研究中数据集的命名实体识别部分,采用人工标注的方法构建。数据集包含 9 类实体标签,共计 53 295 条实体标签,14MB 文本数据。实体标签的分布情况如表 5-2 所示。

表 5-2　实体标签分布表

序号	实体标签	数目统计/条
1	NAT(国家)	34 833
2	PLA(飞机)	8 144
3	VES(舰船舰艇)	4 319
4	MIS(导弹)	2 597
5	WAT(水域)	1 351
6	AIR(航空母舰)	704
7	BAS(军事基地)	561
8	RAD(雷达)	470
9	ISL(海岛)	316

(二)关系抽取实验数据集

本研究中数据集的关系抽取部分,采用实体关系类型自动标注和人工审核共同构建方法。数据集包含 5 类关系标签,合计 2 251 条数据。关系标签分布情况如表 5-3 所示。

表 5-3　关系标签分布表

序号	关系标签	数目统计/条
1	所属国家	841
2	协同	491
3	活动	262
4	装备	297
5	NULL	360

由于文本语料的长度对关系抽取的难度有一定的影响,故而对文本长度进行统计。得出训练集和测试集文本长度分布相同,具体如图 5-8 所示。

(三)实体对齐实验数据集

本研究中用于验证知识融合框架中实体对齐算法的数据来源于开源军事武器装备知识图谱和武器百科大全两大数据平台。从获取的数据中,对导弹武器、航空母舰、舰船、飞机这四类数据进行随机采样、人工对齐,共获得 1 324 对预对齐的实体对。这些实体对共包含 28 447 个属性三元组。具体数据分布情况如表 5-4 所示。

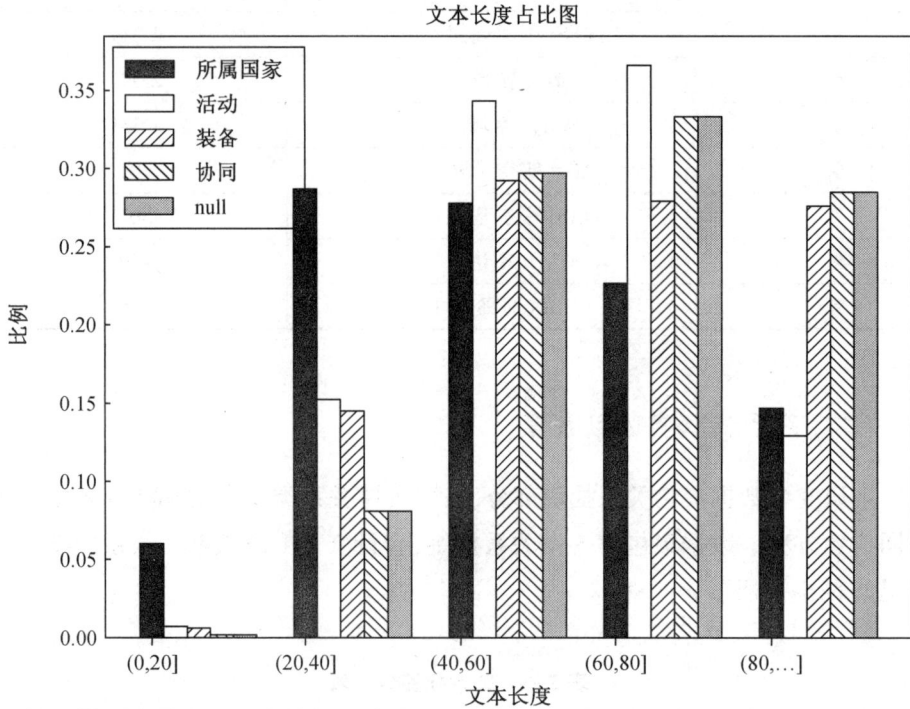

图 5-8　关系抽取文本长度的分布

表 5-4　预对齐数据分布情况

标签	开源知识图谱 (属性三元组)/个	武器百科 (属性三元组)/个	预对齐实体对 /对
导弹武器	3 914	2 641	349
航空母舰	1 593	1 123	100
舰船	5 571	3 546	360
飞机	10 007	4 927	515
总计	21 085	12 237	1 324

通过对两个数据源构成的数据集分析,发现一些预对齐的实体对中两个实体名称相同。为了训练并提高模型的鲁棒性,对其中一个来源的数据按照军事领域的命名规则对实体名称通过字符的插入、删除或替换形成新的实体名称,组成本实验预对齐的实体对。负样本通过对预对齐的实体对之间的实体进行随机替换而获得。之后对预对齐的实体对按其数据类别进行打乱,形成50%的正样本和50%负样本,最终形成2 648对实体对用于对齐实验。

二、实验参数与实验评估

(一)命名体识别模型参数

命名体识别模型训练所使用的数据量较大,且预训练模型参数体量较大。考虑实验的条件环境及模型训练的可靠性,本研究中命名体识别模型主要参数如表5-5所示。

表5-5　命名体识别模型参数

序号	参数	参数值
1	epochs	50
2	batch_size	64
3	lstm_dim	200
4	max_seq_len	128
5	learning rate	0.001
6	dropout	0.5

(二)关系抽取模型参数

关系抽取的隐含层状态向量的大小和隐藏层数大小参考 RoBERTa 模型参数。考虑到数据集中情报文本长度的分布,将最大文本输入(max_length)设置为128字符,其他参数则根据深度学习模型训练的经验确定,具体实验参数设置如表5-6所示。

表 5-6　关系抽取模型参数

序号	参数	参数值
1	epochs	50
2	batch_size	50
3	hidden_size	768
5	max_length	128
6	learning rate	0.001
7	dropout	0.1

(三)实验评估方法

本实验采用精确率(precision)、召回率(recall)和 $F1$ 值三个指标评估模型的可靠性。三个指标的计算表达式如式(5-4)。

$$\text{precision} = \frac{TP}{TP + FP}$$

$$\text{recall} = \frac{TP}{TP + FN} \tag{5-4}$$

$$F1 = \frac{2 \times \text{precision} \times \text{recall}}{\text{precison} + \text{recall}}$$

其中,TP 表示模型能正确检测出的标签个数,FP 表示模型检测到的无关的标签个数,FN 表示模型未检测到的标签个数。

三、实验结果与分析

(一)命名实体识别实验

命名实体识别实验数据集中用作训练数据集部分大小为 10.3MB,用作测试数据集部分大小为 3.2MB。训练模型在测试集的实验结果,如表 5-7 所示。其中,有部分实体标签的精确率较低,其原因是这部分实体标签标注数据量少,在本实验使用的军事数据集中出现次数较少,但不影响模型自身的可靠性,可通过增加相应标签的标注数量进行修正。

表 5-7　命名体模型测试结果

标签	precision/%	recall/%	F_1 值	数目统计/个
NAT(国家)	85.87	93.83	89.68	8 453
PLA(飞机)	79.05	76.12	77.55	1 532
VES(舰船舰艇)	66.71	69.49	68.07	775
MIS(导弹)	61.60	50.10	55.26	388
WAT(水域)	58.33	69.72	63.52	300
AIR(航空母舰)	63.64	52.34	57.44	88
RAD(雷达)	72.46	37.88	49.75	69
BAS(军事基地)	50.51	48.54	49.50	99
ISL(海岛)	60.92	64.63	62.72	87
总体效果	81.11	85.13	83.07	11 722

为了验证命名体识别模型和数据集的有效性,本实验设置了四组对比实验。对比实验分为不使用预训练模型和使用预训练模型两类,其中包括BiLSTM+CRF 模型、IDCCN 模型、BERT + BiLSTM + CRF 模型、BERT - wmm + BiLSTM+CRF 模型。实验结果如表 5-8 所示。从对比实验的结果可知,使用RoBERTa-wmm 预训练模型的命名体识别模型在召回率和 F1 值上取得最优效果。这进一步验证了构建的军事情报数据集的有效性。

表 5-8　命名体识别对比实验结果

模型	precision/%	recall/%	$F1$ 值
RoBERTa-wmm+BiLSTM+CRF	81.11	85.13	83.07
BiLSTM+CRF	81.51	84.63	83.04
BERT-wmm+BiLSTM+CRF	80.96	84.90	82.89
BERT+BiLSTM+CRF	81.93	84.01	82.96
IDCNN	79.46	84.73	82.01

(二) 关系抽取实验

关系抽取实验使用了 1 800 个文本数据进行模型训练,451 个文本数据进行测试。每种关系标签在测试集上都获得较好的效果,训练模型在测试集上的实验结果如表 5-9 所示。

表 5-9　关系抽取模型测试结果

标签	precision/%	recall/%	F1 值	数目统计/个
所属国家	99.36	96.89	98.11	161
活动	95.00	100	97.43	57
装备	96.61	95.00	98.45	60
协同	96.94	100	98.07	95
NULL	98.70	97.44	98.07	78
总体效果	97.32	97.87	97.57	451

为了验证关系抽取模型和数据集的有效性,设置了四组对比实验,选取当下较为流行的深度学习模型作为对比实验,其中包括基于 BERT 的关系抽取模型、基于 BERT-wwm 的关系抽取模型、基于 BiLSTM-ATT 的关系抽取模型、基于 BiGRU-ATT 的关系抽取模型。对比实验结果如表 5-10 所示。从对比实验结果可知,BERT 系列的关系抽取模型均有较好的效果,BERT-wwm 关系抽取模型取得了最好的效果,与本研究使用的基于 RoBERTa-wwm 的关系抽取模型效果相近,相比基于 BiLSTM-ATT 的关系抽取模型提升了 20%~30%。

表 5-10　关系抽取对比实验结果

模型	precision/%	recall/%	F1
RoBERTa-wwm	97.32	97.87	97.57
BERT	96.46	96.56	96.50
BERT-wwm	98.11	98.14	98.13
BiGRU-ATT	77.87	74.22	75.74
BiLSTM-ATT	68.36	66.61	67.47

3. 实体对齐实验

本研究实体对齐实验基于 scikit-learn、BERT4keras 框架,分别对 simHash、编辑距离、最长公共子序列(LCS)、BERT 词嵌入的四种属性相似度算法和支撑向量机、决策树、逻辑回归、朴素贝叶斯的四种分类算法进行组合实验分析。实验结果如表 5-11 所示。

表 5-11　实体对齐效果对比

相似度算法	分类算法	精确率	召回率	$F1$ 值
SimHash	支持向量机	0.977 87	0.976 61	0.977 19
SimHash	决策树	0.983 06	0.982 76	0.982 91
SimHash	逻辑回归	0.977 87	0.976 61	0.977 19
SimHash	朴素贝叶斯	0.979 98	0.978 36	0.979 08
编辑距离	支持向量机	0.975 79	0.974 87	0.975 29
编辑距离	决策树	0.972 36	0.970 77	0.971 47
编辑距离	逻辑回归	0.973 71	0.973 12	0.973 40
编辑距离	朴素贝叶斯	0.953 99	0.956 54	0.954 59
LCS	支持向量机	0.992 73	0.992 10	0.992 40
LCS	决策树	0.995 93	0.996 50	0.996 20
LCS	逻辑回归	0.997 96	0.998 25	0.998 10
LCS	朴素贝叶斯	0.992 73	0.992 10	0.992 40
词嵌入	支持向量机	0.827 45	0.801 70	0.804 64
词嵌入	决策树	0.924 05	0.924 05	0.924 05
词嵌入	逻辑回归	0.914 66	0.914 41	0.914 53
词嵌入	朴素贝叶斯	0.670 24	0.633 96	0.598 41

据表 5-11 可知,基于最长公共子序列属性相似度的实体对齐算法在整体上都取得了较好的效果,其中与逻辑回归的分类算法组合取得了最好的效果;基于 simHash 的算法整体较好,与决策树分类算法组合时达到局部最优。

第四节　智能情报知识关联服务实证

从智能情报模型识别出三元组知识,可根据需要选择三元组中的某目标实体进行深度、广度、地理空间信息等的多维关联分析,以支持智能情报服务需求。同时根据智能情报需要,自主自动生成结构化分析报告,从而开创"基于知识多维关联分析的智能情报服务模式"。本节重点以由美国驻日军事基地情报信息所构建的智能情报数据集为例,展示多维关联分析可视化实证效果。

一、高价值目标广度优先遍历的智能情报

本书提出的高价值目标的广度优先遍历的智能情报分析借鉴了图遍历的一种经典图论算法思想,即从目标顶点出发,依次访问与顶点相邻的节点,直到图中所有顶点均被访问过为止。这是一种图节点精细知识的智能情报获取方式。本书研究通过智能情报模型的实体识别锁定高价值目标,并从高价值目标出发应用广度优先遍历,即可获取到高价值目标的广度关联节点信息数据,从而实现该目标实体的属性情报的可视化直观效果。如图 5-9 所示,通过战斗机节点,即可遍历获取到该实体概念中的 F-22 战斗机、F-35 等关联战斗机实体的智能情报。同理,根据国家情报人员的决策需要,再有选择性地以新的关联节点进行广度优先遍历,即可精准、高效地获取到与观测重点目标相关的精准知识单元的智能情报。

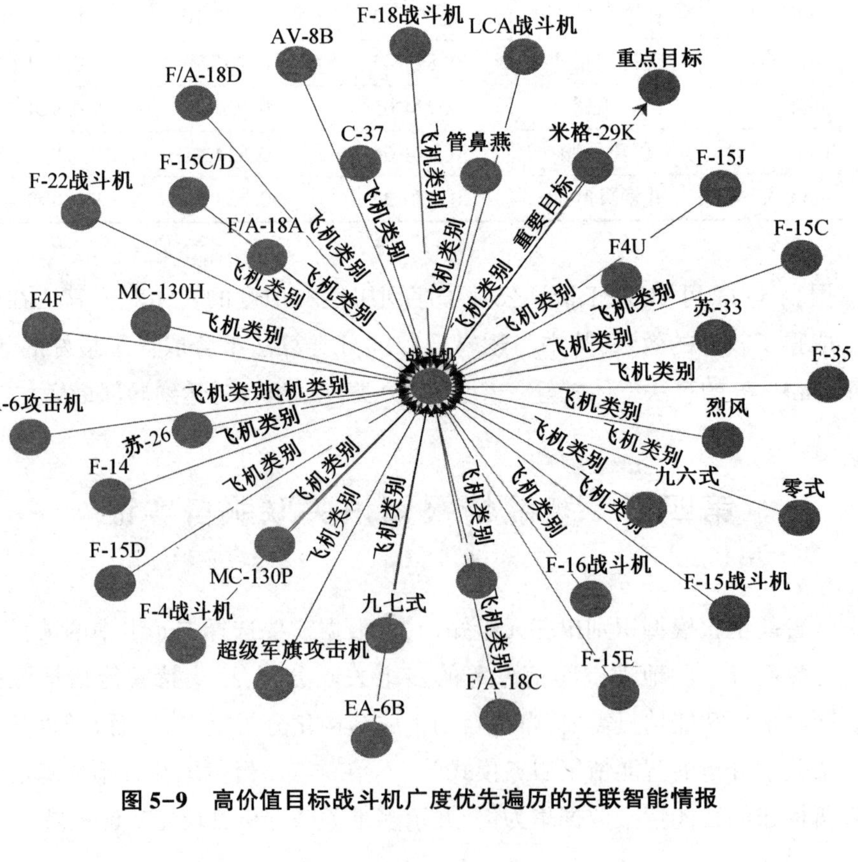

图 5-9　高价值目标战斗机广度优先遍历的关联智能情报

二、高价值目标深度优先遍历的智能情报

本研究提出的高价值目标的深度优先遍历的智能情报借鉴了图遍历的另一种经典图论算法思想，即从目标顶点出发，依次访问第一个没有被访问的下一级节点，基于递归算法的思想，直到搜索到该节点的所有边都被遍历完为止，这是另一种精细知识的智能情报获取方式。本研究通过智能情报模型的实体识别锁定高价值目标，并从高价值目标出发应用深度优先遍历，即可获取高价值目标的深度关联节点信息数据，从而实现该目标实体深度关联节点的情报知识的可视化直观效果。通过深度优先遍历，从战斗机节点获取了 F-22 战斗机关联实体的下一级的智能情报，其界面如图 5-10 所示。同理，根据决策需要，有选择性地以新的关联节点进行深度优先遍历，即可获取与观测重点目标相关的深度关联目标的精准知识单元智能情报。

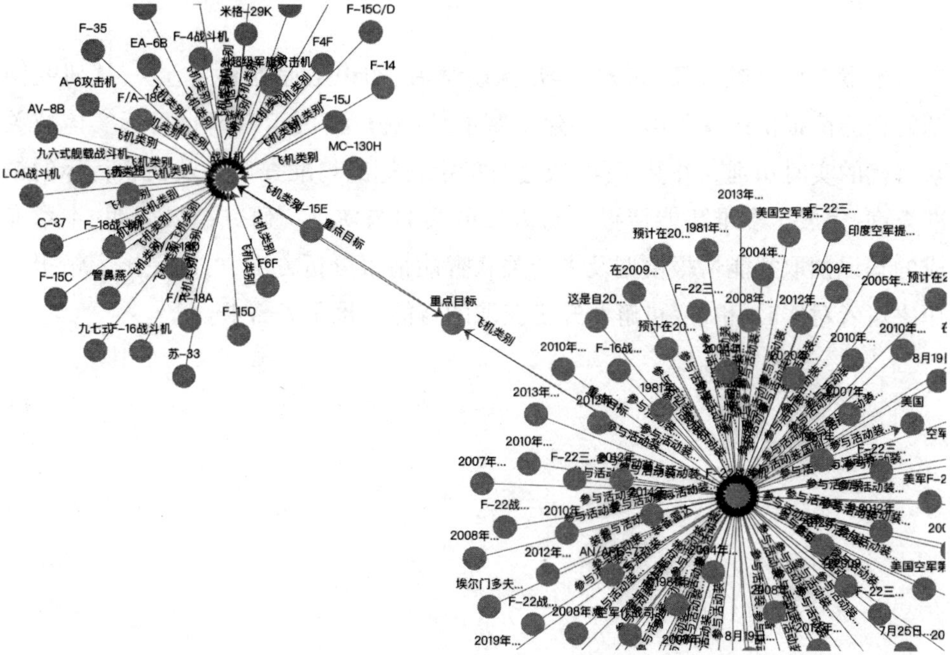

图 5-10　高价值目标战斗机深度优先遍历的智能情报

三、高价值目标地理空间信息的智能情报

本研究提出的高价值目标的地理空间信息智能情报获取是国家安全机构中重要的一种军情扫描方式。通过这种地理空间情报信息的供给,可实时、高效、精准地保障决策者进行多维度情报分析。本研究通过对由智能情报模型所识别出的实体目标的经纬度等地理空间属性知识单元进行情报信息存储,保障了地理空间信息的智能情报供给。以运用本章的智能情报模型构建的美驻日海外军事基地情报知识库为例:获取横须贺美国舰队基地的地理空间位置、经度及纬度详情,为突发事件态势感知过程提供了高效、实时情报供给方式,减少了复杂情况决策的不确定性,从而辅助国家情报工作人员的综合决策。

第五节　本　章　小　结

本章采用文献查阅、机器学习、深度学习、知识工程等研究方法,从研究问题的智能情报供给视角出发,构建了智能情报模型,用于对情报目标实体及关联目标的实时识别。并基于此,通过对指定目标的精准查询以及关联目标的精准查询,完成了多维智能情报分析方法的实验与实证。研究结果表明:本章完成的知识抽取智能情报模型及多维关联智能情报分析方法,可满足国家情报工作决策者对实时、精准、可解释知识获取的智能情报服务需求。

第六章 基于领域知识图谱的事件抽取智能情报模型与态势感知分析方法

根据前文论述可知,智能情报模型训练的标注语料自动生成,为智能情报模型的训练及上层智能情报分析方法做好了数据准备。本章继续探索智能情报分析方法,提出基于领域知识图谱的事件抽取智能情报模型构建方法,并将事件知识抽取结果形成智能情报分析的事件库同时。应用针对事件抽取的智能情报模型及事件库,实现对新事件情报的识别、事件时序分析、事件要素及其地理空间信息等态势感知的研究目标。同时,本章为后文的辅助决策的智能情报引擎构建,奠定了实时态势感知的智能情报服务基础。

第一节 研究总体框架设计

根据事件意图识别、态势跟踪的需求,本节构建了事件抽取智能情报模型及态势感知分析方法的研究框架,如图 6-1 所示。

事件作为文本信息的多要素信息载体形式,其模型抽取方法的态势感知意义极为重要。为保障决策人员实时感知态势的意图识别,以及事件高价值目标的精准情报获取,本节基于 DIKW 信息链的数据、信息、知识、智慧的情报智能演进路径,通过事件类型、要素等模型抽取方法,形成态势感知的意图识别模型。并通过事件知识图谱的实体链接与关联分析技术,实时保障对态势意图跟踪有意义的高价值目标情报的关键技术,从而通过事件实体链接与相似计算匹配的事件推荐获取的动态知识情报。之后,运用可视化技术,根据国家情报工作场景及实时事件信息源的获取需要,让决策人员与系统实时进行人机交互,对瞬息万变的、知识密集的情报进行准确解析,从而充分保证对态势的跟踪。

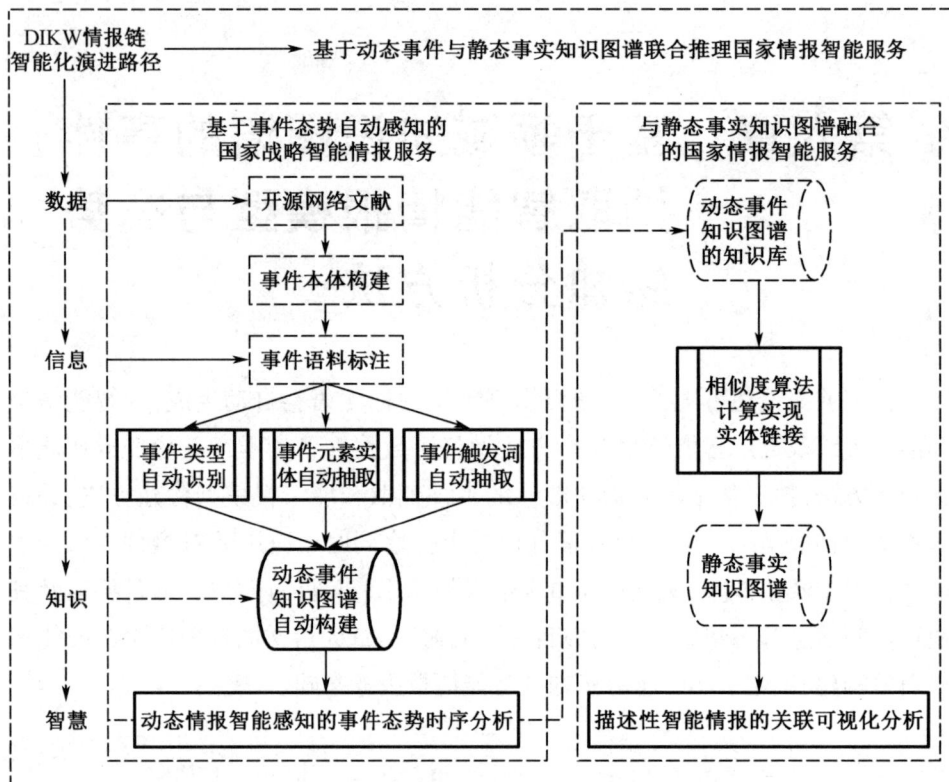

图6-1　基于事件知识抽取的态势感知总体研究设计

第二节　事件知识抽取的智能情报模型
构建技术方法

　　根据领域事件本体中类型的概念定义,运用深度学习方法根据事件类型分析模型、事件触发词识别模型、事件元素抽取模型,以过程性知识构建战场历史事件知识图谱的知识库。

一、基于领域事件模型的本体构建

　　本研究所述的军事事件图谱由概念层和实例层构成。概念层是军事事件本体的定义,是军事事件图谱的知识表示模型,负责图谱的搭建规范及约束;实例层则是由具体事件、实例的属性定义组成,从军事智能情报中解析得来。军事事件图谱的构建主要解决两个问题:知识表示模型的构建和智能情报要素的解析规范。

本体(Ontology)是一种共享概念化、正式、明确的规范。通过构建本体将领域中概念之间的关系建模为结构化的形式,使概念的知识对实体的知识形成约束,确保知识图谱具有较高的规范性和准确性。事件本体是事件内的重要实体、属性、过程及其相互关系形式化描述的基础,这种形式化描述可成为知识系统中可重用和共享的组件。军事事件知识建模的基础是构建军事活动事件的概念体系。在对事件进行知识表示时,需要注意的是对事件发生过程中涉及的实体进行描述。

事件本体是一种事件的表示方式。本研究依据事件六元组模型与顶层事件类模型,结合面向智能情报的军事领域事件应用场景,提出基于事件本体的模型 e,其定义如下:

$$e = \{ACT, SUB. OBJ, TIM, PLA, STA\}$$

其中,ACT 表示动作要素,即可以唯一标识该事件的触发词。例:"在 2003 年 3 月,S-3B 在伊拉克首次实战发射了一枚激光制导导弹。",该例中"发射"为动作要素。SUB 表示事件主体,即在事件中具有自主意识的主要关注对象,该例中"S-3B"为事件主体。OBJ 表示事件客体,即在事件中的次要关注对象,该例中"激光制导导弹"为事件客体。TIM 表示事件时间,该例中"2003 年 3 月"为事件时间。PLA 表示事件地点,该例中"伊拉克"为事件地点。STA 表示事件状态,即事件中主体行为的进度,该例中"首次"为事件状态。

在事件的基础上提出军事事件类本体模型 MEO,即具有共同特征的事件集合,定义如下:

$$MEO = \{UECs, ECs\}$$

其中 UECs 表示为上层事件分类集合,本研究将事件定位为六类,分别为攻击事件、跟踪监视事件、撤离事件、部署事件、突发/其他事件和活动事件。攻击事件表示军事目标主动或被动的攻击性行为;跟踪监视事件表示一方军事目标对另一方行为状态的持续关注行为;撤离事件表示军事目标离开某一区域;部署事件表示军事目标的战略转移,通常为状态的改变以及军事资源的战略分配;突发/其他事件表示因不可抗力导致的武器装备的损耗或紧急避险,以及武器装备的贸易和维护行为;活动事件表示军事目标的持续性行为或军事相关活动。ECs 表示事件类的集合,E 表示为事件的详细内容,即事件的文本信息,其定义如下:

$$ECs = \{E, E_{ACT}, E_{SUB}, E_{OBJ}, E_{TIM}, E_{PLA}, E_{STA}\}$$

根据上述定义模型,使用 Protégé 作为军事事件本体的构建工具,构建的本体数据展示如图 6-2 所示,构建图如图 6-3 所示。

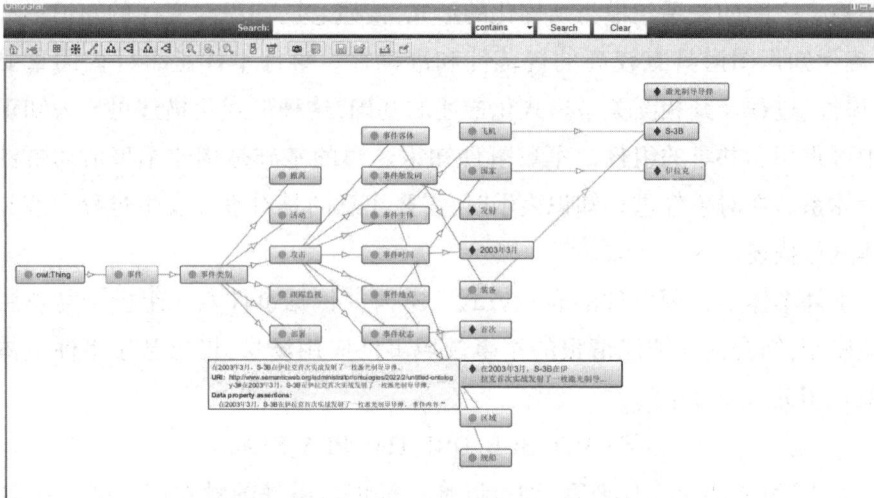

图6-2　Protégé 构建军事事件本体及属性

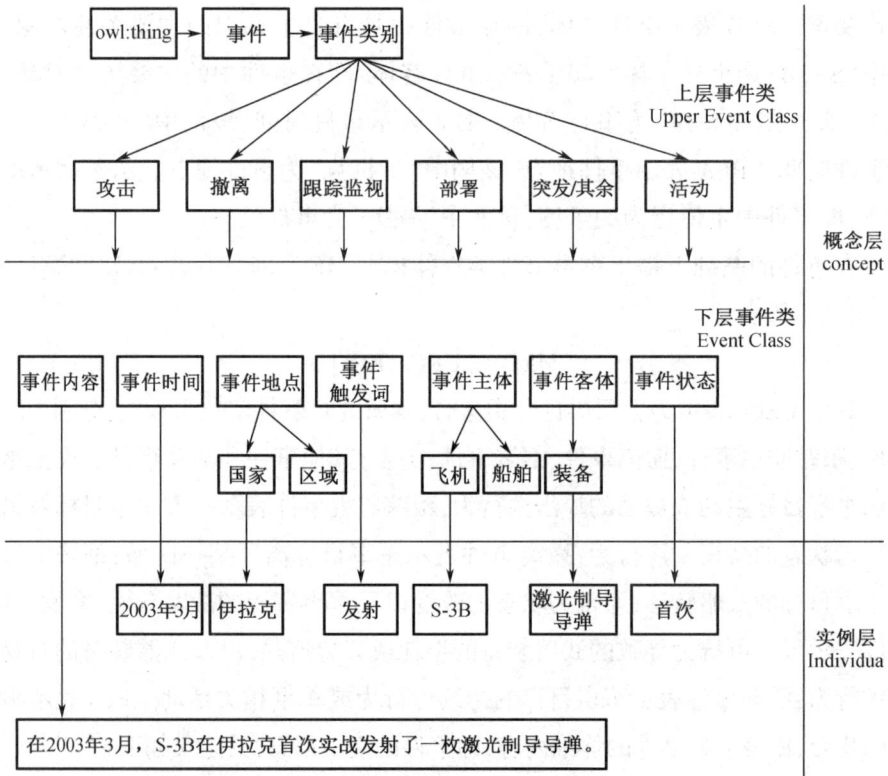

图6-3　军事事件本体构建图

二、领域事件智能情报模型构建

运用智能语义自动提取,对监测终端获取到的情报特征进行提取,自动识别当前事件的活动类型,如巡航、攻击或撤离等。

鉴于事件发展趋势的关键分析及预测往往都是战争胜利的决定性因素,通过事件态势分类可以实现联动分析关联事件并感知整体态势,这是态势预测的先决条件。随着军事战略理论和实践的不断发展,军事活动也越来越复杂,其行动方式、作战策略以及运作逻辑也多种多样。

针对目前灵活多变快速的作战要求,应打造符合新一代智能化、自动化需求的态势分析产品体系。即基于深度学习进行智能语义自动提取,使用RoBERTa-wwm 预训练语言模型,提取检测终端获取到的情报向量化表示的特征;引入双向编码器(Transformer)克服单向局限性,捕获长文本情报依赖;结合中文全词掩码技术从字特征提取层面上升到词特征,并实现动态掩码及 FULL-SENTENCES 在推断句子关系的任务上具有更好的性能;配合神经网络更高的学习率使模型优化速率和模型性能明显提升;利用 Softmax 激活函数对神经网络中多个神经元的输出值归一化计算得到对应情报类型概率,自动识别当前事件活动类型,如巡航、攻击或撤离等;通过分析情报类型特征及其关联特征实现可能性预测与智能化参谋技术无缝对接,为构建智能化态势产品体系应用提供技术支持。

三、领域事件要素抽取的智能情报模型构建

对于事件的活动类型,应根据事件抽取模型对事件元素以及触发词自动抽取,为准确地理解该事件要素信息提供保障。

事件态势感知的核心是从事件相关的信息内容中挖掘有价值的态势要素。通过分析形成对当前态势的总体描述,加深各利益相关者对当前情景的理解,辅助生成处置决策。在态势感知基础上,结合历史数据实现态势推演和预测,为战场态势提供风险预警服务。由于事件态势涉及的相关要素错综复杂,单个态势维度亦可能涉及事件的多项要素、多项实体,所以针对战场态势情报的多源异构、动态变化等特征,采用基于情报细粒度、语义联系及知识关联的态势维度状态提取方法 RoBERTa-wwm-BiLSTM-CRF 模型,利用 RNN 的变体 LSTM 解决神经网络中长文本依赖的梯度消失与梯度爆炸问题,提升对复杂战场态势

情报的分析能力,引入门控机制对神经网络中多个神经元细胞状态的信息捕获方式,避免因情报信息内容过大导致的文本特征记忆损失。图 6-4 所示为 LSTM 模型,其中 f_t、i_t、o_t 分别为输出门、输入门、输出门的输出;$\tilde{C}_t$ 为 RNN 的信息传播;C_t 为细胞状态的更新;W_f、W_i、W_o 分别为遗忘门、输入门和输出门的权重矩阵;b_f、b_i、b_o 分别为遗忘门、输入门和输出门的偏置量;σ 代表 sigmoid 激活函数;遗忘门通过 tanh 激活函数来控制细胞状态更新的放缩得到输出。

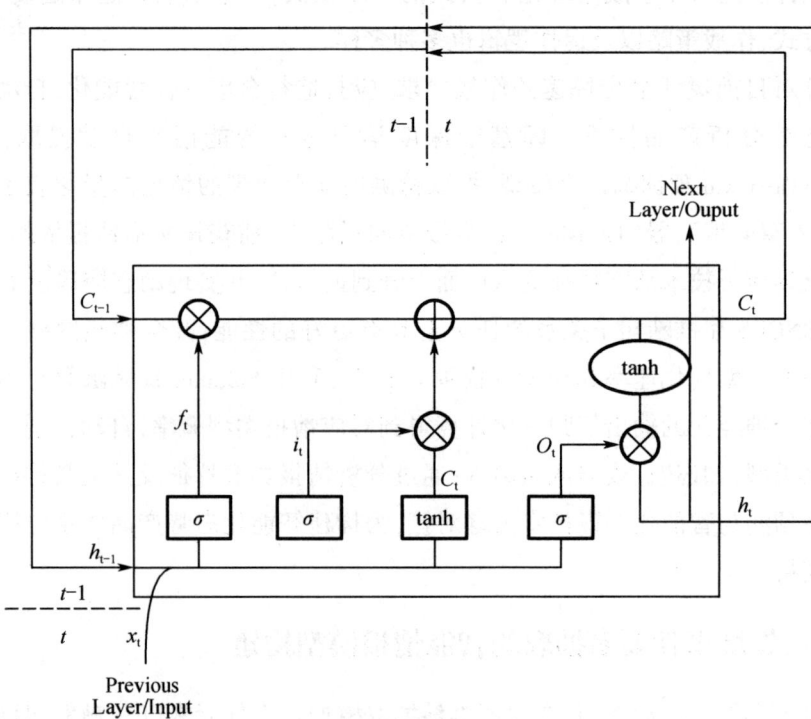

图 6-4　LSTM 模型

由上述可见细胞状态更新时属于单向传播,无法编码从后到前的信息,因此可使用 BiLSTM 模型,其结构如图 6-5 所示。因为双层 LSTM 分别从正向与反向进行输入,合并每个时刻正向与反向的输出即最终输出,所以 BiLSTM 能够解决长文本情报尾部信息无法有效获取的问题。

在解决情报长文本信息依赖丢失问题的基础上,引入 CRF 解决预测标签之间的依赖关系,利用图 6-6 转移特征函数预测标签之间的顺序性,解决标注偏置问题,在计算序列对应的最优标签时在全局范围内统计归一化的概率,获得全局最优解。

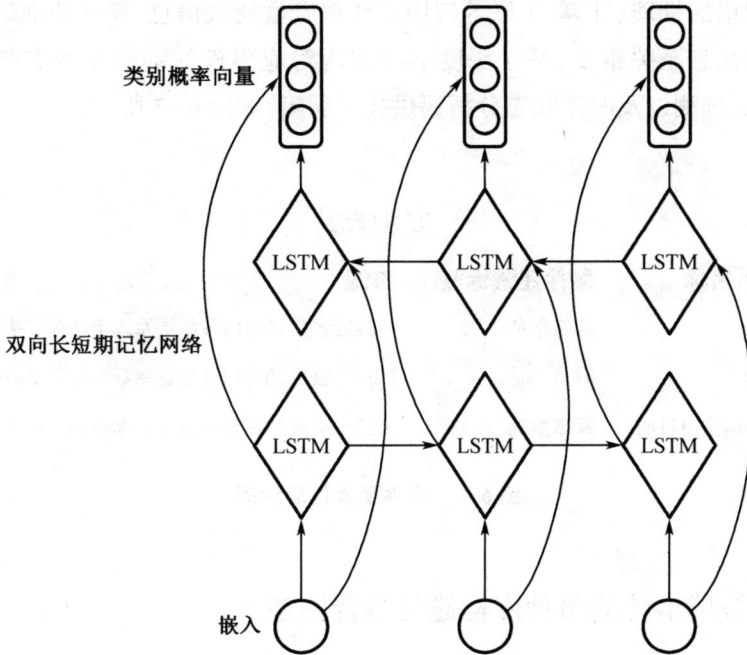

类别概率向量

双向长短期记忆网络

嵌入

图 6-5　双向长短期记忆模型

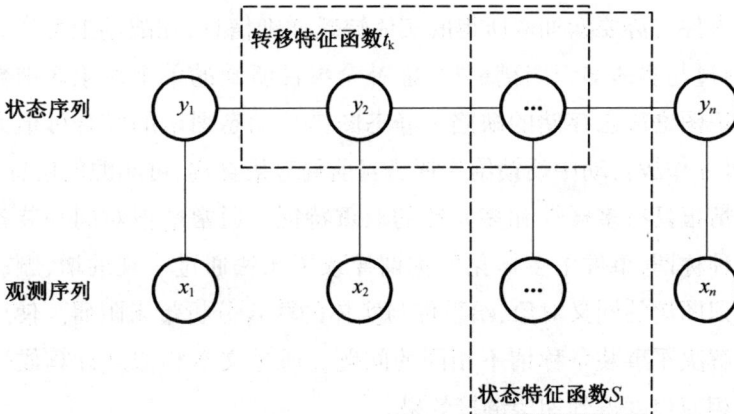

转移特征函数t_k

状态序列　y_1　y_2　$\cdots$　y_n

观测序列　x_1　x_2　$\cdots$　x_n

状态特征函数S_1

图 6-6　特征函数示意图

重点目标的知识表示是构建事件知识图谱的核心之一,直接影响到基于事件知识图谱的推理、计算、关联等应用。针对海量情报信息,能快速准确地定位分析关键信息至关重要,基于深度学习实现对应事件活动类型的态势要素提取,为态势预测以及时序状态分析提供技术保障,如图 6-7 所示。

要素提取

元素名称	事件元素标签	来源
F-22	武器平台	F-22应该是20日时飞抵美军嘉手纳空军基地
20日	时间	F-22应该是20日时飞抵美军嘉手纳空军基地
嘉手纳空军基地	军事基地	F-22应该是20日时飞抵美军嘉手纳空军基地

图 6-7 事件要素抽取示例

四、领域事件的事件库构建与融合模型

该模型主要是通过事件知识图谱的实体链接与关联分析技术。指挥人员通过推荐交互方式获取高价值目标情报的关键技术——事件元素识别、事件实体链接与相似计算匹配的事件推荐,进而获取动态知识情报。

通过事件态势要素抽取所得的实体缺乏详细信息,在战场上可供参考信息有限;而通过与实体知识图谱链接,能补全事件所缺的单个对象详细数据并弥补实体知识图谱静态存储的缺陷。静态图谱与动态图谱的结合可最大化图谱性能,并可在作战行动中反馈给指挥员当前局势最真实、可溯源的信息支撑。

军事情报具有多样性和多元性的双重特征。通常情报对同一装备的指代往往有多种称谓,事件中多样化的称谓导致了无法通过常规的增、删、改、查链接实体知识图谱的同义对象,给事件与实体的联合分析带来阻碍。使用实体消歧技术能解决军事装备称谓不相同的问题。通过文本相似度计算候选词与目标实体的相似程度得到期望链接效果。

以主力战机"F-22 战斗机"为例,与其相关的军事情报中包含的同义不同名的实体多为"F-22""f-22 战斗机"等,如表 6-1 所示。

表 6-1　实体链接示例

候选实体	目标实体
F-22	
F-22"猛禽"战斗机	
"猛禽"	F-22 战斗机
"猛禽"战斗机	
f-22	

　　军事领域装备、部队等在其命名规则上具有一定的特殊性。以美军装备为例,飞机的型号最多由 5 个大写字母(通常为 2~3 个)和 1 个数字共六部分组成,如"F-22 猛禽战斗机""FA2 海鹞战斗机"等。舰船多以具有象征意义的名词为前缀,舰船类别为后缀,例"乔治·布什号航母""伊丽莎白女王号航母"等。针对其特殊性采用基于字符的 Jaro-Winkler 算法。Jaro-Winkler 算法更加注重字符前缀的重要性,与基于军事领域的命名规则的文本匹配存在着一定程度的吻合。

　　对于两个字符串 s_1 和 s_2,它们的 Jaro 相似度 sim_j 由下面公式给出:

$$sim_j = \begin{cases} 0, & if\ m = 0 \\ \frac{1}{3}\left(\frac{m}{|s_1|} + \frac{m}{|s_2|} + \frac{m-t}{m}\right), & \text{otherwise} \end{cases}$$

其中:

①$|s_1|$和$|s_2|$表示字符串 s_1 和 s_2 的长度;

②m 表示两字符串的匹配字符数;

③t 表示换位数目 transpositions 的一半。

　　公式中的 m 和 t 是基于匹配窗口(matching window,mw)这一概念所得的结果,即字符之间的比较是限定在一个范围内的。如果在这个范围内两个字符相等,那么表示匹配成功;如果超出了这个范围,表示匹配失败。且 mw 被定义为不超过下面表达式的值:

$$mw \leqslant \lfloor \frac{\max(|s_1|,|s_2|)}{2} \rfloor - 1$$

Jaro-Winkler 算法的公式如下:

$$sim_w = sim_j + lp(1 - sim_j)$$

上式中,l 表示两个字符串的共同前缀字符的个数,最大不超过 4 个;p 是缩放因子常量,是指共同前缀对于相似度的贡献程度,p越大共同前缀权重越大。

军事领域的命名通常为"型号+代号+单位种类"命名。针对"猛禽战斗机"等省略型号的特殊指代,引入网络知识作为候选匹配手段将候选实体$S_{候选实体}$与网络知识S_n进行匹配。当候选实体与匹配数据之间存在交集,则定义为新的候选实体S_{new}。如"猛禽"战斗机,经网络知识修复后新的候选实体为 F-22"猛禽"战斗机,利用上述算法对新候选实体与目标实体集进行相似度计算获得最终链接结果。公式如下,效果如图 6-8 所示。

$$S_{new} = S_{候选实体} \bigcap S_n$$

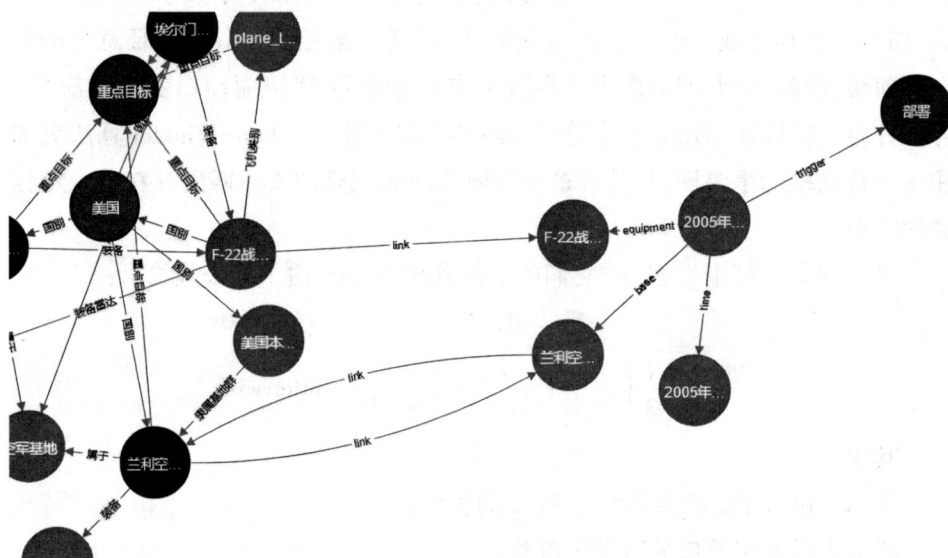

图 6-8 相似度计算链接结果

通过实体链接技术实现事件知识图谱与事实知识库的联动,基于图谱的路径分析即图数据库算法,即可获取该事件要素的更多的属性、关联实体等知识,为时序分析,溯源分析提供技术支撑,效果如图 6-9 所示。

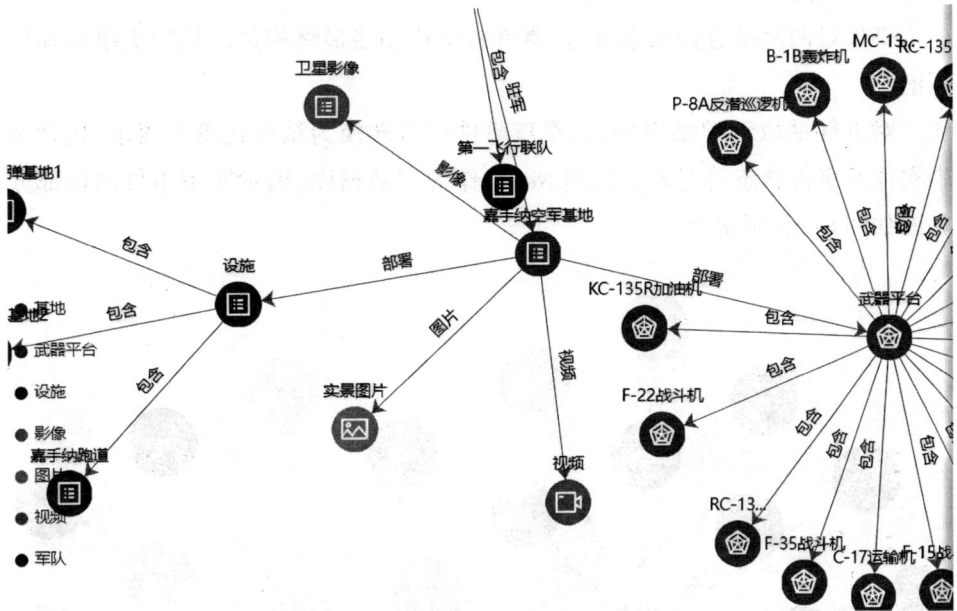

图 6-9 事件要素链接事实知识库

五、事件图谱的存储

根据战场中事件本体中类型的概念定义,运用深度学习方法进行事件类型分析模型、事件触发词识别模型、事件元素抽取模型以及事件关系识别模型,将军事事件情报转换为结构化事件表示的<事件 A,逻辑关系,事件 B>三元组和<事件内容,动作要素,事件主体,事件客体,事件时间,事件地点,事件状态>多元组等两种形式。Neo4j 图数据库存储的数据格式可以是不同形式,随着多元组数据的增加,其查询的效率更优于关系型数据库。因此,为了更方便系统功能的开发及数据的查询业务,采用 Neo4j 图数据库持久化存储数据。为了构建事件图谱将关系三元组及元素多元组存储在 Neo4 图数据库中主要操作如下。

(1)编写三元组及多元组解释器,将三元组中数据抽取成 Node 及 Relation 节点数据。配置 host、http_port 等参数驱动 Neo4j 图数据库。

(2)加载 Py2Neo 第三方库,首先使用 Node( )函数可将事件 A,事件 B 及事件元素转换成 Neo4j 中节点,其次用 Relationship( )函数可将节点之间通过逻辑关系连接,关系的属性可使用 propERTies 参数设置。最后动态生成 cypher 语句生成节点和边。

　　事件对两两结合构成事件链,事件链交错相接最终构建战场历史事件知识图谱。

　　对事件抽取和类型识别后,军事事件情报转换为结构化事件表示,包含军事实体及事件状态等元素。选用 Neo4j 作为图数据库,展示军事事件图谱部分界面如图 6-10 所示。

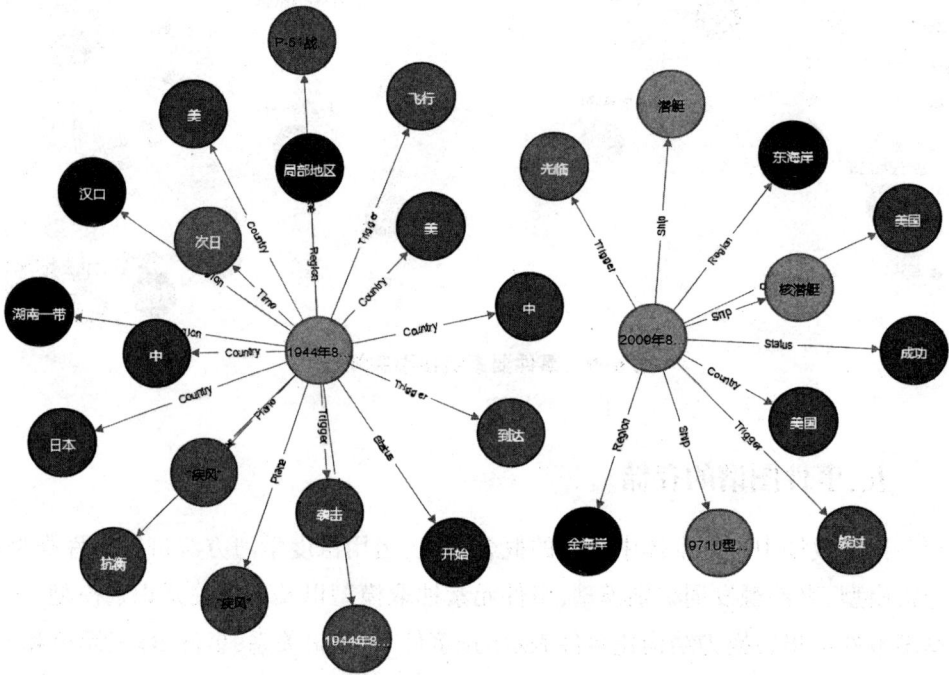

图 6-10　事件知识库

　　图 6-10 中的节点分别代表不同的军事事件,依据军事事件本体定义标注节点标签,包含事件内容、事件时间、事件触发词、事件地点、事件主体、事件客体、事件状态。与军事事件相关联节点为事件元素节点,如事件中的主体飞机、舰船、客体装备等。事件图谱中事件独立存储,由图 6-10 可看出不同事件包含相同实体,由此判断多个事件之间存在隐性相关关系。通过事件自动抽取模型构建军事事件图谱,效果如图 6-11 所示,可将链接军事实体知识图谱实现关联,基于海量数据挖掘其中独立实体与事件之间的隐含关系,在军事领域具有极大的研究价值。

图 6-11　事件部分展示

第三节　美国海外军事基地数据的
事件智能情报服务实证

本节根据事件态势感知的需求,提出了针对事件智能情报服务模式,并围绕该模型以美驻日军事基地的事件情报为例,概述事件类型抽取、要素抽取模型的有效性,应用事件库的时序分析等概述事件与知识库的链接的有效性。应用效果详见综合智能情报引擎服务的事件态势意图识别与态势跟踪实证分析。

一、书籍文献开源情报的数据来源

首先,根据美国海外军事基地书籍事件数据来源,选择美国驻日军事基地的书籍文献信息,构建的事件知识及事件库总体达到 1G 的存储。为验证供给于情报决策人员的可视化的直观效果,本节以摘自军事书籍中的一段文字为例,展开实证分析。该段文字为:"横须贺海军基地也是美国驻远东最大海军基地和西太平洋地区最大舰船维修基地,美国海军西太平洋前沿基地 M 的核心基地,第 7 舰队的作战、指挥和后勤保障中心,美军驻西太平洋部队海上活动的强大支撑点。它与日本佐世保和韩国釜山海军基地等构成一体,与美军关岛阿普拉海军基地形成掎角之势,是美、日控制俄太平洋舰队进出太平洋'三峡'(津轻、宗谷、对马海峡)咽喉要道的最佳前进基地。"

接着,选择来自网络开源情报的信息源。本系统通过预留的 API 接口,可自动抓取到同类国家安全相关情报信息。模拟实时事情意图识别的态势感知实证分析,实证数据来自网络的开源情报。如 2022 年 6 月日本《读卖新闻》新闻报道,"近日嘉手纳军事基地集结 30 多架战机,RC135 出动频繁,关键时刻 055 拉萨舰环日⋯⋯"。

二、基于事件态势感知库构建及智能情报服务模式

态势感知(Situation Awareness,SA)的概念最早在军事领域被提出,目前对于态势感知的研究仍处于初步阶段。态势感知旨在大数据环境中对能够引起态势发生变化的安全要素进行获取、理解、显示,以及对最近发展趋势进行顺延性预测,进而影响决策与行动,可以实现溯源分析所有关联事件与整体态势感知。当今时代是现代化战争的时代,情报是战争的核心,而时序特性是事件发展趋势的关键分析及预测的核心特性。静态情报只能反映当前空间事物发展的结局;而动态情报在时间与空间双维度展开分析,是事物由静态到动态的变化过程,反映事物发展规律。事件随观测时间推移展示不同的状态,事件与事件之间不再独立,构成了一定的显性或隐性依存关系,当前目标的状态成为其过去状态的延续和未来状态预测的依据。

因此,结合态势感知的目标以及静态知识库对其的重要作用,构建事件态势感知的智能情报服务模式,如图 6-12 所示。基于本章前序部分的框架设计、模型构建以及分析方法实验,结合态势感知业务需求,构建包括知识库以及态势感知分析引擎两部分的服务模式。其中第一部分,领域知识图谱构建技术支持的智能情报态势感知分析,主要由情报目标的本体库、知识库、事件库以及规则库作为基础;第二部分态势智能情报分析引擎,主要包括态势类型识别、态势要素抽取事件关联自动分析,以及事件态势决策知识等技术的封装,以关联精准智能的情报推送、情报问答以及检索等方法进而提供态势智能情报服务。

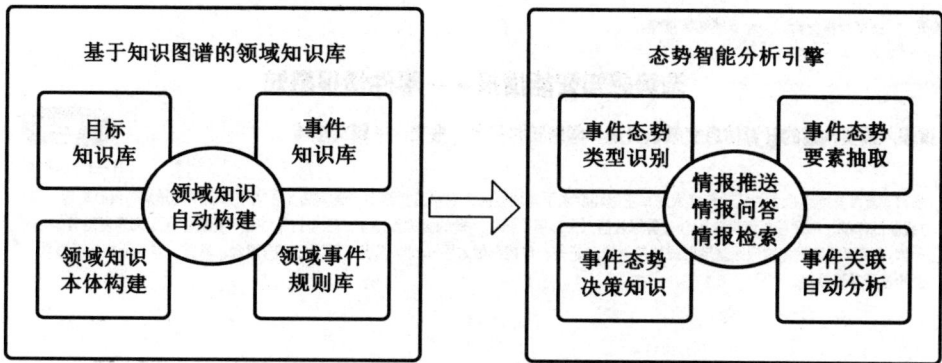

图 6-12　事件态势感知的智能情报服务模式

三、以美驻日军事基地事件智能情报为例的实证分析

本节阐述应用软件工程原型方法,基于实验及服务模式,以美国驻日相关书籍文献作为待分析的新情报信息源,展开事件智能情报分析及实证分析。本节主要围绕事件抽取的智能情报模型应用展开事件态势感知的智能情报服务基础分析。

(一)事件情报态势感知模型应用

将"态势感知智能情报"的事件情报感知模块录入,如图事件智能情报解析结果 6-13 所示。通过本章第二节、第三节的智能情报感知模型方法,可快速提供给决策知识人员,如图 6-14 所示。主要包括对"横须贺海军基地"书籍中的事件进行准确的类型识别,通过对事件的要素及触发词的识别完成美驻日军事基地书籍事件自动提取以实现情报感知。

(二)融合事件的多维智能事件情报分析

基于领域事件智能情报模型的实体链接分析,前文已对动态情报识别以及实体链接进行了详细阐述,并已完成事件知识图谱构建。并在此基础上,完成事件知识图谱与军事领域信息实体知识图谱的融合,如图 6-15 所示。同时,接续上一步的横须贺发生的事件进行事件的链接具体的实证,效果如图 6-16 所示。

态势感知智能情报——事件情报感知

请输入需要构建的开源信息文献识资源：网络实时信息、报文、书籍文献等

批量导入
只能上传txt文件

横须贺海军基地也是美国驻远东最大海军基地和西太平洋地区最大舰船维修基地，美国海军西太平洋前沿基地M的核心基地，第7舰队的作战、指挥和后勤保障中心，美军驻西太平洋部队海上活动的强大支撑点。它与日本佐世保和韩国釜山海军基地等构成一体，与美军关岛阿普拉海军基地形成犄角之势，是美、日控制俄太平洋舰队进出太平洋"三峡"(津轻、宗谷、对马海峡）咽喉要道的最佳前进基地。

识别   链接

图6-13　美驻日军事基地书籍事件录入

事件信息： 横须贺海军基地也是美国驻远东最大海军基地和西太平洋地区最大舰船维修基地，美国海军西太平洋前沿基地M的核心基地，第7舰队的作战、指挥和后勤保障中心，美军驻西太平洋部队海上活动的强大支撑点。

事件类型： activity

事件要素：

要素类型	区域	区域	国家	区域	区域	国家	区域
要素名称	西太平洋	西太平洋前沿基地M的核心基地	美国	西太平洋地区	远东最大海军基地	美国	横须贺海军基地

事件信息： 它与日本佐世保和韩国釜山海军基地等构成一体，与美军关岛阿普拉海军基地形成犄角之势，是美、日控制俄太平洋舰队进出太平洋"三峡"(津轻、宗谷、对马海峡）咽喉要道的最佳前进基地。

事件类型： activitydeploy

事件要素：

要素类型	区域	区域	区域	区域	触发词	区域	区域	国家	区域
要素名称	对马海峡）咽喉要道的最佳前进基地	宗谷	津轻	太平洋"三峡	进出	关岛阿普拉海军基地	釜山海军基地	韩国	佐世保

图6-14　美驻日军事基地书籍事件自动提取实现的情报感知

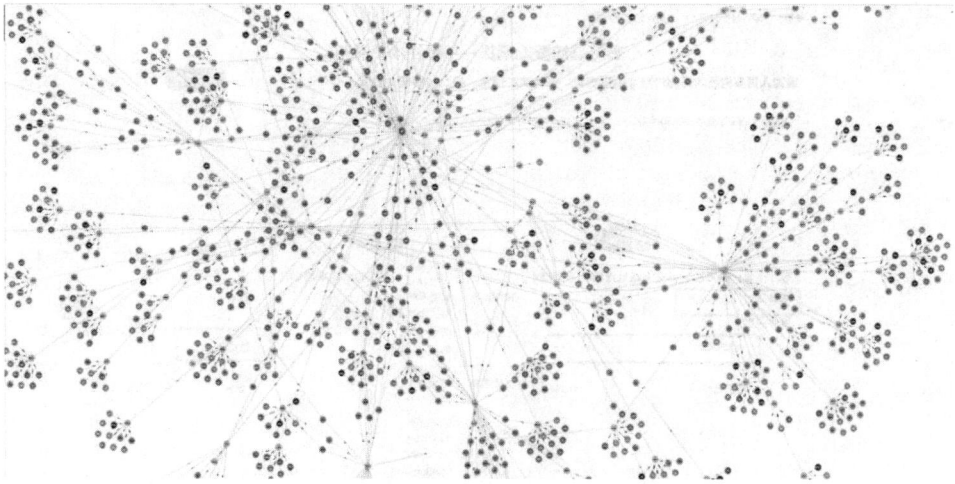

图 6-15　事件知识图谱与军事领域信息实体知识图谱融合

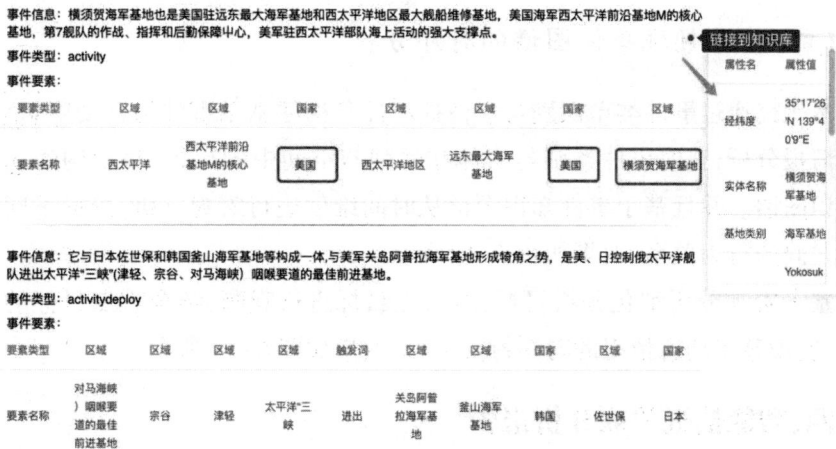

图 6-16　美驻日军事文献事件信息的实体链接实证

(三) 网络开源情报事件态势感知验证

通过上述事件态势感知抽取模型及实体链接技术方法,高效率完成所识别的事件类型、要素,以及包含了实体目标链接的精准知识详情的智能情报要素直观显示,如图 6-17 所示。同时,图 6-17 显示的"事件图谱"内嵌界面,实现了基于此事件的态势感知自动展示事件图谱的可视化效果。由决策人员得到的信息可知,此结果是基于领域知识的常识库链接而形成的,属于可靠情报。

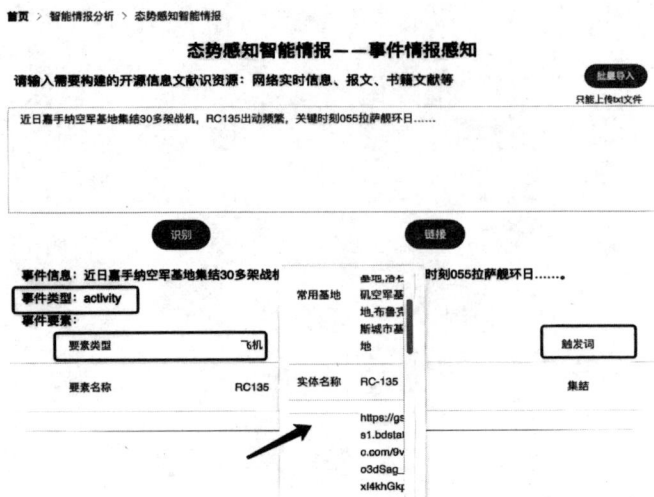

图6-17　美驻日军事文献事件信息的实体链接实证

(四)基于领域事件图谱的时序分析

本研究通过事件类型识别与事件抽取任务构建基于事件的自动解析模型,通过情报分析,获取事件类别与实体在时间与空间中的行为,自动构建动态事件知识图谱。并且基于事件知识图谱从时间维度进行宏观分析,挖掘不同实体目标之间的行为关系,效果如图6-18所示。

基于宏观分析细化分析目标,对重点目标进行观测,结合重点目标的历史行为,实现基于动态情报的时序特征分析,效果如图6-19所示。

四、智能情报关联分析报告

例如:2022年6月来自日本《读卖新闻》报道,"近日嘉手纳军事基地集结30多架战机,RC135出动频繁,关键时刻055拉萨舰环日……"。

参见第八章第四节(一)情报解析。

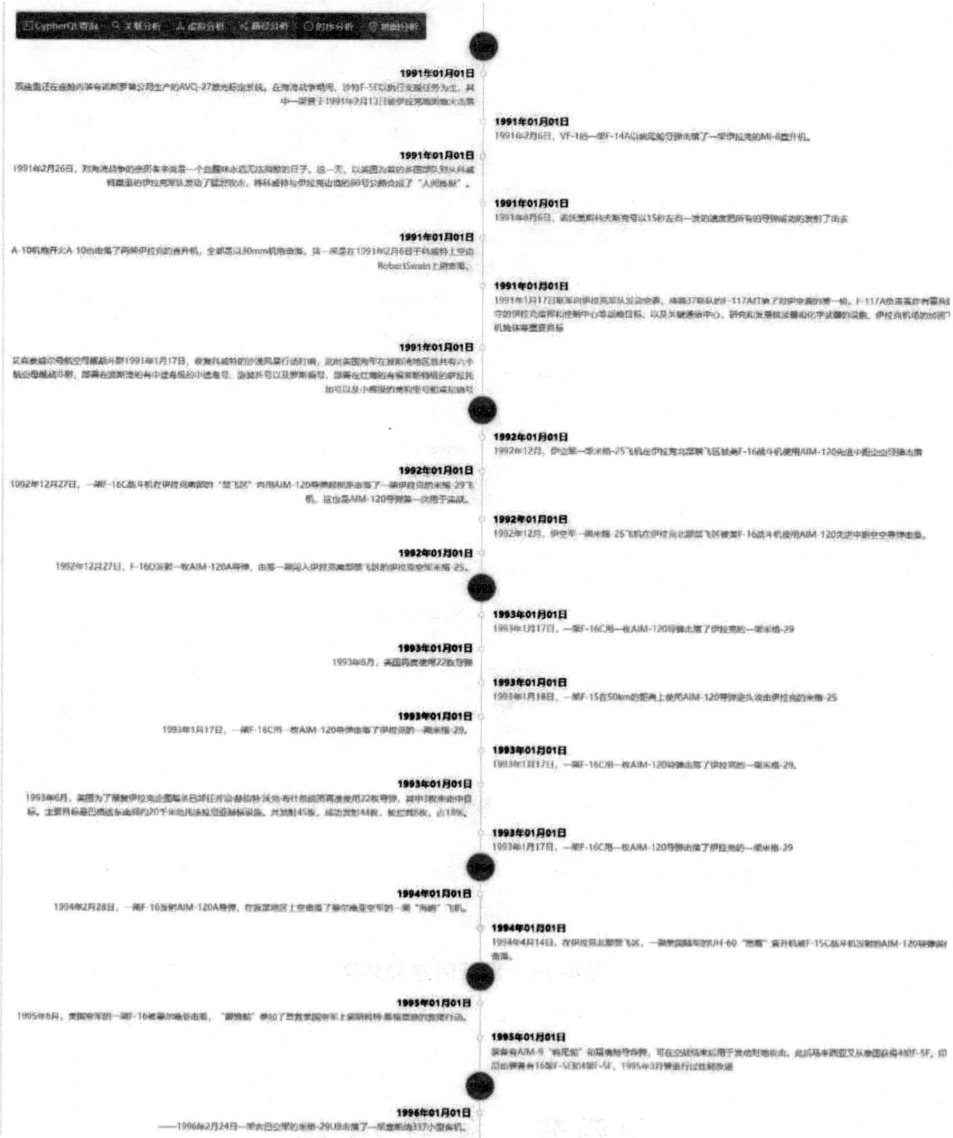

图 6-18　整体时序分析图

图 6-19　目标时序分析图

第四节　本章小结

　　本章采用机器学习、深度学习、知识工程等研究方法,结合国家情报工作的需求,完成了构建事件态势感知智能模型及分析方法总体研究框架。接着,完成了事件态势意图识别的事件类型及要素抽取模型的训练,并给出了态势跟踪的事件链接技术方法。同时,以军事书籍文献、网络文献情报信息作为新事件情报数据的来源,完成实证效果验证。研究结果表明:本章训练的事件抽取模型及态势感知分析方法的准确性与时效性,可满足国家情报工作决策者对实时事件情报态势感知及用决策情报供给智能情报服务的需求。

第七章 基于领域知识图谱的问答智能情报分析方法

从开源情报信息中获取精准知识,融合深度学习模型、知识推理技术与可视化方法,设计面向军事领域知识图谱的问答系统,构建"问句向导—问答交互—图谱解析—问答报告"的智能情报分析模式,实现精准的自然语言问句语义解析与应答的人机交互智能服务。研究结果表明,问答的平均准确率达到91.94%,研究方法在军事问答智能服务中具有较强的精准性与实用性,可满足军事问答的高效率需求。

第一节 问 题 提 出

情报信息是以各种形式广泛存在的、有多种多样的情报来源的信息资源。开源情报生成渠道、价值功能、开发利用,成为学界和业界关注的热点问题。目前,随着海量军事信息的开源情报激增,搜索引擎检索结果已经难以满足新型指挥信息系统对精准知识获取的需求。知识图谱,本质是一种有效的信息资源结构化的语义层组织方法,作为研究热点也被引入到了军事信息化、智能化的研究中来。基于知识图谱的问答(Knowledge Base Question Answering,KBQA)能够解析自然语言问题的语义,理解用户意图,经过自动推理后从知识库中查询找到用户想要的答案。显然,军事领域的知识图谱问答可以满足指挥员对相关知识资源的高效精准地交互需求,极大地促进军事知识应用的便捷性。然而,长期以来,限制问答技术发展的两大因素分别是缺乏高质量的知识资源和高效的自然语言分析技术,尤其是垂直领域的问答系统,对于精确检索答案的需求更加迫切。由于军事领域的独特性与保密性,军事领域问答系统面临一些问题。例如,军事领域缺乏开放的数据库,语料获取受限,通用领域问答系统的构建方法对于军事领域来说并不适用;与其他开放领域的问答系统相比,军事领域相关的问题形式相对有限,大部分都是针对军事实体简单知识的获取。所以,基于军事开源情报,构建精准高效的知识图谱问答系统,是军事信息资源共享与作战指挥知识获取亟须解决的重要问题。

有鉴于此,本研究尝试以军事书籍,网络信息等多源异构的开源情报作为数据来源,在构建军事知识图谱基础上,提出一种基于预训练模型的知识问答智能服务,促进军事信息资源整合与共享,提升军事情报智能服务能力。本研究的贡献如下。

第一,通过军事问答系统技术指标的优化,奠定情报智能服务的基础。优化包括三方面:一是采用 RoBERTa 预训练语言模型及数据增强技术,为问句理解提供充分的数据基础,提升意图类型识别智能化程度;二是研究军事知识图谱的本体结构和问题类型,采用数据增强技术生成问句,通过融入知识图谱内的三元组信息生成海量数据,解决问答系统中命名实体识别的低资源问题;三是采用 RoBERTa 预训练模型进行 BFQ 二元事实类问题的关系抽取,针对部分CFQ 复杂问题,通过联合 RoBERTa 预训练模型与依存语法分析进行关系抽取,从而提升问题解析效率。

第二,基于高质量的军事图谱问答系统,在作战指挥、模拟演习等活动过程中提供情报智能辅助决策服务保障。其体现在以下三个方面:一是从语义层实现对军事领域知识实体单元获取,形成情报服务的最短路径;二是通过知识实体单元的多维关联分析,实现潜在相关情报线索的及时供给;三是以图文融合形式生成情报报告,提升辅助决策支持的效率。

第二节　相　关　研　究

以新一代人工智能的知识图谱作为运用信息资源组织方法构建的军事问答系统,是一种基于知识自动化方式的情报智能服务技术方法。目前,军事知识图谱问答系统的关键技术突破及应用研究效果是评判两个重要智能化水平的重要指标。因此,从技术相关研究与场景应用两方面进行分析。

一、军事知识图谱问答的技术相关研究

创新是军事知识图谱的问答系统性能提升的关键动力。基于模板规则的方法在军事领域中得到了广泛运用,该方法实现原理简单,但需要定制大量模板,耗

时耗力,无法应对非模板的问答情况。因此,基于语义解析的军事知识问答系统得到了许多学者的关注。基于语义解析的问答系统的核心环节是问句分类及问题理解。Dou 根据答案生成的复杂程度,按问题类型将问句划分为简单问题、逻辑推理问题及不确定推理问题,并提出解决思路;Li 提出将问句理解转化为若干个二分类,构建支持向量机多分类器的问句分类方法;Wang 提出了一种基于 TextCNN 的问题模版匹配方法。以上研究从问句分类的视角探索了自然语言问题的匹配度。问句理解是问答系统的核心问题。其中,Yu 等人基于词典和 AC 自动机的方法实现快速实体识别和问题词提取;Li 等人提出对语料进行标注之后经过 word2vec 向量化,再使用 BILSTM-CRF 实体(属性、关系)识别的方法进行命名实体识别。同时,为了提升问句中实体提取的鲁棒性,实体链接处理成为效的解决思路。例如,Wang 设计的问答系统使用基于词典的实体和属性识别,针对实体识别准确率低的问题提出基于倒排索引的候选实体生成和基于要素的实体消歧方法;Dou 通过相似度计算的方式进行实体链接,以避免问题抽取到的实体名称与图谱中的实体名称不一致的情况出现,并考虑当单纯的相似度度量已经无法唯一确定对应的实体时,提出使用用户交互的方式来进行实体消歧;Liu 提出基于朴素贝叶斯分类器的模板匹配方法识别问答,并针对复杂军事实体识别、关系与属性抽取探索了问题理解的处理思路,相较之前的方法进一步提升了问题理解的智能程度。通过以上分析可知,军事知识图谱问答的关键技术在不断突破中,但仍存在人机交互不够智能的问题。例如,由于问题模版受限,问句意图识别的答非所问;由于军事领域标注语料稀疏,在问句理解过程的实体及关系抽取精度不够,会影响问答的人机交互效果。

二、军事知识图谱问答的应用相关研究

军事知识图谱的问答研究具有重要的实践意义,无论是简单场景的陈述类问题,还是复杂的军事知识推理,都是情报的一种重要保障。但综合来看,国内军事领域知识图谱问答应用成果仍较少。其原因在于军事领域知识图谱的精准度要求较高,自动化构建的技术水平难以满足实践应用需求,人工构建的成本高且难以扩展等问题比较普遍。车金立等基于百科知识的军事装备构建了问答应用;薛坤基于互动百科、环球军事的结构化与非结构化数据构建了军事知识图谱,并通过模板规则匹配完成简单问题问答;李代祎等构建了军事武器知识图谱与问答应用,针对军事武器的实体属性的问题进行了解答;王震南在

装备体系、作战实践、作战能力等本体指导下,提出军事装备实体、属性与关系的知识图谱,并结合作战事件解析,探索军事场景下实体属性简单问答和作战事件问答,提供了一种军事具象场景下的情报保障思路。该研究在技术实现上存在着训练集小、人工构建模板有限等问题。另外,研究未考虑军事装备与其他军事建制要素的关联性,不利于情报的关联分析。

鉴于以上军事知识图谱问答技术与应用的研究分析,本研究以军事领域的网络及书籍作为情报数据源,分析军事建制中的区域、装备等本体规则,探索基于 RoBERT 预训练模型的问答系统技术,高效率、精准地实现情报人员对作战指挥、模拟演习等场景下军事问答智能服务。具体贡献体现在三方面。

第一,综合考虑构建军事知识图谱的数据内容和军事问答系统需要回答的常见问题。采用 RoBERTa 预训练语言模型及数据增强技术,完成充足的问句分类数据集合,为问句类型的理解提供了海量的数据准备,实现问句理解的优化。

第二,基于军事知识图谱的本体结构和军事问答中涉及的问题类型,采用数据增强技术与知识图谱相联合的方式实现问句生成,通过融入图谱内的三元组信息生成海量数据,解决低资源场景下问答系统的命名实体识别问题。

第三,针对军事问答中不同类型的问题,采用 RoBERTa 预训练模型进行 BFQ 二元事实类问题的关系抽取,针对部分 CFQ 复杂问题,采用 RoBERTa 预训练模型与依存语法分析相联合的方法进行关系抽取,从而提升问句理解效率。

第三节　研究目标与研究过程

一、研究目标

融合深度学习模型、知识推理技术与可视化方法设计面向军事领域知识图谱的问答系统,构建"问句向导—问答交互—图谱解析—问答报告"的智能情报分析模式,实现精准的自然语言问句语义解析与应答的人机交互智能服务。

二、框架设计

构建基于开源情报的军事知识图谱问答系统,实现用户以自然语言问句形式提问的精准回答,为用户提供高效率人机交互的智能情报服务。问答系统总体框架包括数据层、业务层与用户层。其中,数据层为基于开源军事书籍及网站的信息构建了知识图谱,业务层支持人机交互精准问答请求与响应的逻辑处理方法与技术,用户层则提供了交互友好的问答展示服务,如图 7-1 所示。

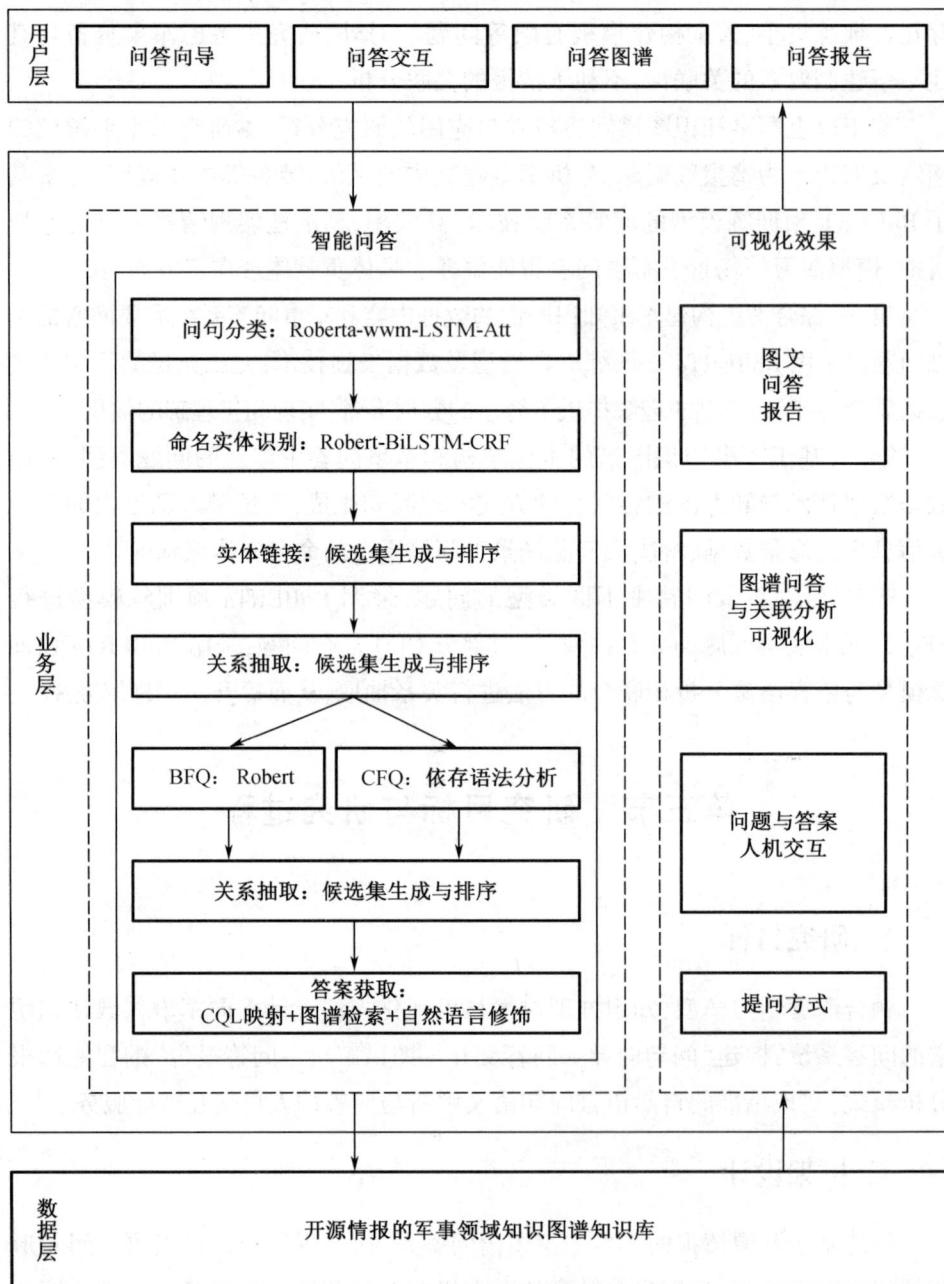

图 7-1　系统总体框架设计

（一）数据层：知识图谱构建

根据可演化知识库的构建阐述，构建军事领域知识图谱的数据来源于军事书籍、军事百科知识网站、军事百科网、军事新闻公众号的半结构化等开源情报，即依据军事知识本体特征，完成本研究的本体构建，效果如图7-2所示。

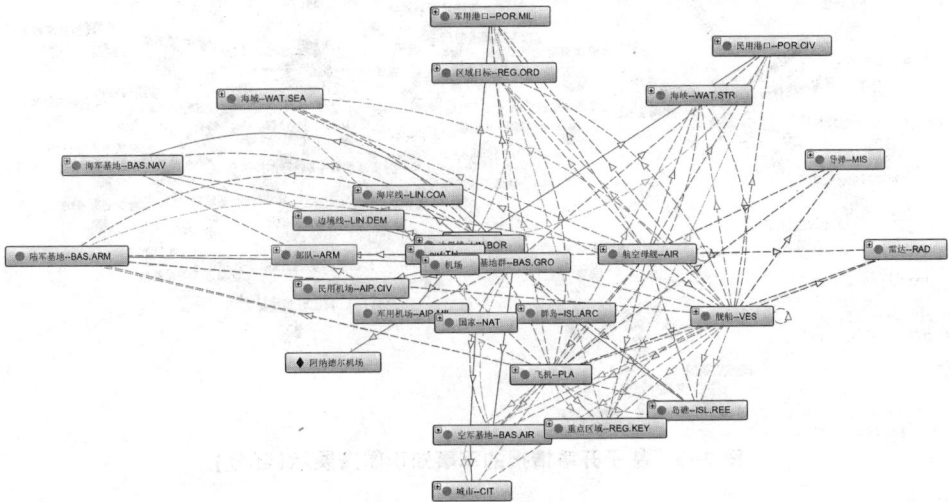

图7-2　知识图谱本体示意图

经过实体抽取、关系抽取以及属性抽取等过程，以及知识融合和质量评估完成知识图谱构建，并存储于 Neo4j 图数据库中，部分知识图谱展示如图7-3所示。

当前，知识图谱包含实体数量为 3 037 个，关系数量为 4 733 个，属性数量为 3 032 个。知识图谱的本体的实体、关系以及属性类别及实例数量统计情况，如表7-1所示。为保障领域知识的时效性，还需要根据用户的需求，运用知识图谱自动构建方法，不断更新维护知识图谱。

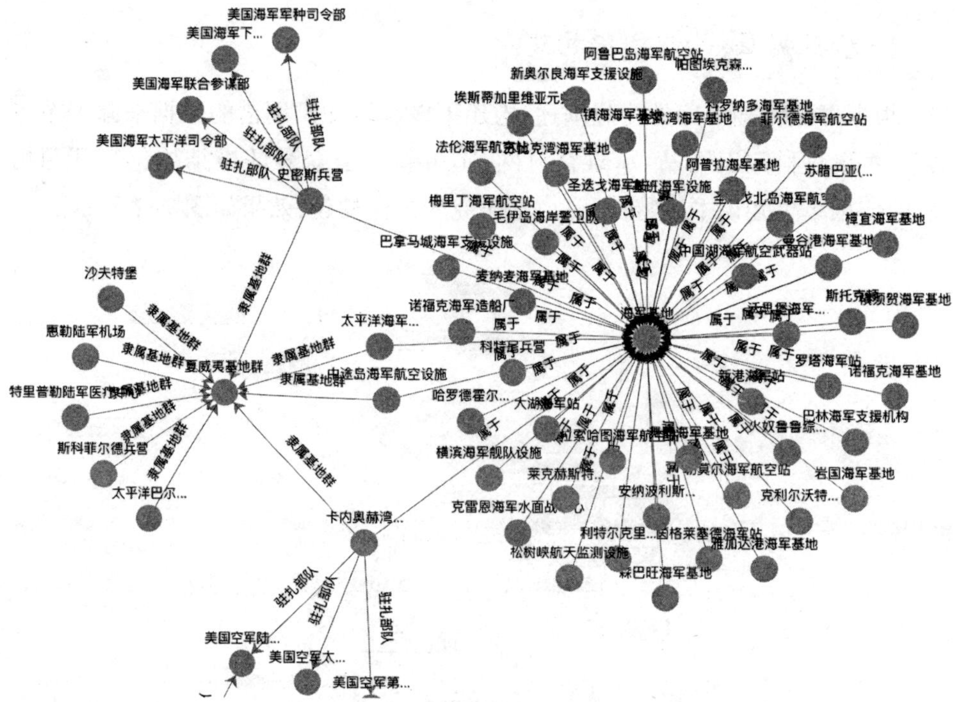

图 7-3 基于开源情报的军事知识图谱展示(部分)

表 7-1 基于开源情报的军事知识图谱构建情况统计

项目	数量/个	示例
实体大类	10	基地群、飞机、舰船、港口、群岛、城市、部队、机场、部队、海域等
属性种类	96	实体名称、翼展、最大起飞速度、经纬度、飞机数量、英文名称、机长等
关系种类	23	周边、位于、常驻、装备、编队、属于、隶属基地群、驻扎部队等
实体数量	3 037	F-22 战斗机、小鹰号、安德森空军基地、横须贺海军基地、夏威夷基地群等
关系数量	4 733	<F-22 战斗机,研发国家,美国>,<F-22 战斗机,装备雷达,AN/APG-77>等
属性数量	3 032	实体名称:F-22 战斗机,翼展:78.04 m²,最大起飞质量:8 000 kg

(二)业务层:知识图谱问答

知识图谱问答的业务层是本节研究的核心部分,主要分为自然语言的问句理解和答案提取两个步骤。其中,问句理解包含问句分类、命名实体识别、实体链接、关系匹配模块;答案提取利用问题中抽取出的信息,采用启发式规则结合领域知识图谱推理获得。本问答系统的智能性的关键技术体现在以下几点。

1. 基于丰富的人工模板的数据增强技术实现充分的问句分类

系统依托军事领域知识图谱,共设计 9 大类 20 小类的问题类型,如表 7-2 所示,相较以往军事问答的问题类型,覆盖更为全面。问句分类任务需要大量有监督数据,而军事问答领域的问句类型有限且知识库多为专有名词,又缺乏开放的数据源,难以获得大量的训练集。因此,本研究结合问句分类的 9 大类 20 小类问题类型,分别设计对应的种子模板,构造自然语言形式的问句,每小类对应构造 8 到 15 个种子模板,共获得种子模板 220 个。同时基于 EDA 思想,利用已构建的知识图谱进行 EDA 数据增强,共获得带标签问句 5 587 115 条,大小为 514MB。之后,按 7∶2∶1 切分进行模型训练。最后,采用预训练语言模型 RoBERTa 进行问句的语义信息表示,同时利用双向 LSTM 网络进行问句的特征抽取,又引入 Self-Attention 机制聚焦于问句中的关键语义信息,进而提取到更有区分能力的文本特征,从而更好地为下游任务服务。为了进行问句分类任务,将上文中 Attention 机制的输出,传入 Softmax 层进行结果预测。

表 7-2　问题类型的人工模板

序号	问句大类	问句小类	示例
1	属性值问答	单实体单属性	F-22 战斗机的翼展长度是多少?
2		单实体多属性	F-22 战斗机的翼展长度、作战半径和飞机数量都是多少?
3		多实体单属性	F-22 和 RQ-4A 全球鹰的机长分别为多少米?
4		多实体多属性	F-22 机长及小鹰号的翼展各是多少?
5	属性值区间筛选	单属性单区间	最大起飞质量大于 20 000kg 的战斗机有哪些?
6		单属性多区间	航速在 10~25kn 的舰船有哪些?
7		多属性多区间	航速在 10~20 kn 之间,满载排水量在 50 000~90 000t 之间,且吃水深度在 10~12 m 之间的舰船有哪些?
8	最值	实体最值	航速最快的驱逐舰是哪艘?
9		属性最值	翼展最长的喷气式飞机是?

表 7-2(续)

序号	问句大类	问句小类	示例
10	一跳关联实体问答	对单实体的连接实体查询	小鹰号搭载了哪些舰载机?
11	数值统计类问答	对单实体的满足某种关系的实体数量统计	韩国的民用飞机有多少架?
12		对单实体满足某种关系且满足单个属性的实体数量统计	韩国的最大飞行速率超过 0.82 马赫的民用飞机有多少架?
13		对单实体的满足某种关系且满足多个属性的实体数统计	韩国的巡航速率大于 0.7 马赫,且最大飞行速率超过 0.82 马赫,载货量大于 18 立方米的民用飞机有多少架?
14	数值比较类问题	双实体单属性	F-22 战斗机和 RQ-4A 全球鹰谁的作战半径更大?
15		多实体单属性	小鹰号、马里兰号战列舰和罗德岛号战列舰哪艘舰船的满载排水量更大?
16	是否类问答	单实体单属性	小鹰号的航速是 30 kn 吗?
17		单实体多属性	小鹰号是航速为 30 kn,吃水深度为 10 米的航母吗?
18		单实体的尾实体确认	小鹰号有搭载 F-14 战斗机吗?
19	对比类、问答	两个实体的所有属性值对比	伊丽莎白女王号和小鹰号作为航母的区别是?
20	关系查询问答	任意两个实体的关系查询	小鹰号和肯尼迪号的关系是?

2. 基于小样本实体标注语料的命名实体识别方法

由于在识别了问句的意图类型后,需要对问句中存在的命名实体进行识别,以提供实体链接模块候选的主题实体。所以,命名实体识别是一个较为关键的步骤。然而,命名实体识别任务同样需要大量标注数据,而本研究的任务是基于问答场景下的。因此,首先复用问句分类任务构造的 220 个种子模板,进行适当筛选后获得 180 个种子模板;其次采集维基百科的飞机类、舰船类等本研究定义的类型词条信息,并对 OpenKG 的开源军事武器装备知识图谱的结构化数据进行数据清洗等预处理,构建军事领域词典,共获得领域词汇 22 658 个;再利用已构建的知识图谱进行 EDA 数据增强,最终获得标注数据 EDA 的命名实体识别数据集共 1 560 728 句,总计 278MB。采用预训练语言模型 RoBERTa 作为语义表示层,以充分利用预训练语言模型提供的丰富语义信息,获得问句中每个字符的深度上下文表示;采用双向 LSTM 网络作为语义编码层,来获取输入问句序列中的前后向信息,并解决长距离中的依赖问题;最后,采用 CRF 来进行语义信息的解码以获得最优的全局序列,保证标签的合法性,从而构建 RoBERTa-BiLSTM-CRF 的深度学习模型,最终构建本问答任务中的命名实体识别模块。

3. 实体链接:候选实体生成和排序

从知识库中为对应的命名实体识别抽取出候选实体集合;再通过计算集合中每个候选实体和命名实体识别的匹配度,如语义相似度等策略来完成实体链接。

4. 按照 BFQ 和 CFQ 问题复杂程度划分的关系抽取方法

为考虑问答系统的准确性和响应速度,本研究将问题类型划分为 BFQ 和 CFQ 两种进行分别处理。其中,BFQ 二元事实问题询问的是关于一个实体的属性的问题,而 CFQ 问题一般涉及多实体、复合关系并包含数值运算等。本研究包含构建的军事知识图谱中的 BFQ 问题和部分 CFQ 问题。首先,针对问句中仅包含单关系的问题采用属性映射的方式,将经命名实体识别获得的实体指称通过实体链接消歧后,对主题实体在图谱中的所有一跳链接关系进行召回,然后输入到微调的 RoBERTa 模型进行预测,视为一个二分类任务,获得正确的关系。而对部分 CFQ 问题,由于其中包含的实体和关系较为复杂,且涉及的问句意图种类多样,进行检索和推理的方式不同,因此本研究对于经问句分类判断后属于复杂场景下的问题,首先采用词性分析和依存语法分析获得其词性和句法的依赖关系,之后采用启发式规则进行语义和依赖上的缩减,获得对于答案提取来说重要的语义信息,抽取其关系等的缺失值。具体抽取过程如下:

第一,BFQ 一跳链接预测问题。

对于如"F-22 战斗机的巡航速度是多少马赫"类型的问题,在将问句中的实体指称"F-22 战斗机"成功链接到图谱中后,首先在图谱中获得其一跳范围内的所有属性和关系作为候选特征组 $R_t = \{R_1, \cdots, R_n\}$。之后将其和问句 Q 一同输入到 RoBERTa 模型中,输出其语义相似度的计算结果。模型结构如在输入的数据格式上有所差别。此模块的输入数据格式如下式所示:

$$X = [[CLS], Q, [SEP], R_t, [SEP]]$$

经过 RoBERTa 模型编码后得到其输出的隐层向量,再采用一个全连接层将其向量压缩至一维。将 [CLS] 对应的向量表示送到 Softmax 层中输出每个标签分类的概率,采用交叉熵损失函数进行微调。

运用构造标签正负比例为 1∶5 的样本数据集,将对单关系问句的关系抽取问题结合知识图谱内的结构化数据转化为一个二分类问题,计算问句和该问句中主题实体的候选关系的语义相似度,即标签为 1 的概率值,并进行排序,最终选择得分最高的关系作为问句中蕴含的关系。

第二,CFQ 复杂问句抽取问题。

输入包含多关系属性或涉及数值运算等 CFQ 问句时,根据问句分类获得的问句意图,以及命名实体识别获得的实体指称经链接后得到的主题实体,应首先采用依存句法分析对句子进行语义和句法结构上的解析。

例如"航速在 10~20 kn 之间,满载排水量在 50 000~90 000 吨之间,且吃水深度在 10~12 m 之间的舰船有哪些"这一问题,其经解析后获得的结果展示如图 7-4 所示。

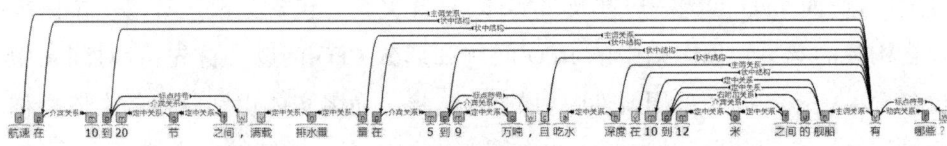

图 7-4 依存句法分析

此类型属于属性值筛选问答中的多属性多区间问题。对于此类问题,采用如下的启发式规则进行依赖缩减:

首先,分析句中的虚根节点,记录其主谓关系的从属词(dependent),作为候选属性词。接着,对候选属性词存在的依赖关系进行分析,将和其存在定中关系的从属词作为其修饰语,和候选属性词进行合并,获得更新后的候选属性词。然后,对候选属性词一定范围内相邻的介词进行分析,若该介词存在介宾关系,且其支配词(head)为数词,则将此支配词作为该候选属性的属性值。同时分析该数词存在定中关系的支配词,若其为量词,则作为该属性值的计量单位和属性值一同记入数值类候选属性组;若该候选属性词在一定范围内不存在介词或数词,则将其记入非数值候选属性组。最后,将分析获得的数值类候选属性组和非数值候选属性组进行合并,完成提取。

经抽取和缩减后完成构建由图谱推理此类型问句时需要的关键语义信息,采用LCS 归一化和 Fasttext 词向量计算余弦相似度的方式完成关系和属性上的链接,之后和问句分类、命名实体识别、实体链接模块的输出一同输入到答案提取模块。

5. 答案提取算法

答案提取算法步骤,如表 7-3 所示。

表 7-3 答案提取算法

领域问答的答案提取算法
输入:自然语言问句 Q,知识图谱数据库 KG 输出:自然语言答案 A′

处理过程:

(1)基于问句分类模块对输入的问句 Q 进行分类,识别其意图,获得类别信息 Cls_Info。

(2)基于命名实体识别模块对问句 Q 进行实体抽取,获得实体指称集合 $E = \{E_1, \cdots, E_n\}$。

(3)基于实体链接模块对实体指称集合 E 与知识图谱 KG 进行链接。采用二维特征抽取获得实体指称 E_m 的候选实体集合 $E_m^n = \{E_m^1, \cdots, E_m^n\}$,采用三维特征评估算法获得候选实体集合 E_m^n 的相似度分数 $S_m^n = \{S_m^1, \ldots, S_m^n\}$,通过 TopK 排序选择每个实体指称 E_m 的得分最高的候选实体作为链接后的主题实体集合 $E' = \{E'_1, \cdots, E \ldots_n\}$。

(4)基于关系抽取模块对问句 Q 进行关系的提取,根据类别信息 Cls_Info 对问题分类处理。单一属性或关系场景采用 RoBERTa 模型微调,利用主题实体集合 E' 和知识图谱 KG进行语义相似度匹配;复杂属性或关系场景采用 DSP 依存句法分析,并通过 LCS 归一化和基于 FastText 领域词向量的余弦相似度计算和知识图谱 KG 进行链接,抽取得最终的属性或关系集合 $R = \{R_1, \cdots, R_n\}$。

(5)由类别信息 Cls_Info、主题实体集合 E' 和关系信息 R 构建缩减后的问题语义元组 I,将其进行结构化映射后输入到知识图谱 KG 中进行查询和推理,获得答案 A。

(6)根据类别信息 Cls_Info 对答案 A 进行修饰,输出符合对话逻辑且语法通顺的自然语言答案 A′,返回给用户。

（三）用户层：人机交互前端

本系统用户层通过"问答向导"提升用户对系统的适应性，按照问答系统的相关实体、关系、属性以及问题类型进行了实例化的问题提示；通过"军事问答交互"与"军事问答图谱"形成对问题解析与回答的文图对应响应，提升了用户对系统知识的信任度；同时，也可以通过"军事问答图谱"进一步关注在本轮问答中相关实体的属性以及关联实体的知识获取，充分展示知识图谱的知识表示对关联分析的优势。最后，用户可以通过"军事问答报告"，选择人机交互过程中需要传递的或者留存的情报知识生成图文结合的问答报告，流程设计如图 7-5 所示。

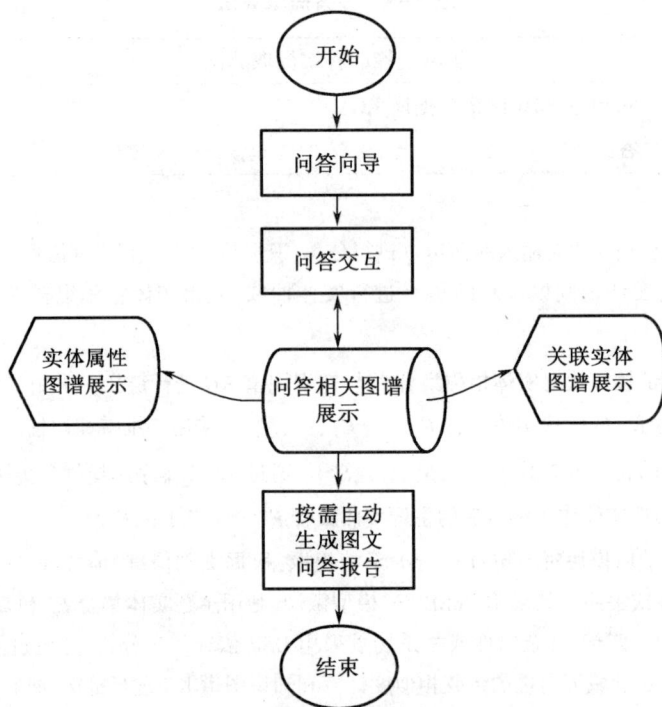

图 7-5　问答人机交互前端的流程

三、实验过程

(一)实验数据准备

1.军事知识图谱

本研究基于开源的军事书籍及军事网站等情报,通过实体抽取、关系抽取以及属性抽取等过程,经过知识融合和质量评估完成知识图谱构建,存储于Neo4j图数据库,包含实体数量为3 037,关系数量为4 733,属性数量为3 032。

2.问句分类数据集

问句分类任务需要大量有监督数据,而军事问答领域的问句类型有限且知识库多为专有名词,又缺乏开放的数据源,难以获得大量的训练集,因此本研究结合问句分类的9大类20小类问题类型,分别设计对应的种子模板构造自然语言形式的问句,每小类对应构造8到15个种子模板,共获得种子模板数220;并基于EDA思想,利用已构建的知识图谱进行EDA数据增强,共获得带标签问句5 587 115条,大小为514MB,之后按7:2:1切分进行模型训练。

3.命名实体识别数据集

命名实体识别任务同样需要大量标注数据,而本研究的任务基于问答场景下,因此首先复用问句分类任务构造的220个种子模板,进行适当筛选后获得180个种子模板;其次采集维基百科的飞机类、舰船类等本书定义的类型词条信息,并对OpenKG内的军事领域数据集进行数据清洗等预处理后构建军事领域词典,共获得领域词汇22 658个;并利用已构建的知识图谱进行EDA数据增强,最终获得标注数据EDA数据集共1 560 728句,大小278MB。

标签数量统计见表7-4。

表7-4　名实体识别EDA数据集

实体类型	数量	实体类型	数量	实体类型	数量
NAT	150 000	CIT	269 100	BAS	264 272
PLA	242 181	MIS	221 826	ISL	197 904
VES	218 714	RAD	126 642	AIR	205 112
WAT	126 715	ARM	106 542	AIP	185 250
STA	146 684	REG	128 825	POR	188 031

4. 关系抽取数据集

一跳链接预测的关系抽取任务同样需要构造自然语言形式的问句,并针对其属性或关系构建可能的问法。同样基于 EDA 的思想,首先构建种子模板集,对于每种关系或属性设计 3~5 个自然语言形式提问的种子模板,共计获得 139 个;并利用知识图谱进行增强,从知识图谱中对应实体的属性或关系列表随机抽取替换,令正例标签为 1,负例为 0,以正负比例为 1∶5 的方式构建数据集,最终获得用于关系预测的带标签问句 151 975 条,大小为 7.33MB。

(二) 实验配置与环境参数

本研究的实验环境配置,如表 7-5 所示。

表 7-5　实验环境配置

配置项	配置值
操作系统	Ubuntu
GPU	NVIDIA GeForce RTX 2080 Ti
Python	3.6.0
Tensorflow	2.2.0
内存	62GB
显存	11GB
硬盘	200GB

本研究采用 RoBERTa-wwm-ext 作为预训练模型,其由 12 层 Transformer 组成,每一层隐状态的输出维度为 768。实验中涉及的其他超参设置如表 7-6 所示。

表 7-6　模型训练的实验参数

参数名称	参数值
Batch_size	256
Seq_max_len	256
Dropout	0.4
RoBERTa learning rate	5e-5

表 7-6(续)

参数名称	参数值
BiLSTM learning rate	8e-3
LSTM unit	128
optimizer	RAdam
word_ngram	1
window	5
iter	100
sg	0
min_count	1
Word_size	300

(三) 实验评估指标

本研究对于命名实体识别和问句分类采用通用的评价指标,即精确率 P,召回率 R 和调和平均数 F1-Score 来判断各个类别识别的准确度,具体公式如下。其中,TP 表示正类被预测为正的样本,TN 表示负类被预测为负的样本,FP 表示负类被预测为正类的样本,FN 表示正类被预测为负类的样本。

$$P = \frac{TP}{TP + FP}$$

$$R = \frac{TP}{TP + FN}$$

$$F1 = \frac{2PR}{P + R}$$

其中,P 是对预测结果而言,指样本中正类被预测为正类的个数占总的正类预测个数的比例;R 指的是正类被预测为正类占所有标注样本的个数,即从标注角度看有多少被召回;$F1$ 值为综合精确率与召回率的评价指标,为召回率和精确率的调和平均值。

考虑到数据中存在的类别不均衡情况,统计每个类别的样本数量在总样本中的占比,最后采用加权宏平均(Weighted-Average)作为全部类别的准确度评估,具体公式如下:

$$P_{w-avg} = \sum_{i=1}^{K} \frac{TP_i + FN_i}{Support\_all} P_i$$

$$R_{w-avg} = \sum_{i=1}^{K} \frac{TP_i + FN_i}{Support\_all} R_i$$

$$F_{w-avg} = \sum_{i=1}^{K} \frac{TP_i + FN_i}{Support\_all} F_i$$

其中，K 为类别数；$Support\_all = \sum_{i=1}^{K} (TP_i + FN_i)$，代表全部类别的样本数。

本研究对于关系抽取部分，采用精确率（Precision）和正确率（Accuracy）进行评估，正确率表示正确分类的样本数占总样本的比例，其计算方式如下：

$$A_{cc} = \frac{TP + TN}{TP + TN + FP + FN}$$

对于问答系统整体准确性的评估，采用郑实福等提出的问答系统评价指标，根据前文分类，对每类问题分别设计了 50 条进行测评，以验证其性能，计算方式如下：

$$A = \frac{t}{T}$$

其中，t 表示每类中回答正确的问题数，T 表示每个类别总的问题数。

（四）实验结果及分析

1. 问题分类实验结果

在进行问句分类时，词向量层采用 RoBERTa 预训练模型，并用 word2vec、BERT 进行对比；语义编码层采用 BiLSTM，采用 LSTM、BiGRU 进行对比实验；解码层采用 CRF。实验结果如表 7-7 所示。

表 7-7　不同深度学习问句分类算法评估

模型	P_{w-avg}	R_{w-avg}	F_{w-avg}
RoBERTa-wwm-BiLSTM-Att	0.997	0.998	0.998
RoBERTa-wwm-LSTM-Att	0.994	0.995	0.995
RoBERTa-wwm-BiGRU-Att	0.996	0.995	0.995
RoBERTa-wwm-BiLSTM	0.995	0.996	0.996

由表 7-7 可以看出，RoBERTa-wwm-BiLSTM-Att 模型各项指标均取得了较好的效果。由于自然语言存在时序性的特点，LSTM 网络中的记忆单元有效

地提取了文本的时序信息;采用双向的 LSTM 网络后,比起单向网络新增了逆向的信息,有效增强了模型的学习能力。

而从实际效果上来看,BiLSTM 仍然存在着一定的不足。加入 Attention 机制后,其在问句分类的任务上能够学习到文本间的规律,以给予更重要的词更多的权重方式,成功捕获了对当前句子来说关键的语义特征。相比普通的 RoBERTa-wwm-BiLSTM 模型,P_{w-avg} 值提升了 0.02%,R_{w-avg} 值提升了 0.02%,F_{w-avg} 值整体提升了 0.02%。

2. 实体抽取实验结果

在进行命名实体识别时,词向量层采用 RoBERTa 预训练模型,利用其从大规模无标签语料中获得的先验语义信息;语义编码层采用 BiLSTM,采用 LSTM、BiGRU 进行对比实验;解码层采用 CRF,将数据集按 7:2:1 划分为训练集、测试集和验证集,实验结果如表 7-8 所示。

表 7-8　不同深度学习实体抽取算法评估

实验内容	模型	P_{w-avg}	R_{w-avg}	F_{w-avg}
不同词向量	Word2vec-BiLSTM-CRF	0.995	0.996	0.995
本实验模型	RoBERTa-wwm-BiLSTM-CRF	0.998	0.998	0.998
不同下游模型	RoBERTa-wwm-LSTM-CRF	0.996	0.996	0.996
	RoBERTa-wwm-BiGRU-CRF	0.996	0.997	0.997

从表 7-8 中可以看出,利用问句模板结合知识图谱的三元组,采用 EDA 数据增强技术进行自动构建的命名实体识别数据集,能够有效解决当前任务中的命名实体识别问题。在仅用 word2vec 作为词向量层的情况下,BiLSTM-CRF 模型的 F_{w-avg} 值达到了 99.5%。采用预训练语言模型 RoBERTa 后,当前模型的 F_{w-avg} 又小幅提升了 0.3%。在下游模型的对比方面,LSTM 和 BiGRU 的表现在当前任务上相比 BiLSTM 均有所下降,差距在 0.02% 左右。RoBERTa-wwm-BiLSTM-CRF 模型在当前任务上表现最佳,达到了 99.8%。

3. 关系抽取实验结果

在一跳链式预测的关系抽取模型实验中,在 RoBERTa 预训练模型的基础上进行微调,通过获得输出的隐藏向量采用全连接层将其压缩至一维后,利用 Softmax 层进行预测输出,对比实验选择 BERT。实验结果如表 7-9 所示。

表 7-9　关系抽取实验评估

模型	指标	训练集	验证集	测试集
BERT-FC	Precision	0.981	0.983	0.984
	Accuracy	0.989	0.993	0.993
RoBERTa-wwm-FC	Precision	0.987	0.986	0.989
	Accuracy	0.996	0.996	0.997

由表 7-9 数据可知,两种预训练语言模型进行关系预测时效果相差并不大,在测试集上采用动态掩码机制和全词掩码的 RoBERTa-wwm 仅比 BERT 模型的 P 值高了 0.5%,Acc 高了 0.4%。而该模型在本任务上整体取得的效果较好,分析部分错误样例后发现,关系和问句的错误匹配受限于构建数据集的种子模板的限制,后续进一步提升其种类和形式变化可以取得更好的效果。

四、问题分类问答系统测评

在问题分类测试中,针对本书设计的 9 大类问题对 1 000 条问题进行评估。评估效果统计如表 7-10 所示。

表 7-10　关系抽取实验评估

问题标识	问题类别	测试问句数量/条	答案正确数/条	正确率/%
Attr_va	属性值类	200	187	93.723
Attr_va_span	属性值区间筛选类	150	134	89.28
extremum	最值	100	93	92.592
one_hop_rel	一跳关联实体	50	46	92.0
numerical_statistics	数值统计类	150	133	88.667
numerical_comparison	数值比较类	100	93	92.592
bool	是否类	150	138	92.165
contrast	对比类	50	46	92.405
find_rel	关系查询类	50	47	93.654

在设计的 9 类问题中,属性值类问题问答效果最好,达到了 93.72%;数值统计类问题回答准确率最低,为 88.728%;系统平均回答准确率为 91.94%,说

明本研究提出的问答系统能够较好地基于军事领域知识图谱回答军事问题方面的知识。其中,数值统计类和属性值区间筛选类问题低于系统平均回答准确率,属性值区间筛选类问题在涉及多属性多区间时,回答错误的问题存在问句中的若干属性遗漏现象;其他类型的错误问题中存在解答过程中涉及的知识在图谱内缺失导致不能准确回答的情况。测评结果为今后问答系统的改进指明了方向。

第四节　美国海外军事基地问答
智能情报服务实证

一、文献情报信息源描述

本章实证研究的数据来源均来自美国海外军事基地相关的文献情报信息。抽取的智能情报主要应用于两方面,一是用于问答的知识图谱库由智能情报模型方法构建而成的"美国海外军事基地"知识库完成;二是用于基于知识图谱智能问答的知识推理智能情报分析。数据的详细介绍参见本章实验部分的第三节第一部分"实验数据准备"以及第三部分"实验过程"。

二、问答智能情报服务实证分析

根据"问句向导—问答交互—图谱解析—问答报告"实体对象的智能情报分析模式,展开实证分析。

(一)"问答向导"功能

根据系统"问答向导"需求的设计实现两种向导方式。

一是系统以"实体"大类为目标的常用提问方式作为提问引导,可快速理解用户关注的问题。如关于"飞机"相关问题,向导中呈现出以"F-22战斗机"为例的若干相关,诸如"翼展长度、与其他飞机的比较类问题以及最值"等提问方式。可将其复制到提出框直接使用,或复制后经过修改进行使用即可。

二是系统以滚动条的方式展示常用实体实例问题的提问方式,用户可直接点击问答页面最上方的问题提示进行提问,如"小鹰号、马里兰号战列舰和罗德岛号战列舰哪艘舰船的航速更快"或"F-22战斗机的最大起飞质量是多少"。

(二)"问答交互与图谱展示"功能

根据系统的"问答交互"与"图谱展示"需求的设计,实现对问答交互及关注节点的相关节点及属性信息。以驻日军事基地的目标为例,例如"安德森空军基地隶属于"。系统经过"正在思考"响应出答案:"安德森空军基地的隶属基地群是关岛基地群"。同时,在"图谱展示"同步出现"安德森空军基地"与隶属关系的"关岛基地群"图谱,通过"节点展示类型"中的"关联节点"与"属性节点"交互,可进一步获取关注目标实体的信息。例如,当点击安德森空军基地的"属性节点"时,页面中将出现"安德森空军基地"的装备、国别、驻扎部队等属性;若选择"关联节点",并双击与"安德森空军基地"隶属关联的"关岛基地群"节点时,图谱展示区将会延展关联节点。同理,在"关联节点"下,选择与"关岛基地群"呈现"包含"关系的"美国亚太基地",则获取到节点信息;否则,可以回到"问答窗口",进行下一轮的提问。

(三)"问答报告"功能

根据系统的"问答报告"需求的设计,实现对当前用户多轮交互提问的知识的汇总报告功能,当决策人员想获取关于安德森空军基地的知识情报,则可提问"安德森空军基地隶属""关岛基地群包含",以及"美国基地"三个交互提示示例;根据用户对交互过程中的知识"勾选"与"确认",如图7-6所示。此时,页面同步出现提出的问题、答案以及答案的节点图示,效果如图7-7所示。最后,点击"导出"即可下载基于知识图谱的问答报告。

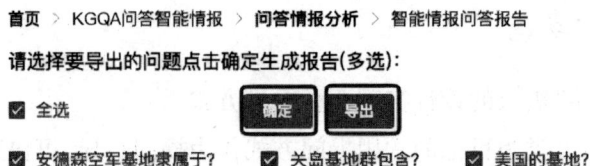

首页 > KGQA问答智能情报 > **问答情报分析** > 智能情报问答报告

请选择要导出的问题点击确定生成报告(多选):

☑ 全选　　　　[确定]　[导出]

☑ 安德森空军基地隶属于?　☑ 关岛基地群包含?　☑ 美国的基地?

图7-6　问答报告动态生成

三、问答智能情报系统服务功能评测

问答系统的准确率性能测试常用的方法是按问题分类设计问答语料。按

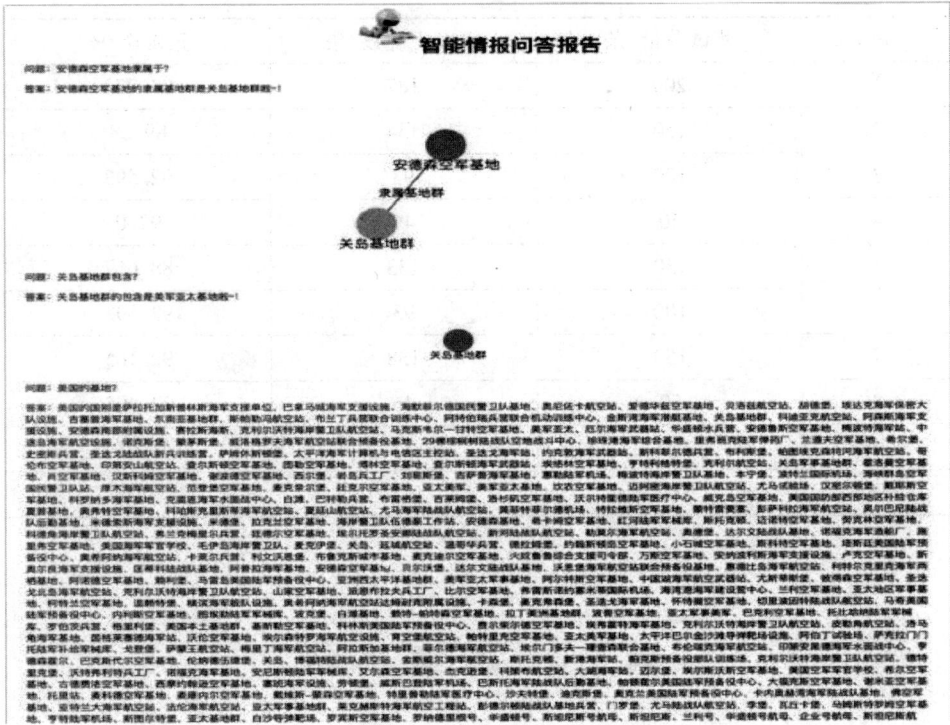

图7-7　问答报告导出

照系统回答的准确率评价系统公式如下：

$$A_{cc} = t/T$$

其中，A_{cc}表示返回结果的准确率，T表示测评中的测试问句数。

　　系统测试按照问题分类的9类问题，总计完成1 000个测试数据，并经人工确认返回的答案是否正确，总体评测情况如表7-11所示。其中，9类问题评测的平均准确率为91.94%，说明本系统能够较好地获取军事领域问题的知识。其中7类问题评测的正确率大于或者等于92%，属性值区间筛选累问题与数值统计类问题分别为89.28%与88.67%，略低于评测的平均值。分析评测有误的答案发现，对属性值区间类问题的多属性多区间提问时，存在问句中的若干属性遗漏问题。另外，军事知识图谱存在知识缺失现象，例如，系统中某些军事基地存在缺失经纬度等问题。未来须不断提高军事知识图谱自动构建模型精准度，从而更准确自动更新补全知识图谱知识库，提升系统的问答精准率。

表 7-11　问答系统评测结果

序号	测试数量/条	答案正确数/条	正确率/%
1	200	187	93.723
2	150	134	89.28
3	100	93	92.592
4	50	46	92.0
5	150	133	88.667
6	100	93	92.592
7	150	138	92.165
8	50	46	92.405
9	50	47	93.654
总计	1 000	917	91.7

第五节　本 章 小 结

　　本章采用知识图谱的信息资源组织模式构建了军事问答系统,实现了基于知识自动化方式的智能服务。研究结果表明,文本提出的 Pipline 方法实现了基于开源情报信息来源的军事知识图谱问题系统。其优势之一是采用 RoBERTa 预训练模型以及数据增强方法探索了领域知识图谱问答系统中的语料稀疏问题,有效地从知识价值稀疏的开源数据完成了知识图谱的情报资源组织,提升了领域信息资源中的知识关联共享;优势之二是提出的方法与技术有效提升了知识问答的准确率,为军事信息系统以及指挥人员提供了知识获取的便捷性与智能性。另外,系统基于"问答向导""问答交互""图谱展示"以及"问答报告"的人机交互用户层的友好设计,结合系统高效率、精准的用户体验,在测试阶段得到了用户的一致好评。

　　相比同类问题的研究,本章的 Pipline 方法也存在着一定的局限性。首先,此种方法存在误差传递的问题,问答系统的整体性能容易受到子模块性能的影响;其次,采用依存句法分析来完成多关系的提取仍然具有一定的局限性,设定不同的启发式语义规则使其能够适用于不同场景下的语义关系抽取仍是一项艰巨任务;最后,领域知识图谱结合人工构造的种子模板的 EDA 数据增强,须进一步提升泛化性及迁移性。未来将研究如何进一步使用预训练语言模型中的信息，以更低的成本生成更多样化和高质量的数据。另外，将尝试采用端到端的方法探索中文领域知识图谱问答。

第八章　基于领域知识图谱的智能情报服务原型系统

工程化意味着把经验、技巧、常识和知识进行固化、理论化、规范化,建立一个可重复创造有价值产品的最优系统,以验证研究主题的理论依据、技术方法的有效性与可靠性。因此,本章引入软件工程经典 MVC (Model – View – Controller)三层模式,以开源情报信息源的数据为起点,按照前文第四、五、六、七章智能情报全生命周期的提炼技术方法,利用软件工程的方法完成原型系统开发,为国家情报工作提供人机协同的智能情报服务方式。需说明的是,本章搭建的智能情报服务系统显示名称为"基于领域知识图谱的智能情报引擎",本章论述过程中的实证截图及文字描述所见的"智能情报服务原型系统"与"智能情报引擎"是指同一个软件系统服务平台。

第一节　智能情报服务系统架构设计

在"数"(数字)的智慧化与"智"(智慧)的数字化的双重数智赋能下,本研究基于新一代认知智能与深度学习相结合,提出了一种 SI_MVC 智能情报服务,探索数智技术对信息资源重组实现的一种智能情报提炼的可复用架构设计。

一、SI_MVC 智能情报服务架构设计模式

根据第四、五、六、七章智能情报提炼生命周期过程,本节提出 SI_MVC (Smart Intelligence_Model View Controller)智能情报服务的 MVC 模式。该模式通过 Model 模型层与 View 视图层分离设计,降低数据模型层与智能情报的知识推理控制层的耦合度,提升在领域智能情报功能需求调用数据建模的迁移性,如图 8-1 所示。其中,Model 数据模型层——选择海量的开源情报文献信息源

为对象,进行智能的情报价值重组进而形成智能情报语料库、智能情报知识库及智能方法库;智能情报提炼的 Controller 控制器层——从 View 视图层到 Model 数据模型层的智能情报组件——基于模型的情报方法 SI(DIKW_DKG)的组件,包括智能情报语料库模型、智能情报识别模型与智能情报方法库模型;而智能情报生产 View 视图层——满足"特定领域智能情报需求"的人机交互智能情报的请求与响应界面,包括智能情报语料自动标注、智能情报知识库、多维智能情报获取的人机交互功能。

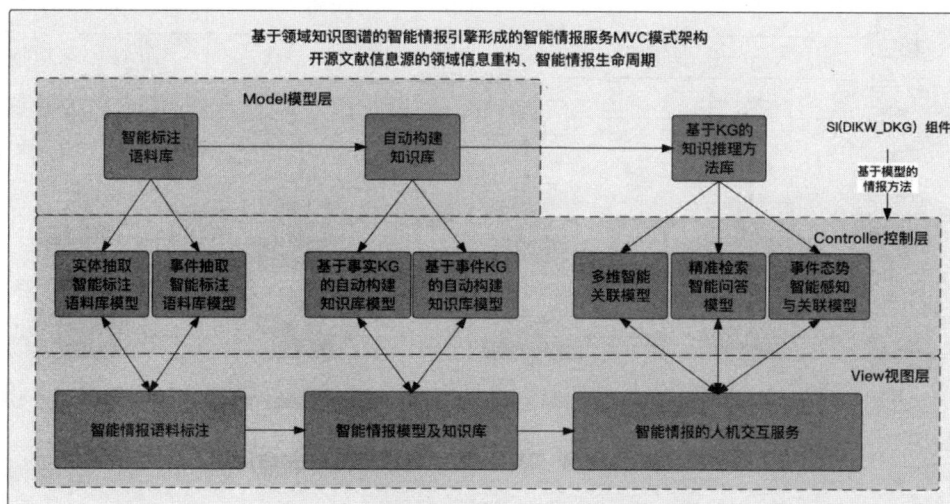

图 8-1　智能情报服务 MVC 逻辑框架

二、SI_MVC 智能情报服务的 SI(DIKW_DKG)智能情报组件解析

SI(DIKW_DKG)是 SI_MVC 的智能情报核心组件,如图 8-2 所示。从 DIKW 概念链的数据、信息、知识与智慧要素研究视角出发,基于 DKG(Domain Knowledge Graph)领域知识图谱的生命周期:知识获取、知识预处理、知识信息抽取与知识存储、知识推理应用等认知智能技术,实现 DIKW 各要素智能映射的智能情报生命周期 SI(DIKW_DKG)的控制加工,并以人机交互的满足为目标。具体通过以下三个阶段控制演化进程。

第一阶段,基于 DKG 的数据到信息的智能映射:引入新情报观,即以开源网络文献作为情报文献信息源,作为知识获取方式,采用自然语言处理、深度学习与领域知识本体构建等,实现智能情报标注语料。

第二阶段,基于 DKG 的信息到知识的智能映射:基于高质量与数量的智能标注的语料、运用深度学习的算法,训练若干模型进行知识信息的抽取,并对其进行知识存储,形成 Neo4j 图结构化的语义信息知识存储,实现智能情报模型及知识方法。

第三阶段,基于 DKG 的信息到智慧的智能映射:根据情报场景需求,基于领域知识驱动与深度学习的数据驱动相结合,实现的知识推理方法及模型的服务平台,满足人机交互智能情报服务。

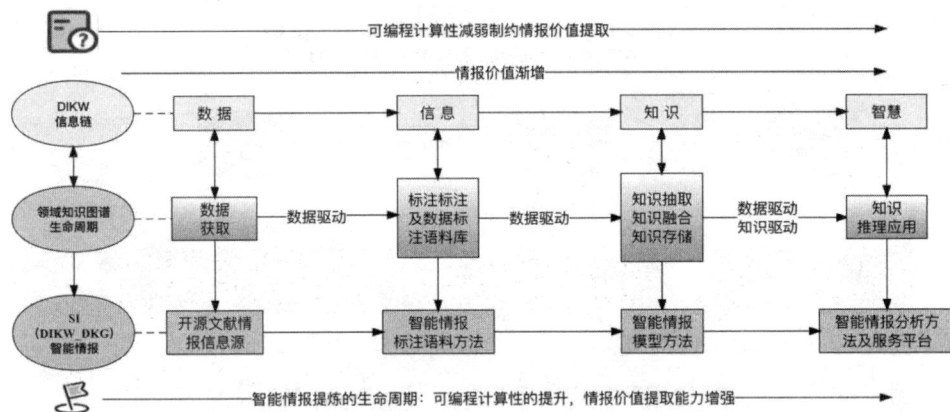

图 8-2   SI(DIKW_DKG)智能情报提炼的生命周期

第二节   智能情报系统人机交互服务模式

本书构建针对战时情报的智能情报辅助决策服务系统,实现了用户对战时实时情报的智能解析、情报态势的实时追踪、多维深度广度剖析及智能问答系统的精准问答,为相关人员全方位了解实时情报并做出精准详细的战略决策提供了极大的便利。此智能情报辅助决策系统总体框架包括数据层、业务层和用户层。其中,数据层包含获取的战时实时情报、基于开源军事书籍及网络信息构建的军事领域知识图谱,以及基于开源军事书籍和网络信息构建的军事领域事件知识图谱;业务层包含情报分析的逻辑方法与技术、情报态势跟踪逻辑方法、多维深度广度分析的逻辑方法及智能问答的逻辑方法;用户层则提供给用户有好的可视化交互界面、结果展示与报告导出等服务,如图 8-3 所示。

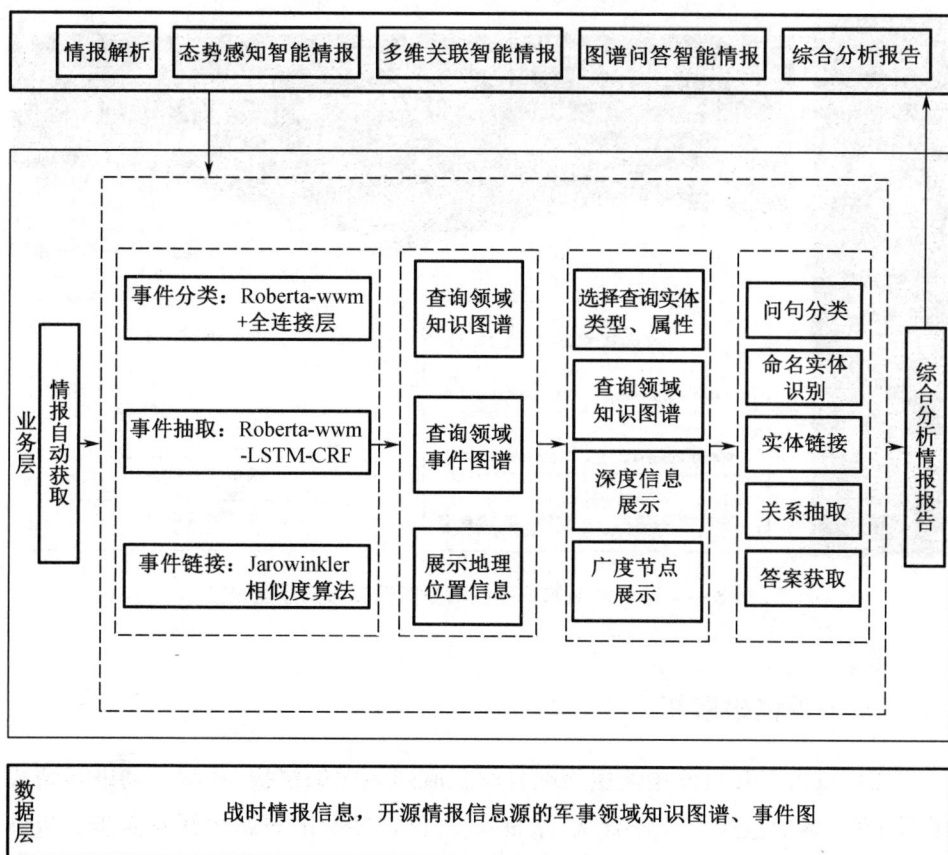

图8-3 智能情报引擎服务模式

第三节 美国海外军事基地的智能
情报服务实证

根据前文研究的数据模型准备、智能情报逻辑方法的 API 封装及前端人机交互的功能开发,完成了基于领域知识图谱的智能情报引擎,并以国家情报工作相关的军事领域进行了验证,效果如图 8-4 所示,该平台已部署运行(http://siengine.aikg.cn)。

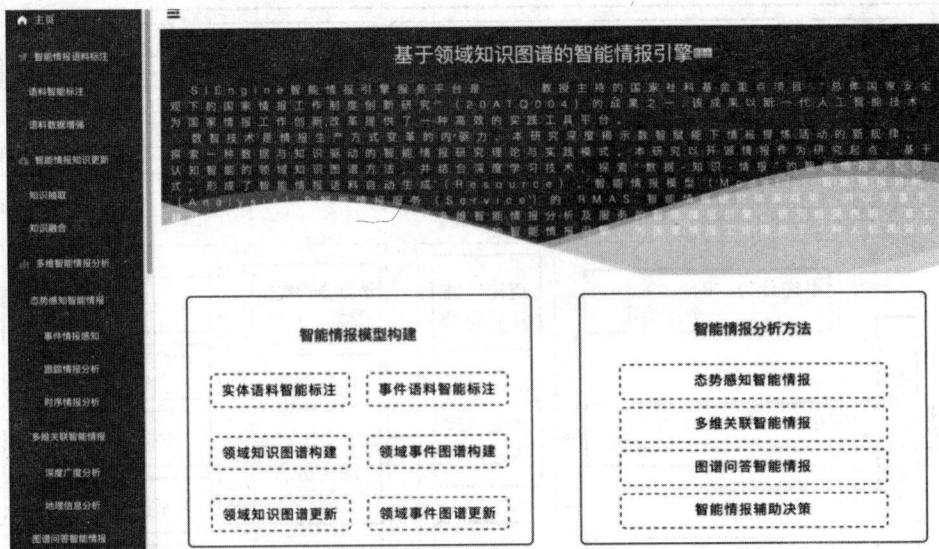

图 8-4　基于领域知识图谱的智能情报服务原型系统

一、事件情报解析

用户点击交互页面中情报终端自动获取列表中的情报,系统自动进行情报解析工作,其中包括事件分类、事件抽取、事件链接及情报态势跟踪四步。事件分类及抽取以表格的形式展示在页面中,事件成功链接的实体要素以高亮展示,用户可通过点击高亮实体查看成功链接的实体在知识图谱中存储的详细属性信息,同时可以选择需要跟踪的动态目标查看目标的地理位置变化。例如,情报"一九九零年五月,一架 B-2A 从海坛岛起飞,随后在安德森空军基地上空被 B-1B 攻击"的解析效果如图 8-5 所示。

情报类型即为事件分类的结果信息,情报要素即为事件抽取的要素信息,高亮实体为成功链接知识图谱数据库的实体,右侧点击可以查看链接实体的相关属性信息。选择飞机"B-2A",点击跟踪后可查看目标地理位置变化及具体信息。再次选择情报"一九九零年五月八日,一架 B-2A 在乌山空军基地降落"进行分析,选择"B-2A 跟踪",可以看到在两个情报间对动态目标 B-2A 飞机的动态跟踪结果。

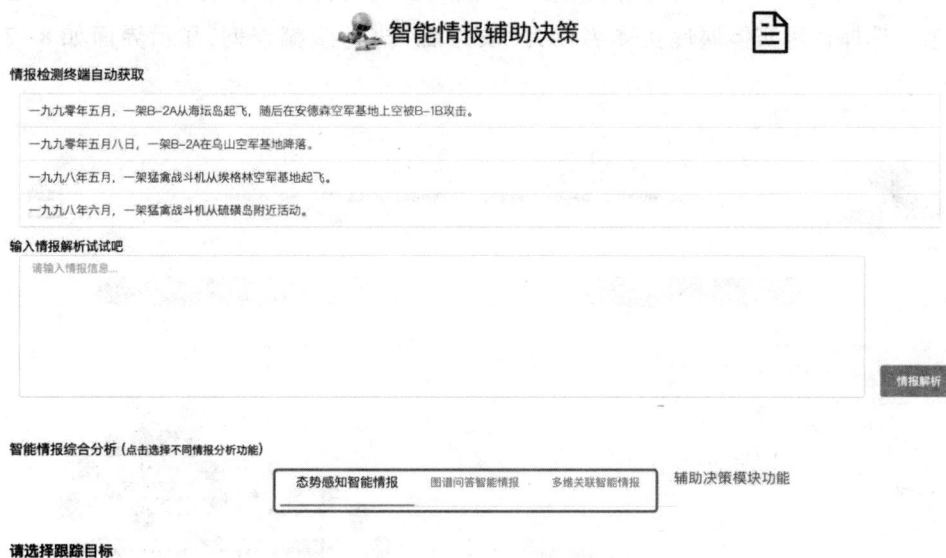

态势感知智能情报 图谱问答智能情报 多维关联智能情报 辅助决策模块功能

图 8-5 智能情报辅助决策

二、图谱问答智能情报

用户选择图谱问答智能情报菜单,进入智能问答模块功能界面,问答窗口可提供人机交互,使用户获得更加精准的答案。用户在问答输入框中输入自然语言描述的问题,例如"B-2A 与 F-22 战斗机有什么区别",页面左侧问答窗口展示问题具体的答案及相关的实体信息,右侧图谱展示问题相应实体节点及属性节点。另外,用户可以在右侧选择结点展示类型、结点属性或关联节点,通过实体节点点击,交互查看更多相关结点信息,系统界面如图 8-6 所示。

三、多维关联智能情报

用户选择多维关联智能情报菜单,可以进入多维关联分析页面。多维关联分析主要向用户提供查询本系统构建的基于军事领域知识图谱库的知识。用户可根据页面提示选择查找目标实体的类型、输入实体实例、选择目标实体的某个或多个相关属性信息,结合多个条件生成 Cypher 语句,查询存储在 Neo4j 数据库中的军事领域知识图谱,获得更多有关情报的军事知识。页面左侧展示根据条件查询到的实体列表信息,用户选择某一实体,页面右侧的表格形式展示目标实体深度关联分析结果(实体属性信息),图谱的结点形式展示目标实体广度关联分析结果(目标实体相关实体)。例如,选择目标实体类别为"空军基地",选择目标实体属性实体名称为"安德森"进行模糊查询,显示界面如8-7所示。

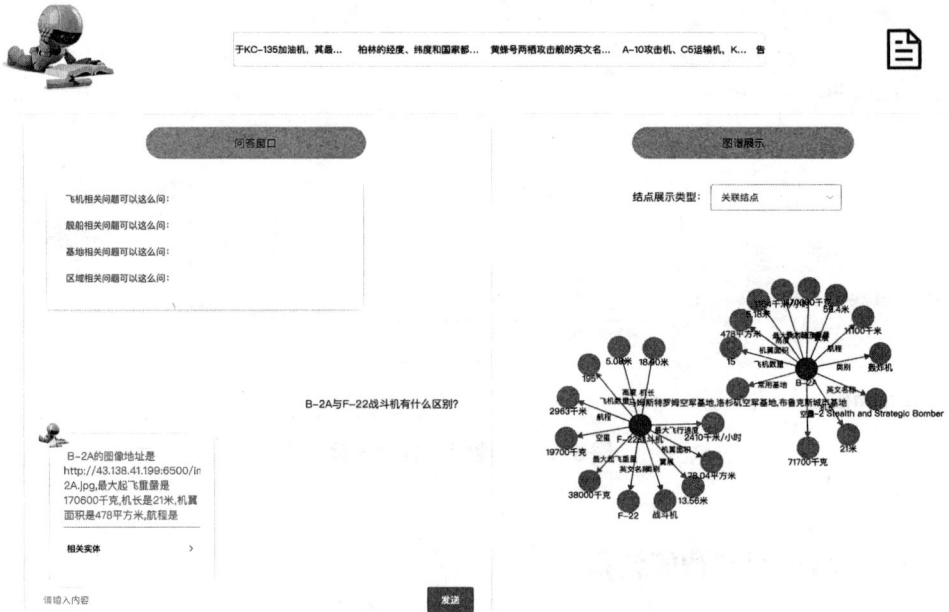

图 8-6　图谱问答智能情报效果展示

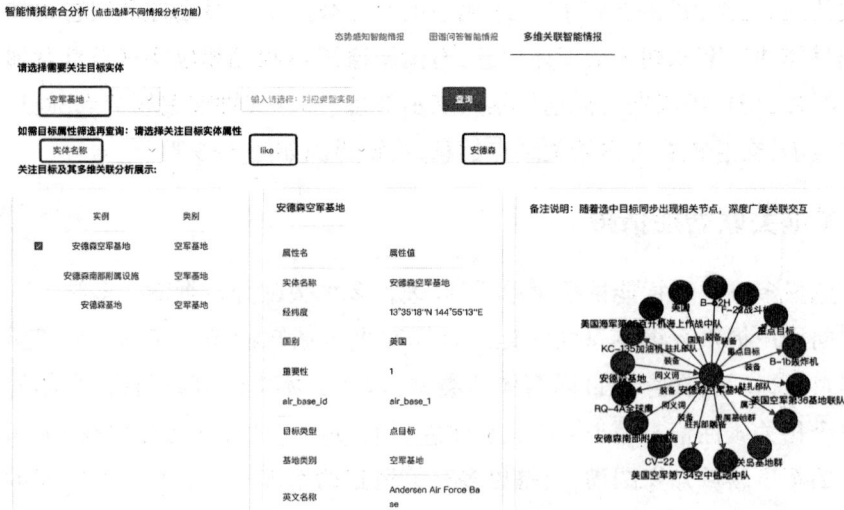

图 8-7　多维关联智能情报效果展示

最后,用户选择需要和有用的信息生成图文报告并导出,自动生成结构化的智能情报分析报告,效果如图 8-8 和图 8-9 所示。

问答分析:

问题:B-2A与F-22战斗机有什么区别?

答案:B-2A的图像地址是http://43.138.41.199:6500/image/B-2A.jpg,最大起飞重量是170600千克,机长是21米,机翼面积是478平方米,航程是11100千米,常用基地是马姆斯特罗姆空军基地,洛杉矶空军基地,布鲁克斯城市基地,最大飞行速度是1164千米/小时,英文名称是B-2 Stealth and Strategic Bomber,飞机数量是15,翼展是52.4米,空重是71700千克,高度是5.18米,类别是轰炸机。 而F-22战斗机的图像地址是http://43.138.41.199:6500/image/F-22%E6%88%98%E6%96%97%E6%9C%BA.jpg,最大起飞重量是38000千克,机长是18.90米,机翼面积是78.04平方米,航程是2963千米,最大飞行速度是2410千米/小时,英文名称是F-22,飞机数量是195,翼展是13.56米,常驻地是兰利空军基地,廷德尔空军基地,作战半径是759千米,空重是19700千克,高度是5.08米,类别是战斗机。

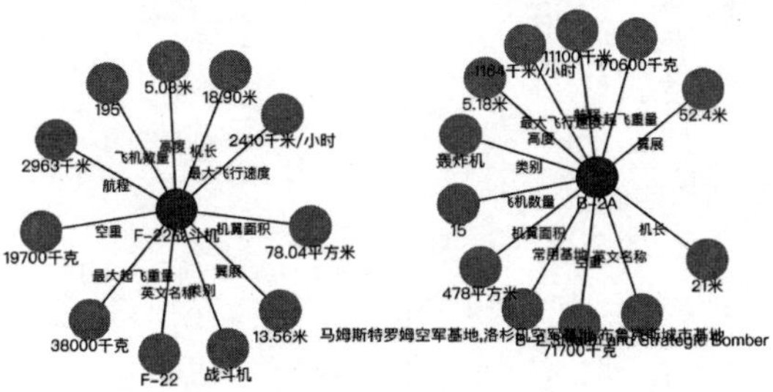

图 8-8　综合决策报告问答分析

多维分析:

空军基地 & 实体名称like安德森

安德森空军基地

实例	类别
实体名称	安德森空军基地
经纬度	13°35'18"N 144°55'13"E
国别	美国
重要性	1
air_base_id	air_base_1
目标类型	点目标
基地类别	空军基地
英文名称	Andersen Air Force Base
纬度	13.5882
经度	144.9202
隶属基地群	关岛基地群
占地面积	0.016平方公里
简称	安德森

备注说明:随着选中目标同步出现相关节点,深度广度关联交互

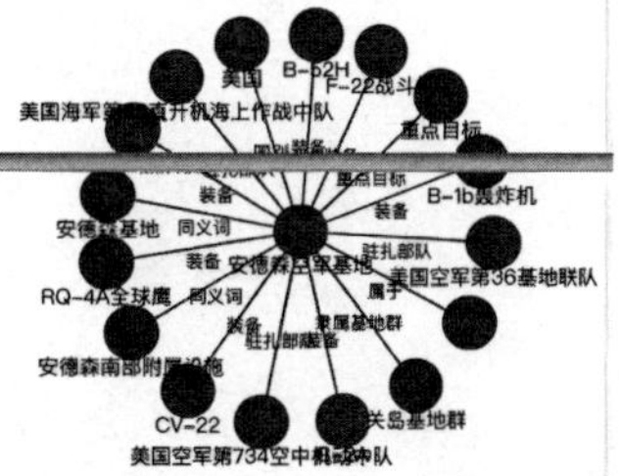

图 8-9　综合决策报告多维分析

第四节　本章小结

　　本章以软件工程方法对第四、五、六、七章提出的智能情报活动提炼生命周期,将智能情报语料、智能情报模型及多维智能情报分析方法进行封装,设计并开发了基于 MVC 软件架构模式下的智能情报服务平台。研究结果表明:本章中阐述的基于领域知识图谱的智能情报引擎为国家情报工作创新改革提供了一种直观的、高效率的、交互友好的智能情报服务方式。

第九章 结论与展望

一、研究结论

本研究从国家安全情报工作的精准智能情报服务需求出发,基于深度学习数据驱动与领域知识的知识驱动深度融合方法,探索了智能情报提炼活动的新问题,发现了智能情报生命周期的新规律,迈向可解释的、因果关系的、人机协同的认知智能情报服务辅助决策支持的探索研究。本研究从研究视角、研究方法本质上加速了智能情报服务的理论、方法与工具一体化进程。以下从发现研究问题、梳理研究问题相关的理论方法并确定本研究的理论依据、提出理论研究框架、提出研究问题的多种解决方案与实验实施研究过程,最后以工程思维验证研究方案可操作性,完成以下研究结论概述。

第一,本研究首先在第一章中的国家情报工作实践中发现痛点问题,结合广泛、深入的文献定量与定型的分析提出本书阐述的科学问题;再通过第二章中研究主题系统的理论研究,为全文研究明确了研究问题、研究的内容、技术路线及理论依据,充分保障了选题的准确性与研究内容的创新性。

第二,本书第三章提出的"基于领域知识图谱的智能情报体系理论逻辑框架"是一种有效的智能情报理论研究依据。在数智赋能情报生产方式变革时代背景下,依据新一代人工智能领域知识图谱形成了支持智能情报的认知路径,从智能情报生命周期的研究视角,创新性地提出了 S_CMAS 智能情报理论体系逻辑框架。该体系逻辑框架以开源文献情报信息作为数据来源,经过少标注智能情报语料自动策略方法(Small_Corpus)、智能情报模型(Model)、智能情报分析方法(Analysis)与智能情报服务(Service)的智能情报提炼过程,为智能情报研究问题奠定了坚实的理论基础。

第三,选择文献法、第四方式、自然语言处理、机器学习、深度学习、知识工程等研究方法,通过本书第四、五、六、七章提出一套"智能情报模型语料自动生成方法、基于领域知识抽取及领域事件抽取的智能情报构建方法、多维度的智能情报分析方法"，构成了智能情报提炼活动的智能情报生命周期。主要实现过程包括以下三点。

一是，文本第四章提出的"循环迭代与 EDA 改进的数据增强策略方法"，解决了文献情报信息中获取数据种类复杂、价值密度较低，且标注语料数据稀疏的问题情况下语料数据自动扩展问题。以保质足量的语料为智能情报模型训练提供有效的数据保障。

二是，本书第五、六、七章提出"SIM_PCAR 多维智能情报分析的智能情报服务模式"及实验方法验证了"基于领域知识图谱的知识与事件自动构建技术"，包括智能情报模型构建（Smart Intelligence Model），事件态势感知（Perception of Event）、要素认知（Cognitive of Entity Elements），关联分析、态势感知及智能问答的多维智能情报分析（Multidimensional intelligence analysis），智能情报报告（Report of Smart Intelligent）的有效性，该部分的研究为智能情报服务提供了准确的、可靠的技术方法支持。

三是，选择软件工程原型法通过本书第八章中以工程化的思想探索搭建了 SIEngine 智能情报引擎架构，对第四章、第五章、第六章、第七章提出的智能情报活动提炼生命周期中的智能情报语料自动生成、智能情报模型及多维智能情报分析方法进行封装，支持智能情报型服务。该部分基于领域知识图谱的智能情报引擎支持直观的验证智能情报提炼的全过程，为国家情报工作创新改革提供了一种直观的、高效率的、交互友好的智能情报服务方式，为基于领域知识图谱的智能情报研究进行工程转化提供可操作性的实践指导。

二、研究局限与展望

虽然本研究提出的领域知识图谱技术支持智能情报研究具有重要的理论实验研究价值，从研究方法、研究视角与研究观点上取得了创新性的探索成果，但由于研究主题智能情报的中智能特征的复杂性，本研究技术方案工程转化过程中仍然存在以下研究局限。

第一，由于人类智慧的复杂性导致领域知识本体构建难以驾驭领域中的语义表达，因此，本研究成果中国家情报工作相关的领域知识本体仍需要进一步优化。针对此问题访谈调研发现，在国家情报工作过程中，来自情报工作一线的问题剖析需要资深领域专家的深度参与，并反复实践论证，再不断完善，才能达到人机浑然一体的领域精准语义解析。因此，在工程转化应用过程中，须反复论证,充分保障研究技术方法有效的支撑研究应用的工程化目标。

第二,智能情报服务工程应用对智能情报模型的深度学习算法性能具有更高的要求,因此,本研究中对于领域知识抽取以及事件抽取智能情报模型仍需要进一步的优化,特别是知识复杂关系抽取问题的模型算法仍具有较大的提升空间。针对这类与第四章智能情报模型语料自动增强的问题,未来将围绕领域复杂关系下语料数据增强技术的探索,解决目前学术界与工业界普遍存在的痛点问题。

第三,本研究提出的人机交互的智能情报服务辅助决策智能解决方案,鉴于领域事件情报关系之间语义分析存在客观的复杂性,科学研究与工业界均具有深入探索研究的空间。有鉴于此,针对智能情报服务辅助策略智能性的提升问题,未来可考虑探索领域事理图谱构建关键技术支持智能情报推理研究,即从构建丰富的事件关系库出发,构建事件关系自动抽取的事理图谱情报库,并为在此基础上的决策方案推荐关键技术应用研究,继续深入探索智能情报服务辅助决策智能的新高度突破。

参 考 文 献

[1] 王知津.大数据时代情报学和情报工作的"变"与"不变"[J].情报理论与实践,2019,42(7):1-10.

[2] 贺德方.数字时代情报学理论与实践:从信息服务走向知识服务[M].北京:科学技术文献出版社,2006.

[3] 廖杨.新中国图书馆学的奠基工作《中国大百科全书·图书馆学、情报学、档案学》卷出版[J].图书馆学研究,1993(4):43.

[4] 刘石,李飞跃.大数据技术与传统文献学的现代转型[J].中国社会科学,2021(2):63-81,205-206.

[5] 王雅玲.试论文献载体三次变革对文献信息发展的影响[J].闽西职业大学学报,2003(2):63-65.

[6] 韩娜,马海群,张春春.网络文献的内涵界定与管理[J].文献与数据学报,2021,3(2):35-46.

[7] 陈国青,任明,卫强,等.数智赋能:信息系统研究的新跃迁[J].管理世界,2022,38(1):180-196.

[8] 刘宝珠,王鑫,柳鹏凯,等.KGDB:统一模型和语言的知识图谱数据库管理系统[J].软件学报,2021,32(3):781-804.

[9] 马玉凤,向南,豆亚杰,等.军事系统工程中的知识图谱应用及研究[J].系统工程与电子技术,2022,44(1):146-153.

[10] 张富利,张恩莉,向永慧,等.知识图谱技术在石油天然气勘探开发知识管理中的应用探讨[J].信息系统工程,2020(1):128-131.

[11] 马海群,刘兴丽,韩娜.基于关联规则的开放政府数据主题多政策协同性研究[J].情报科学,2022,40(4):3-8.

[12] 马超,温秀秀,田承东.一种面向城市服务资源的知识图谱系统架构[J].智能物联技术,2019,51(2):22-26.

[13] 陈瑞,曾桢.基于语义网技术的网络农业信息资源描述研究[J].信息技术与信息化,2020(5):160-163.

[14] NAVIGLI R, PONZETTO S P. BabelNet: The automatic construction, evaluation and application of a wide-coverage multilingual semantic network [J]. Artificial Intelligence,

2012,193:217-250.

[15] 翟娇娇. 面向知识图谱构建的知识融合问题研究[D]. 济南:齐鲁工业大学,2021.

[16] 韩霞,黄德根. 基于半监督隐马尔科夫模型的汉语词性标注研究[J]. 小型微型计算机系统,2015,36(12):2813-2816.

[17] BORTHWICK A. A maximum entropy approach to named entity recognition[D]. New York: New York University,1999.

[18] WALLACH H M. Conditional random fields:An introduction[J]. Technical Reports,2004, 53(2):267-272.

[19] 何炎祥,罗楚威,胡彬尧. 基于CRF和规则相结合的地理命名实体识别方法[J]. 计算机应用与软件,2015,32(1):8.

[20] COLLOBERT R,WESTON J,BOTTOU L,et al. Natural language processing (almost) from scratch[J]. Journal of Machine Learning Research,2011(12):2493-2537.

[21] 冯艳红,于红,孙庚,等. 基于BLSTM的命名实体识别方法[J]. 计算机科学,2018, 45(2):261-268.

[22] 买买提·阿依甫,吾守尔·斯拉木,帕丽旦·木合塔尔,等. 基于BiLSTM-CNN-CRF模型的维吾尔文命名实体识别[J]. 计算机工程,2018,44(8):230-236.

[23] 李丽双,郭元凯. 基于CNN-BLSTM-CRF模型的生物医学命名实体识别[J]. 中文信息学报,2018,32(1):116-122.

[24] 郭佳航. 基于深度学习的科技政策知识图谱构建及应用研究[D]. 北京:北京邮电大学, 2021.

[25] KIM J T,MOLDOVAN D I. Acquisition of linguistic patterns for knowledge-based information extraction[J]. IEEE Transactions on Knowledge and Data Engineering,1995,7(5): 713-724.

[26] CHIU S J,ALLINGHAM M J,METTU P S,et al. Kernel regression based segmentation of optical coherence tomography images with diabetic macular edema[J]. Biomedical Optics Express,2015,6(4):1172-1194.

[27] HOCHREIER S,SCHMIDHUBER J. Long short-term memory[J]. Neural Computation,1997, 9(8):1735-1780.

[28] GRAVES A,SCHMIDHUBER J. Framewise phoneme classification with bidirectional LSTM and other neural networkarchitectures[J]. Neural Network,2005,18(5-6):233.

[29] 车金立,唐力伟,邓士杰,等. 基于百科知识的军事装备知识图谱构建与应用[J]. 兵器装备工程学报,2019,40(1):148-153.

[30] 赵瑜,陈志坤,杨春. 基于开源数据的军事领域知识图谱构建方法[J]. 指挥信息系统与技术,2019,10(3):64-69.

[31] 薛坤.面向军事领域的知识图谱构建与应用研究[D].大连:大连理工大学,2020.

[32] 马江微,吕学强,游新冬,等.融合 BERT 与关系位置特征的军事领域关系抽取方法 [J].数据分析与知识发现,2021,5(8):1-12.

[33] LIU C G,YU Y L,LI X X,et al. Application of entity relation extraction method under CRF and syntax analysis tree in the construction of military equipment knowledge graph[J]. IEEE Access,2020(8):581-588.

[34] 姚奕,杨帆,刘语婵,等.军事装备概念图谱构建技术的应用与研究[J].火力与指挥控制,2021,46(9):125-132.

[35] 邢萌,杨朝红,毕建权.军事领域知识图谱的构建及应用[J].指挥控制与仿真,2020, 42(4):1-7.

[36] 王毅,沈喆,姚毅凡,等.领域事件图谱构建方法综述[J].数据分析与知识发现,2020, 4(10):1-13.

[37] 王飞跃.情报 5.0:平行时代的平行情报体系[J].情报学报,2015,34(6):563-574.

[38] 韩娜,马海群,刘兴丽.基于知识图谱的政策文本协同性推理研究[J].情报科学,2021, 39(11):180-186.

[39] SMITH L C. Artificial intelligence in information retrieval systems[J]. Information Processing & Management,1976,12(3):189-222.

[40] MACHLUP F,MANSFIELD U. The study of information:Interdisciplinary messages[M]. New York:Wiley,1984.

[41] 王延飞,刘记,赵柯然,等.智能信息技术发展现状、趋势与影响透视[J].情报学进展, 2018(1):117-153.

[42] SMITH L C. Artificial intelligence:Relationships to research in library and information science[J]. Journal of Education for Library and Information Science,1989,30(1):55.

[43] HSIEH C C,Hall W. Survey of artificial intelligence and expert systems in library and information science literature [J]. Information Technology and Libraries, 1989, 8 (2): 209-214.

[44] 吴世忠.图书情报学中人工智能应用文献的统计分析[J].知识工程,1991(1):41-44.

[45] 钱学森.科技情报工作的科学技术[J].情报杂志,1983(4):5-15.

[46] 任惠超,汪雪锋,刘玉琴.面向战略决策的科技情报智能分析系统实践[J].情报理论与实践,2022,45(4):27-34.

[47] 曾文,李辉,李荣,等.数据工程视角下的智能情报分析与应用探索[J].情报理论与实践,2018,41(7):31-34,39.

[48] 陈光祚.专家系统在情报检索中的应用[J].图书情报知识,1986(2):28-32.

[49] S·弗拉基米尔,朱江.情报学相关学科的共性和特性(文摘)[J].世界研究与发展,

1991,13(3):92.

[50] 邹永利.关于情报学认知观点的思考[J].图书馆,1999(1):8-11.

[51] 王延飞,赵柯然,何芳.重视智能技术 凝练情报智慧:情报、智能、智慧关系辨析[J].情报理论与实践,2016,39(2):1-4.

[52] 化柏林,李广建.智能情报分析系统的架构设计与关键技术研究[J].图书与情报,2017(6):74-83.

[53] 孟海华.无处不在的人工智能:Gartner 公司发布 2017 年度新兴技术成熟度曲线[J].科技中国,2017(10):1-9.

[54] 田倩飞,张志强.人工智能 2.0 时代的知识分析变革研究[J].图书与情报,2018(2):33-42.

[55] 冯秋燕,朱学芳.人工智能在情报工作中的应用研究[J].情报理论与实践,2019,42(11):27-33.

[56] 王延飞,赵柯然,陈美华.情报研究中的治学思考[J].图书情报工作,2017,61(16):55-59.

[57] 陆伟,杨金庆.数智赋能的情报学学科发展趋势探析[J].信息资源管理学报,2022,12(2):4-12.

[58] 张晓林.支持复杂场景下的决策智能:数据分析与知识发现的新挑战[J].数据分析与知识发现,2021,5(1):1-2.

[59] 刘细文.情报学范式变革与数据驱动型情报工作发展趋势[J].图书情报工作,2021,65(1):4-11.

[60] 黄风华,林波.知识经济时代的科技情报工作[J].科技情报开发与经济,2004(4):4-6.

[61] 范昊,郑小川.国内外开源情报研究综述[J].情报理论与实践,2021,44(10):185-192.

[62] 叶继元,成颖.情报的概念及其与信息链、DIKW 链的关系探讨[J].中国图书馆学报,2022,48(4):39-51.

[63] 张晓军.情报、情报学与国家安全:包昌火先生访谈录[J].情报杂志,2017,36(5):1-5.

[64] 舒新城,沈颐,徐元诰,等.辞海(上)[M].上海:中华书局,1936.

[65] 武夷山.我的情报梦[J].情报学报,2014,33(3):225.

[66] 图书馆·情报与文献学名词审定委员会.图书馆·情报与文献学名词-2019[M].北京:科学出版社,2019.

[67] 周军.试论军事情报的概念[J].情报杂志,2004(1):33-34,37.

[68] 徐跃权,刘晓铭,于涤.我国情报概念的特点及其对学科发展的影响[J].情报科学,2003(4):337-341,353.

[69] 李明瑞.信息战视域下军事情报研究[D].哈尔滨:哈尔滨理工大学,2014.

[70] 赵冰峰.情报学:服务国家安全与发展的现代情报理论[M].北京:金城出版社,2018.

[71] 肖鹏,苏永东,张睿,等.电网信息安全威胁情报自动化应用技术研究[J].网络安全技术与应用,2016(12):157-158.

[72] 胡望洋,邵安,舒洪水.基于事件侦测方法的自动化开源情报分析研究[J].情报理论与实践,2019,42(12):74-79.

[73] 徐晓彬,金鑫,文凯.炮兵战场情报处理自动化[J].四川兵工学报,2010,31(7):133-134.

[74] 司马珂,阮文华,仇理宽.基于模型的理念:认知提升与研发模式转型[J].科技导报,2019,37(7):30-35.

[75] 徐敏,李广建.情报分析模型综述[J].情报理论与实践,2018,41(2):14-21.

[76] 赵志耘,孙星恺,王晓,等.组织情报组织智能与系统情报系统智能:从基于情景的情报到基于模型的情报[J].情报学报,2020,39(12):1283-1294.

[77] 徐敏,李广建.第四范式视角下情报研究的展望[J].情报理论与实践,2017,40(2):7-11.

[78] 李艳,沈卓,陈嘉钰.情报分析的基本问题及研究进展[J].情报学进展,2020(1):120-164.

[79] 谢尔曼·肯特.战略情报:为美国世界政策服务[M].刘微,肖皓元,译.北京:金城出版社,2012.

[80] 栗琳,孙敏.数据智能技术驱动的情报全流程变革及发展[J].情报理论与实践,2020,43(10):7-12.

[81] 叶鹰.情报学基础教程[M].3版.北京:科学出版社,2018.

[82] 王飞跃.知识产生方式和科技决策支撑的重大变革:面向大数据和开源信息的科技态势解析与决策服务[J].中国科学院院刊,2012,27(5):527-537.

[83] 梁战平.情报学若干问题辨析[J].情报理论与实践,2003(3):193-198.

[84] 杨曦宇.大数据时代知识自动化及知识使用方式的变革[J].中阿科技论坛(中英文),2021(10):157-159.

[85] 王飞跃.软件定义的系统与知识自动化:从牛顿到默顿的平行升华[J].自动化学报,2015,41(1):1-8.

[86] 曾帅,王帅,袁勇,等.面向知识自动化的自动问答研究进展[J].自动化学报,2017,43(9):1491-1508.

[87] 程乐峰,余涛,张孝顺,等.信息-物理-社会融合的智慧能源调度机器人及其知识自动化:框架、技术与挑战[J].中国电机工程学报,2018,38(1):25-40,340.

[88] 李海平,齐卓砾,胡君朋.标准化领域知识图谱的构建和应用研究[J].中国标准化,2022(17)51-55.

[89] 徐增林,盛泳潘,贺丽荣,等.知识图谱技术综述[J].电子科技大学学报,2016,45(4):

589-606.

[90] 杨媛媛. 领域知识图谱的基本概念与构建特点[J]. 辽宁工业大学学报(社会科学版),
2022,24(3):57-61.

[91] 王海玲,康华,刘兴丽,等. 深度学习模型的矿业工程学科知识图谱构建[J]. 黑龙江科
技大学学报,2023,33(4):561-566,580.

[92] 于海英,张昊洋,刘兴丽. 融合预训练模型的中文事件抽取方法[J]. 黑龙江科技大学学
报,2023,33(5):753-758.

[93] 王昊奋,漆桂林,陈华钧. 知识图谱:方法、实践与应用[M]. 北京:电子工业出版
社,2019.

[94] 陈康. 基于需求知识图谱的微服务架构设计[D]. 重庆:西南大学,2020.

[95] 赵蓉英,魏绪秋. 聚识成智:大数据环境下的知识管理框架模型[J]. 情报理论与实践,
2017,40(9):20-23.

[96] 化柏林,郑彦宁. 情报转化理论(上):从数据到信息的转化[J]. 情报理论与实践,2012,
35(3):1-4.

[97] 卢艺丰,徐跃权. "互联网+"环境下信息链的重构:交互式信息链[J]. 情报科学,2020,
38(6):32-37.

[98] 赵红. 论情报的识别[J]. 新东方,2000(3):75-76.

[99] 谢新洲,张博诚. "新姿态,新贡献,新展望":马费成教授谈互联网时代情报学的发展、
应用及未来趋势[J]. 信息资源管理学报,2021,11(1):4-7.

[100] 孙建军,李阳,裴雷. "数智"赋能时代图情档变革之思考[J]. 图书情报知识,
2020(3):22-27.

[101] 吴心钰,王强,苏中锋. 数智时代的服务创新研究:述评与展望[J]. 研究与发展管理,
2021,33(1):53-64.

[102] 邱韵霏,李春旺. 智能情报分析模式:数据驱动型与知识驱动型[J]. 情报理论与实践
2020,43(2):28-34.

[103] 周圣伟. 生产方式变迁的因素分析及启示[J]. 华东经济管理,2003(S1):67-70.

[104] 文力浩,龙坤. 人工智能给军事安全带来的机遇与挑战[J]. 信息安全与通信保密,
2021(5):18-26.

[105] 高金虎. 军事情报学[M]. 南京:江苏人民出版社,2017.

[106] 马海群,张涛,张斌. 开源情报视阈下的国家情报工作制度创新研究[J]. 现代情报,
2022,42(1):33-39.

[107] 王海玲,王建,印桂生,等. 多特征融合的网格模型简化方法[J]. 计算机应用,2013,
33(11):3167-3171.

[108] 樊高月,宫旭平. 美国全球军事基地览要[M]. 北京:解放军出版社,2014.

［109］ WANG H L,YIN GS,WANG J,et al. Hybrid error metric algorithm for mesh simplification ［J］. Journal of Computational Information Systems,2012,8(23):10019-10026.

［110］ CAROLINE S,ISLAM O,FADY W,et al. Data augmentation techniques on Arabic data for named entity recognition[J]. Procedia Computer Science,2021,189:292-299.

［111］ 何晗. 自然语言处理入门[M]. 北京:人民邮电出版社,2019.

［112］ 刘明宝,侯杰. 美军武器装备命名规则简介[J]. 现代军事,2003(7):22-25.

［113］ 肖仰华. 知识图谱:概念与技术[M]. 北京:电子工业出版社,2020.

［114］ 刘炜,刘菲京,王东,等. 一种基于事件本体的文本事件要素提取方法[J]. 中文信息学报,2016,30(4):167-175.

［115］ 官赛萍,靳小龙,贾岩涛,等. 面向知识图谱的知识推理研究进展[J]. 软件学报,2018,29(10):2966-2994.

［116］ 陈二静,姜恩波. 文本相似度计算方法研究综述[J]. 数据分析与知识发现,2017,1(6):1-11.

［117］ 黄水清,王东波. 国内语料库研究综述[J]. 信息资源管理学报,2021,11(3):4-17.

［118］ 刘日升,杨振力. 语料库资源共享平台建设构想[J]. 大学图书情报学刊,2012,30(2):46-49.

［119］ 马海群,张涛. 文献信息视阈下面向智慧服务的语料库构建研究[J]. 情报理论与实践,2019,42(6):124-130.

［120］ 杨锦锋,关毅,何彬,等. 中文电子病历命名实体和实体关系语料库构建[J]. 软件学报,2016,27(11):2725-2746.

［121］ 苏嘉,何彬,吴昊,等. 基于中文电子病历的心血管疾病风险因素标注体系及语料库构建[J]. 自动化学报,2019,45(2):420-426.

［122］ HRIPCSAK G,ROTHSCHILD A S. Agreement,the F-measure,and reliability in information retrieval[J]. Journal of the American Medical Informatics Association,2005,12(3):296-298.

［123］ 昝红英,刘涛,牛常勇,等. 面向儿科疾病的命名实体及实体关系标注语料库构建及应用[J]. 中文信息学报,2020,34(5):19-26.

［124］ ARTSTEIN R,POESIO M. Inter-coder agreement for computational linguistics［J］. Computational Linguistics,2008,34(4):555-596.

［125］ 邓依依,邬昌兴,魏永丰,等. 基于深度学习的命名实体识别综述[J]. 中文信息学报,2021,35(9):30-45.

［126］ 刘兴丽,范俊杰,马海群. 面向小样本命名实体识别的数据增强算法改进策略研究[J]. 数据分析与知识发现,2022,6(10):128-141.

［127］ 李贺,刘嘉宇,李世钰,等. 基于疾病知识图谱的自动问答系统优化研究[J]. 数据分析

与知识发现,2021,5(5):115-126.

[128] 钱力,谢靖,常志军,等.基于科技大数据的智能知识服务体系研究设计[J].数据分析
与知识发现,2019,3(1):4-14.

[129] 冯晓硕,沈樾,王冬琦.基于图像的数据增强方法发展现状综述[J].计算机科学与应
用,2021(2):370-382.

[130] 黄法秀,张世杰,吴志红,等.数据增广下的人脸识别研究[J].计算机技术与发展,
2020,30(3):67-72.

[131] XIE Q,DAI Z,HOVY E,et al. Unsupervised data augmentation for consistency training[J].
Advances in Neural Information Processing Systems,2020,33(05):377-385.

[132] 张卫,王昊,陈玥彤,等.融合迁移学习与文本增强的中文成语隐喻知识识别与关联研
究[J].数据分析与知识发现,2022,6(S1):167-183.

[133] 刘彤,刘琛,倪维健.多层次数据增强的半监督中文情感分析方法[J].数据分析与知
识发现,2021,5(5):51-58.

[134] 李健,张克亮,唐亮,等面向中文命名实体识别任务的数据增强[J].计算机与现代化,
2022(4):1-6,11.

[135] 杨鹤,于红,刘巨升,等.基于BERT+BiLSTM+CRF深度学习模型和多元组合数据增广
的渔业标准命名实体识别[J].大连海洋大学学报,2021,36(4):661-669.

[136] 毕佳晶,李敏,郑蕊蕊,等.面向满文字符识别的训练数据增广方法研究[J].大连民族
大学学报,2018,20(1):73-78.

[137] 王蓬辉,李明正,李思.基于数据增强的中文医疗命名实体识别[J].北京邮电大学学
报,2020,43(5):84-90.

[138] 马晓琴,郭小鹤,薛峪峰,等.针对命名实体识别的数据增强技术[J].华东师范大学学
报(自然科学版),2021(5):14-23.

[139] 刘卫平,张豹,陈伟荣,等.基于迁移表示学习的军事命名实体识别[J].指挥信息系统
与技术,2020,11(2):64-69.

[140] SABTY C,OMAR I,Wasfalla F,et al. Data augmentation techniques on Arabic data for
named entity recognition[J]. Procedia Computer Science,2021,189:292-299.

[141] CUI Y M,CHE W X,LIU T,et al. Pre-training with whole word masking for Chinese BERT
[J]. ACM Transactions on Audio,Speech,and Language Processing,2021,29:3504-3514.

[142] 马孟铖,杨晴雯,艾斯卡尔·艾木都拉,等.基于词向量和条件随机场的中文命名实体
分类[J].计算机工程与设计,2020,41(9):2515-2522.

[143] 曹若麟,杜浸.面向实体标注的公安警情领域语料库的构建[J].电信快报,2021(3):
20-24.

[144] 冯丽芝.面向命名实体抽取的大规模中医临床病历语料库构建方法研究[D].北京:北

京交通大学,2015.

[145] 刘炜,王旭,张雨嘉,等.一种面向突发事件的文本语料自动标注方法[J].中文信息学报,2017,31(2):76-85.

[146] 刘勇,陆小慧.一种循环迭代的智能语料标注系统[J].广东通信技术,2021,41(10):76-79.

[147] 周彬彬,张宏军,张睿,等.面向实体标注的军事语料库建设[J].计算机科学,20-19,46(S1):540-546.

[148] 禤镇宇,蒋盛益,张礼明,等.基于多特征 Bi-LSTM-CRF 的影评人名识别研究[J].中文信息学报,2019,33(3):94-101.

[149] 刘浏,王东波.命名实体识别研究综述[J].情报学报,2018,37(3):329-340.

[150] 莫天金,李韧,杨建喜,等.公路桥梁定期检测领域命名实体识别语料库构建[J].计算机应用,2020,40(S1):103-108.

[151] 张乐,李健,唐亮,等.基于预训练 BERT 的军事领域目标实体深度学习识别方法[J].信息工程大学学报,2021,22(3):331-337.

[152] Zhu X X,Li L X,Liu J,et al. Captioning transformer with stacked attention modules[J]. Applied Sciences,2018,8(5):739.

[153] MA X L,TAO Z M,WANG Y H,et al. Long short-term memory neural network for traffic speed prediction using remote microwave sensor data[J]. Transportation Research Part C:Emerging Technologies,2015,54:187-197.

[154] GREFF K,SRIVASTAVA R K,KOUTNIK J,et al. LSTM:A search space odyssey[J]. IEEE Transactions on Neural Networks and Learning Systems,2017,28(10):2222-2232.

[155] LI J,GALLEY M,BROCKETT C,et al. A diversity-promoting objective function for neural conversation models[J]. Computer Science,2016,37(5):12-23.

[156] MIKOLOV T,CHEN K,CORRADO G,et al. Efficient estimation of word representations in vector space[J]. ArXiv e-Prints,2013:arXiv:1301.3781.

[157] STUDER R,BENJAMINS V R,FENSEL D. Knowledge engineering:Principles and methods [J]. Data & Knowledge Engineering,1998,25(1-2):161-197.

[158] 刘宗田,黄美丽,周文,等.面向事件的本体研究[J].计算机科学,2009,36(11):189-192,199.

[159] 刘炜,丁宁,杨竣辉,等.针对环境污染突发事件领域的事件本体模式[J].计算机科学与探索,2016,10(4):466-480.

[160] ENDSLEY M R. Design and evaluation for situation awareness enhancement [J]. Proceedings of the Human Factors Society Annual Meeting,1988,32(2):97-101.

[161] 马海群.专题导语:开源情报的高价值:聚沙成塔、汇流成海[J].现代情报,2022,

42(1):4.

[162] 赵军,刘康,何世柱,等.知识图谱[M].北京:高等教育出版社,2018.

[163] 吴晨生,李辉,付宏,等.情报服务迈向3.0时代[J].情报理论与实践,2015,38(9):
1-7.

[164] 李代祎,盛杰,刘运星,等.基于知识图谱的军事武器问答系统[J].指挥信息系统与技
术,2020,11(5):58-65.

[165] 王震南,董宝良,田飞.基于知识图谱的军事知识问答系统设计[J].信息技术,2020,
44(12):121-124,128.

[166] 王震南.基于知识图谱的军事装备知识问答系统研究与实现[D].北京:中国电子科技
集团公司电子科学研究院,2021.

[167] 郑实福,刘挺,秦兵,等.自动问答综述[J].中文信息学报,2002,16(6):46-52.

[168] 陈乐,杨小虎.MVC模式在分布式环境下的应用研究[J].计算机工程,2006(19):
62-64.

[169] 任中方,张华,闫明松,等.MVC模式研究的综述[J].计算机应用研究,2004,21(10):
1-4,8.

[170] 经济观察报.美国"四院院士"特伦斯谈人工智能"瓶颈":远未达极限,数学家已经有
了实现AI可解释性的理论工具[EB/OL].(2019-07-26)[2024-03-01].https://
baijiahao.baidu.com/s? id=1640056086173715264&wfr=spider&for=pc.

[171] PAPERWEEKLY.深度长文|复旦大学肖仰华:领域知识图谱落地实践中的问题与对
策[EB/OL].(2018-08-09).https://www.sohu.com/a/246126161_500659.

[172] 清华大学人工智能研究院,等.清华—人工智能之知识图谱研究报告[EB/OL].
(2019-02-11)[2024-03-01].https://max.book118.com/html/2019/0211/
6111003001002010.shtm.

[173] 学术咖.人工智能之知识图谱[EB/OL].(2019-02-15)[2024-03-01].https://www.
aminer.cn/research_report/5c3d5a8709e961951592a49d? download=true&pathname=
knowledgegraph.pdf.

[174] 鲍捷.深度解析知识图谱发展关键阶段及技术脉络[EB/OL].(2018-08-19)[2024-
03-01].https://blog.csdn.net/TgqDT3gGaMdkHasLZv/article/details/82229856? utm_
medium=distribute.pc_relevant.none-task-blog-2~default~baidujs_baidulandingword~
default-0.Queryctrv2&spm=1001.2101.3001.4242.1&utm_relevant_index=3.

[175] MAHDISOLTANI F, BIEGA J, SUCHANEK F M. Yago3: A Knowledge Base from
Multilingual Wikipedias[EB/OL].(2014-11-09)[2024-03-01].https://www.cidrdb.
org/cidr2015/Papers/CIDR15_Paper1.pdf.

[176] AUER S, BIZER C, KOBILAROV G, et al. DBpedia: A Nucleus for a Web of Open Data

[EB/OL]（2007-08-27）[2024-03-01]. https：//files. ifi. uzh. ch/ddis/iswc_archive/
iswc/ab/2014/158. 130. 69. 163/_zives/research/dbpedia. pdf.

[177] ZHIHENG H, WEI X, KAI Y. Bidirectional LSTM-CRF models for sequence tagging [EB/
OL]. (2017-11-16)[2024-03-01]. https：//www. doc88. com/p-9929655991647. html.

[178] SANTOS C N, GUIMARAES V. Boosting named entity recognition with neural character
embeddings[EB/OL]. (2015 - 05 - 19) [2024 - 03 - 01]. https：//arxiv. org/abs/
1505. 05008.

[179] LAMPLE G, BALLESTEROS M, SUBRAMANIAN S, et al. Neural architectures for named
entity recognition[EB/OL]. (2016-03-04)[2024-03-01]. https：//arxiv. org/abs/1603.
01360.

[180] STRUBELL E, VERGA P, BELANGER D, et al. Fast and accurate entity recognition with
iterated dilated convolutions[EB/OL]. (2017-02-07)[2024-03-01]. https：//arxiv. org/
abs/1702. 02098.

[181] PETERS M, NEUMANN M, IYYER M, et al. Deep Contextualized Word Representa-tions
[EB/OL]. (2018-02-15)[2024-03-01]. https：//arxiv. org/abs/1802. 05365.

[182] MINARD A L, LIGOZAT A L, GRAU B . Multi-Class SVM for Relation Extraction from
Clinical Reports[C]//Proceedings of the International Conference Recent Advances in
Natural Language Processing. Hissar, Bulgaria：ACL, 2011：604-609.

[183] SOCHER R, HUVAL B, MANNING C D, et al. Semantic Compositionality through
Recursive Matrix-Vector Spaces [C]//Proceedings of the 2012 Joint Conference on
Empirical Methods in Natural Language Processing & Computational Natural Language
Learning. Jeju Island, Korea：ACL, 2012：173-178.

[184] ZENG D, LIU K, LAI S, et al. Relation classification via convolutional deep neural network
[C]// Proceedings of the 25th International Conference on Computational Linguistics：
Technical Papers. Dublin, Ireland：Dublin City University and Association for Computational
Linguistics, 2014：311-315.

[185] RIEDEL S, YAO L M, McCallum A. Modeling relations and their mentions without labeled
text[C]//Joint European Conference on Machine Learning and Knowledge Discovery in
Databases. Berlin, Heidelberg：Springer, 2010：148-163.

[186] ZENG D J, LIU K, CHEN Y B, et al. Distant supervision for relation extraction via piecewise
convolutional neural networks [C]//Proceedings of the 2015 Conference on
Empirical Methods in Natural Language Processing. Lisbon, Portugal：ACL, 2015：1753
-1762.

[187] BORDES A, USUNIER N, GARCIA-DURÁN A, et al. Translating Embeddings for

Modeling Multi-relational Data[C]//Proceedings of the 26th International Conference on Neural Information Processing Systems-Volume 2. Lake Tahoe, Nevada: ACM, 2013: 2787-2795.

[188] WANG Z C, LV Q S, LAN X H, et al. Cross-lingual knowledge graph alignment via graph convolutional networks[C]//Proceedings of the 2018 Conference on Empirical Methods in Natural Language Processing. Brussels, Belgium. Stroudsburg, PA, USA: Association for Computational Linguistics, 2018:349-357.

[189] CHIEU H L, NG H T. A maximum entropy approach to information extraction from semi-structured and free text[C]//Eighteenth national conference on Artificial intelligence. Edmonton, Alberta, Canada: ACM, 2002:786-791.

[190] DAVID AHN. The stages of event extraction[C]// Proceedings of the Workshop on Annotating and Reasoning about Time and Events. Sydney, Australia: ACL, 2006:1-8.

[191] JI H, GRISHMAN R. Refining event extraction through cross-document inference[C]// Annual Meeting of the Association for Computational Linguistics. Columbus, Ohio: ACL, 2008:254-262.

[192] HONG Y, ZHANG J F, MA B, et al. Using cross-entity inference to improve event extraction [C]// Proceedings of the 49th Annual Meeting of the Association for Computational Linguistics. Portland, Oregon, USA: ACL, 2011:1127-1136.

[193] LI Q, JI H, HUANG L. Joint event extraction via structured prediction with global features [C]// Proceedings of the 51st Annual Meeting of the Association for Computational Linguistics. Sofia, Bulgaria: ACL, 2013:73-82.

[194] NGUYEN T H, RALPH G. Event Detection and Domain Adaptation with Convolutional Neural Networks[C]// Proceedings of the 53rd Annual Meeting of the Association for Computational Linguistics and the 7th International Joint Conference on Natural Language Processing. Beijing, China: ACL, 2015:365-371.

[195] NGUYEN T H, CHO K, GRISHMAN R. Joint event extraction via recurrent neural networks [C]// Proceedings of NAACL-HLT 2016. San Diego, California: ACL, 2016:300-309.

[196] LIN H, LU Y, HAN X, et al. Nugget proposal networks for Chinese event detection [EB/OL]. (2018-05-01)[2024-03-01]. https://arxiv.org/abs/1805.00249.

[197] DING N, ZIRAN L, ZHIYUAN L, et al. Event Detection with Trigger-Aware Lattice Neural Network[C]// Proceedings of the 2019 Conference on Empirical Methods in Natural Language Processing and the 9th International Joint Conference on Natural Language Processing. Hong Kong, China: ACL, 2019:347-356.

[198] DEVLIN J, CHANG M W, LEE K, et al. Bert: Pre-training of deep bidirectional trans-

formers for language understanding[EB/OL]. (2018-08-11)[2024-03-01]. https://arxiv. org/abs/1810. 04805.

[199] ZHISONG Z, KONG X, ZHENGZHONG L, et al. A Two-Step Approach for Implicit Event Argument Detection[C]//Proceedings of the 58th Annual Meeting of the Association for Computational Linguistics. Online: ACL, 2020: 7479-7485.

[200] YANG S, FENG D W, QIAO L B, et al. Exploring pre-trained language models for event extraction and generation[C]//Proceedings of the 57th Annual Meeting of the Association for Computational Linguistics. Florence, Italy. Stroudsburg, PA, USA: Association for Computational Linguistics, 2019: 5284-5294.

[201] LIAO F, MA L L, YANG D J. Research on Construction Method of Knowledge Graph of US Military Equipment Based on BiLSTM model[C]//2019 International Conference on High Performance Big Data and Intelligent Systems (HPBD&IS). Shenzhen, China: IEEE, 2019: 146-150.

[202] SONG D D, LI Y, WANG Q L. Construction of military knowledge graph based on paper bibliographic data[C]//2021 33rd Chinese Control and Decision Conference (CCDC). Kunming, China: IEEE, 2021: 2297-2301.

[203] 冯嫁时. 减少不确定性: 情报分析与国家安全[M]. 陈枫, 译. 北京: 金城出版社, 2020.

[204] 袁翰青. 现代文献工作基本概念[J]. 图书馆学通讯, 1964(2): 3-7.

[205] 杨沛霆. 谈谈情报工作的几个基本概念[J]. 科技情报工作, 1980(1): 1-5.

[206] 廖南杰. 美军情报官分析开源情报对于美国海军的价值[EB/OL]. (2018-01-09)[2024-03-01]. https://www. sohu. com/a/217612212_635792.

[207] WANG H, QIAO F, ZHOU B. Multi-Feature Metric-Guided Mesh Simplification[C]//Proceedings of International Conference on Soft Computing Techniques and Engineering Application. Advances in Intelligent Systems and Computing. New Delhi: Springer, 2014: 535-542.

[208] 彭伟, 曹雷, 张永亮, 等. 基于BPMN2.0的指挥决策知识自动化关键技术研究[C]//中国指挥控制大会. 第六届中国指挥控制大会论文集(上册). 南京: 陆军工程大学指挥控制工程学院指控保障教研室, 2018: 336-341.

[206] DING X, LI Z, LIU T, et al. ELG: an event logic graph[EB/OL]. (2019-07-18)[2024-03-01]. https://arxiv. org/abs/1907. 08015.

[210] 丁效, 李忠阳, 刘挺. 事理图谱: 事件演化的规律和模式[EB/OL]. (2019-07-22)[2024-03-01]. https://baijiahao. baidu. com/s? id=1639726139800018430&wfr=spider&for=pc.

[211] 邓健. 智能计算: 变数据为情报[EB/OL]. (2023-01-24)[2024-03-01]. https://

zhidao. baidu. com/ question/ 337764074446321325. html.

[212] 生产方式(政治经济学基本范畴)[EB/OL]. (2022-2-12)[2024-03-01]. https://baike. baidu. com/item /%E7%94%9F%E4%BA%A7%E6%96%B9%E5%BC%8F/4603.

[213] 陈文清. 牢固树立总体国家安全观在新时代国家安全工作中的指导地位[EB/OL]. (2022-07-13)[2024-03-01]. https://www. doc88. com/p-26016987547489. html.

[214] WANG H L, YIN G S, ZHANG J, et al. An efficient mesh simplification algorithm[C]// 2009 Fourth International Conference on Internet Computing for Science and Engineering. Harbin, TBD, China. : IEEE, 2009:60-63.

[215] THENMALAR S, BALAJI J, GEETHA T V. Semi-supervised bootstrapping approach for named entity recognition[EB/OL]. (2015-11-21)[2024-03-01]. https://arxiv. org/abs/1511. 06833.

[216] WEI J, ZOU K. EDA: Easy Data Augmentation Techniques for Boosting Performance on Text Classification Tasks [EB/OL]. (2019-01-31)[2024-03-01]. https://arxiv. org/abs/1901. 11196.

[217] CHEN J D, WANG A, CHEN J J, et al. CN-probase: A data-driven approach for large-scale Chinese taxonomy construction[C]// Proceedings of the 2019 IEEE 35th International Conference on Data Engineering (ICDE). Macao, China: IEEE, 2019:67-73.

[218] NADLER B, SREBRO N, BIRCH A. Improving Neural Machine Translation Models with Monolingual Data[C]// Proceedings of the 54th Annual Meeting of the Association for Computational Linguistics (Volume 1: Long Papers). Berlin, Germany. : Association for Computational Linguistics, 2016:86-96.

[219] PARK D S, CHAN W, ZHANG Y, et al. Specaugment: A simple data augmentation method for automatic speech recognition[EB/OL]. (2019-04-18)[2019-12-03]. https://arxiv. org/abs/1904. 08779.

[220] SHORTEN C, KHOSHGOFTAAR T M. A survey on Image Data Augmentation for Deep Learning[J]. Journal of Big Data, 2019(6):60.

[221] KERAGHEL A, BENABDESLEM K, CANITIA B. Data augmentation process to improve deep learning-based NER task in the automotive industry field[C]//2020 International Joint Conference on Neural Networks (IJCNN). Glasgow, United Kingdom: IEEE, 2020: 1-8.

[222] CHEN J, WANG Z, TIAN R, et al. Local Additivity Based Data Augmentation for Semi-supervised NER[EB/OL]. (2020-08-04)[2024-03-01]. http://arxiv. org/abs/2010. 01677.

［223］徐建,阮国庆,李晓冬,等.基于迁移学习的小样本军事文本命名实体识别［C］//中国指挥与控制学会.第九届中国指挥控制大会论文集.中国电子科技集团公司第二十八研究所信息系统工程重点实验室,2021:292-295.

［224］YADAV V, SHARP R, BETHARD S. Deep affix features improve neural named entity recognizers［C］//Proceedings of the Seventh Joint Conference on Lexical and Computational Semantics. New Orleans, Louisiana. Stroudsburg, PA, USA: Association for Computational Linguistics, 2018:1266.

［225］刘焕勇.开源军事武器装备知识图谱［EB/OL］.(2020-04-19)［2024-03-01］. http://openkg. cn/dataset/military-weapon-kg.

［226］DAI X, ADEL H. An analysis of simple data augmentation for named entity recognition［EB/OL］. (2022-08-22)［2024-03-01］. https://arxiv. org/abs/2010. 11683.

［227］ABID F, LI C, ALAM M. Multi-source social media data sentiment analysis using bidirectional recurrent convolutional neural networks［J］. Computer Communications, 2020(157):102-115.

［228］XIE Z A, WANG S, LI J W, et al. Data noising as smoothing in neural network language models［EB/OL］. (2017-03-07) https://arxiv. org/abs/1703. 02573.

［229］VASWANI A, SHAZEER N, PARMAR N, et al. Attention is all you need［C］//Proceedings of the 31st International Conference on Neural Information Processing Systems. Long Beach, California, USA: ACM, 2017:6000-6010.

［230］GRAVES A, JAITLY N, MOHAMED A R. Hybrid speech recognition with Deep Bidirectional LSTM［C］//2013 IEEE Workshop on Automatic Speech Recognition and Understanding. Olomouc, Czech Republic: IEEE, 2013:588.

［231］LAFFERTY J, MCCALLUM A, PEREIRA F, et al. Conditionalrandom Fields: Probabilistic Models for Segmenting and Labelingsequence Data［C］//Proceedings of the International Conference on Machine Learning (2001). USA: Morgan Kaufmann Publishers, 2001:282-289.

［232］HUANG Z, XU W. Bidirectional LSTM-CRF models for sequence tagging［EB/OL］. (2015-08-09) https://arxiv. org/abs/1508. 01991. pdf.

［233］王红霞,周密.国际化视域下海军军事科技英语的实用性研究［J］.中国校外教育(中旬刊),2014(z1):1103-1104.

［234］LIU Y, OTT M, GOYAL N, et al. RoBERTa: A Robustly Optimized BERT Pretraining Approach［EB/OL］. (2019-07-26)［2024-03-01］ https://arxiv. org/pdf/1907. 11692. pdf.

［235］CHO K, VAN MERRIENBOER B, GULCEHRE C, et al. Learning Phrase Representations using RNN Encoder-Decoder for Statistical Machine Translation[C]//Proceedings of the 2014 Conference on Empirical Methods in Natural Language Processing (EMNLP). Doha, Qatar. Stroudsburg, PA, USA: Association for Computational Linguistics, 2014:1724-1734.

[236] ABE N, MAMITSUKA H. Query Learning Strategies Using Boosting and Bagging. [C]// International Conference on Machine Learning. USA: Morgan Kaufmann Publishers, 1998:167.

[237] MIKE M, STEVEN B, RION S, et al. Distant Supervision for Relation Extraction without Labeled Data[C]//Proceedings of the Joint Conference of the 47th Annual Meeting of the ACL and the 4th International Joint Conference on Natural Language Processing of the AFNLP. Suntec, Singapore: Association for Computational Linguistics, 2009:1003-1011.

[238] LIU WEI, TAN YUE, DING N, et al. An ontology pattern for emergency event modeling [C]// 2016 IEEE 14th Intl Conf on Dependable, Autonomic and Secure Computing, 14th Intl Conf on Pervasive Intelligence and Computing, 2nd Intl Conf on Big Data Intelligence and Computing and Cyber Science and Technology Congress (DASC/PiCom/DataCom/CyberSciTech). Auckland, New Zealand: IEEE Transactions on Computers, 2016:151-156.

[239] WEBBER J. A programmatic introduction to neo4j[C]// Proceedings of the 3rd annual conference on Systems, programming, and applications: software for humanity. NY, USA: Association for Computing Machinery, 2012:217-218.

[240] MA X, HOVY E. End-to-end sequence labeling via bi-directional lstm-cnns-crf [EB/OL]. (2016-03-04)[2024-03-01]. https://arxiv.org/abs/1603.01354.

[241] KIM Y. Convolutional neural networks for sentence classification[EB/OL]. (2014-08-25) [2024-03-01]https:// arxiv.org/abs/1408.5882.

[242] YU D D, ZHANG Y G, Huang J, et al. Research on fast construction of question answering system based on target graph[C]//2021 14th International Symposium on Computational Intelligence and Design (ISCID). Hangzhou, China: IEEE, 2021:353-356.

[243] LIU B, YAN R C, ZUO Y, et al. A knowledge-based question-answering method for military critical information under limited corpus[C]//2021 2nd International Conference on Computer Engineering and Intelligent Control (ICCEIC). Chongqing, China: IEEE, 2021:86-91.

[244] 范俊杰, 马海群, 刘兴丽. 数智时代下开源情报的军事知识图谱问答智能服务研究[J/OL]. 数据分析与知识发现: 2024,8(7):118-127.

[245] HAILING WANG, JIAN WANG. Natural Language Emotion Analysis Model Based on dual attention Convolutional Neural Networks[J], Archives Des Sciences, In Press.

[246] 王海玲, 刘兴丽, 邵宗曦, 等. 基于 ChatGLM 的煤矿安全预警知识抽取及应用[J]. 煤炭技术, 2024,43(08):219-221.

[247] CUI W,XIAO Y,WANG H,et al. KBQA:learning question answering over QA corpora and knowledge bases[EB/OL]. (2019-03-06)https://arxiv. org/abs/1903. 02419.

[248] LAN Y, HE G, JIANG J, et al. A survey on complex knowledge base question answering:Methods,challenges and solutions[EB/OL]. (2021-05-25)https://arxiv. org/abs/ 2105. 11644.

索　引